JENNY & SEBASTIAN RITTER

Einfach fotografieren

mit Jenny & Basti

So macht fotografieren lernen Spaß!

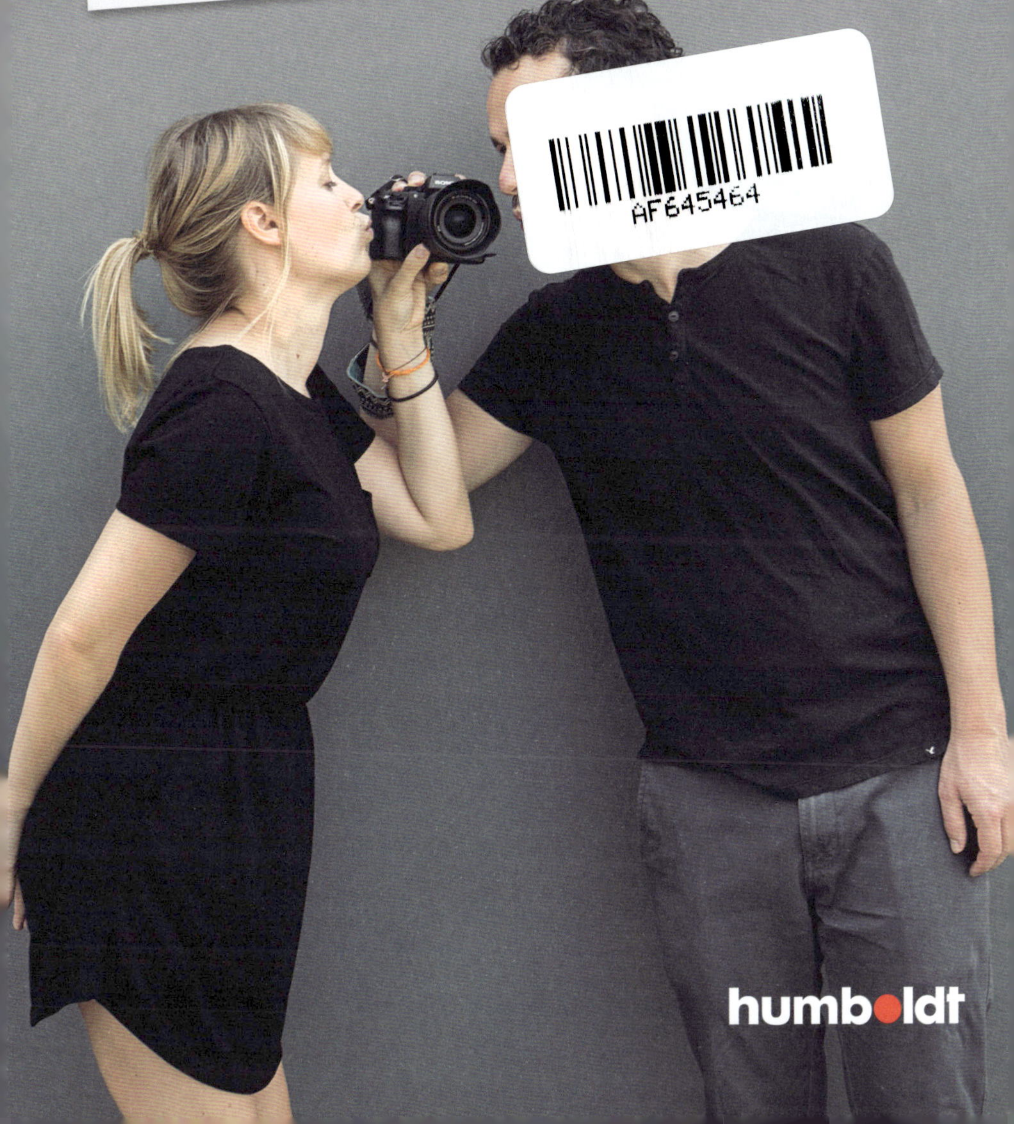

humboldt

#kameraliebe

INHALT

Die Bildgestaltung 92

YIPPIIEE! ES GEHT LOS

Hey! Wir freuen uns riesig, dass du da bist und wir dich auf deiner Reise in die Welt der Fotografie begleiten dürfen. Wir versprechen dir, dass es richtig viel Spaß machen wird und du schon nach kurzer Zeit mühelos tolle Fotos schießen kannst. Bist du bereit? Dann mal los!

Wer sind wir überhaupt?

Aber halt! Bevor wir hier richtig loslegen, stellen wir uns noch kurz vor. Schließlich sollst du ja wissen, wer hier so begeistert über die Fotografie schreibt.

Hi, wir sind Jenny & Basti, verheiratet, Eltern, Fotografen und Sonnenkinder. Wir haben eine Schwäche für Asien, für Großstädte und atemberaubende Landschaften. Wir lieben beide das Reisen und die Fotografie und hatten eines Tages die verrückte Idee, dass wir uns doch einfach mit diesen beiden Dingen selbstständig machen können.

Gesagt, getan. An einem grauen Oktoberabend im Jahr 2014, bei Rotwein und Pizza, haben wir unser Reise- und Fotografiemagazin 22places.de gegründet. Ein Jahr später hat unser Online-Fotokurs das Licht der Welt erblickt und seitdem haben viele Tausend Teilnehmer mit uns die Grundlagen der Fotografie gelernt.

Heute, fast sieben Jahre später, führen wir ein kleines, aber sehr feines Unternehmen mit einem wunderbaren Team und sind superglücklich darüber, dass es diesen grauen Oktoberabend gab, der uns aus unserem bisherigen Alltag schubste.

Auf 22places findest du übrigens nicht nur coole Fototipps, sondern auch sehr viele hilfreiche Reisetipps. Du wirst also nicht nur der #kameraliebe verfallen, sondern auch an akutem Fernweh leiden. Aber keine Sorge, damit bist du nicht allein – denn mittlerweile lesen jeden Monat rund eine Million Leute unsere Beiträge.

Bevor wir uns jetzt gemeinsam in die Fotografie stürzen, möchten wir dir noch eine häufig gestellte Frage beantworten. Haben wir eine klassische Fotografieausbildung? Nein. Wir haben uns die Fotografie mühsam selbst beigebracht. Und genau das macht für uns den Unterschied.

Wir haben dabei nämlich festgestellt, dass es kaum Angebote zum Fotografierenlernen gibt, die wirklich praxisnah und mit Spaß die Grundlagen der Fotografie vermitteln, und so haben wir kurzerhand unser eigenes Angebot geschaffen: einen Online-Fotokurs, der genau so ist, wie wir ihn uns damals als Einsteiger gewünscht hätten. Mehr Infos dazu findest du am Ende des Buches im Kapitel „Unser Online-Fotokurs“ auf Seite 240.

In unserem Onlinekurs erklären wir dir die Fotografie in einfachen Worten, mit viel Praxisbezug und eben so, dass es sehr viel Spaß macht. Und genau das erwartet dich auch in unserem Buch. Was genau hier auf dich zukommt, erzählen wir dir im nächsten Kapitel.

Wenn du uns noch näher kennenlernen möchtest, schau doch mal auf 22places.de vorbei oder folge uns auf Instagram: @22places.

Jenny & Basti

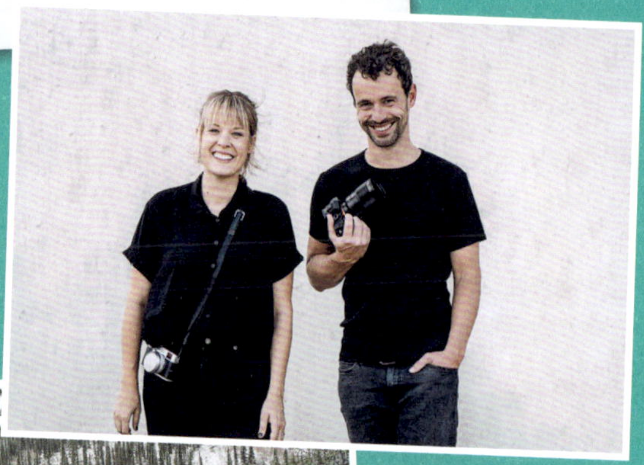

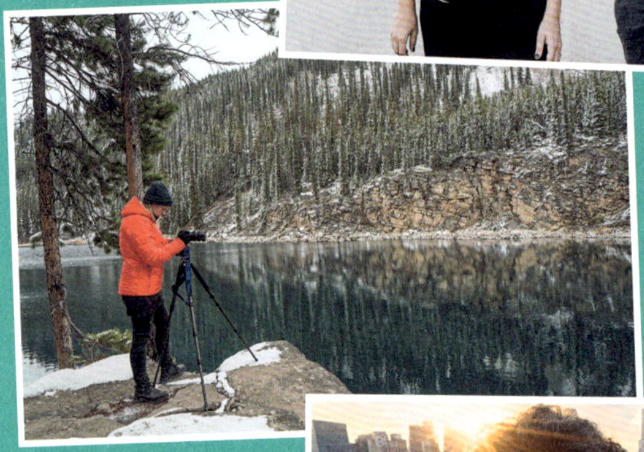

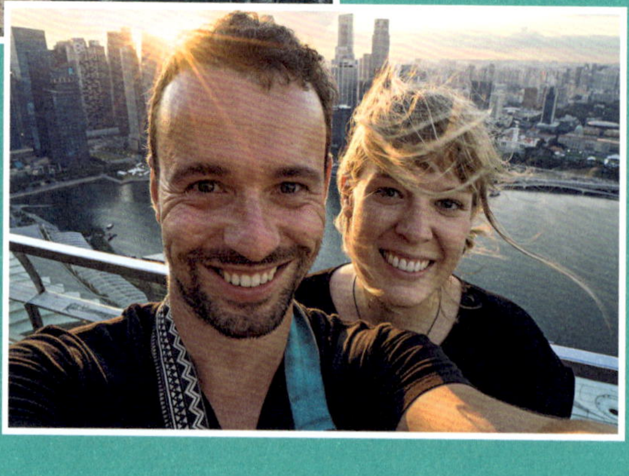

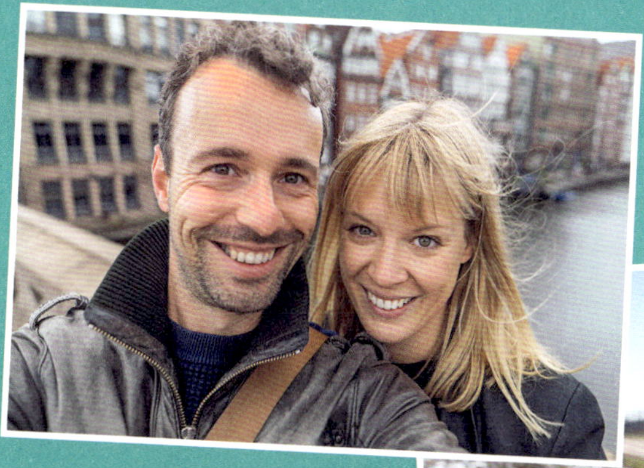

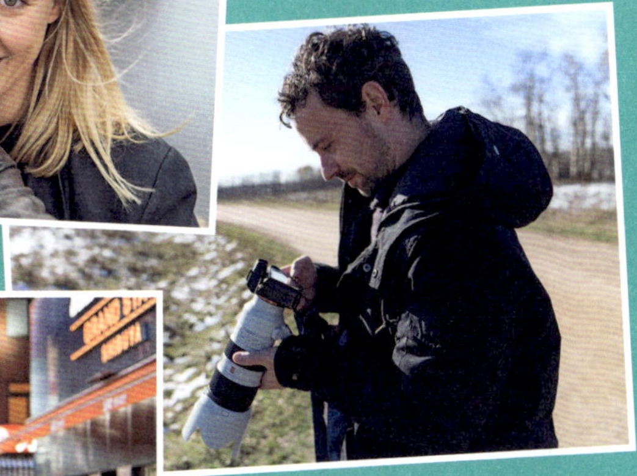

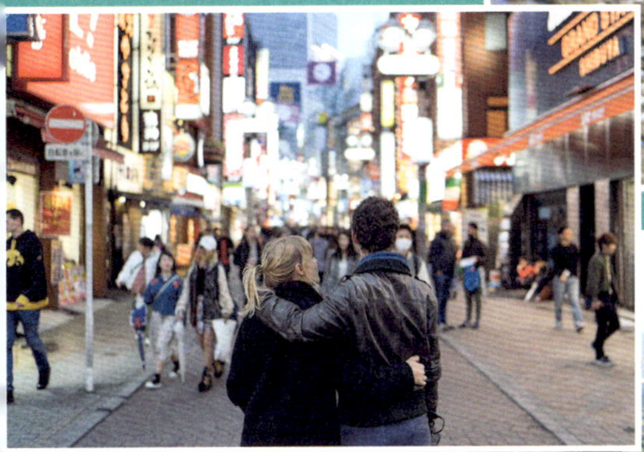

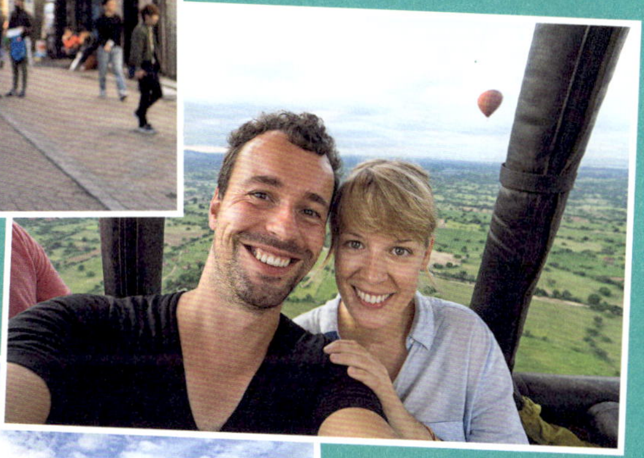

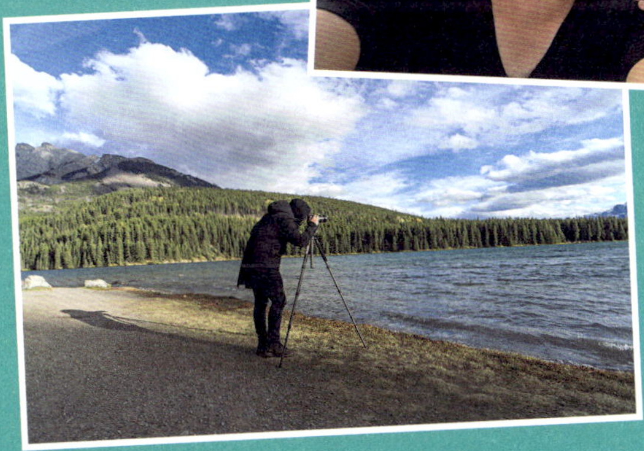

Das kannst du nach dem Lesen dieses Buches

Bevor wir so richtig starten, möchten wir dir einen kleinen Ausblick geben, was du von diesem Buch erwarten kannst – eine kleine Motivationsspritze sozusagen. Natürlich verraten wir dir auch, was du von diesem Buch nicht erwarten kannst. Das finden wir nur fair, denn enttäuschte Erwartungen mögen wir gar nicht.

Wir haben dieses Buch geschrieben, weil wir der Meinung sind, dass jeder richtig gut Fotografieren lernen kann. Ja, richtig gehört – in jedem steckt ein Fotograf oder eine Fotografin, auch in dir.

Wir wissen aber auch, dass Fotografierenlernen für viele eine sehr frustrierende Angelegenheit ist. All die Knöpfe und Rädchen an der Kamera, und dann auch noch diese technischen Fachbegriffe – da verlieren viele direkt die Lust. Eigentlich macht der Automatikmodus ja auch ganz gute Bilder, und überhaupt ist das alles viel zu kompliziert und anstrengend.

Stopp!

Wir versprechen dir hiermit, dass die Knöpfe und Rädchen an deiner Kamera nach dem Lesen dieses Buches für dich kein Problem mehr sein werden. Und wir gehen noch einen Schritt weiter: Wir sind uns sicher, dass du technische Grundlagen wie Blende, Verschlusszeit und ISO in Kürze voll draufhast und dich bald fragen wirst, was daran eigentlich so kompliziert sein soll.

Denn sind wir mal ganz ehrlich: Fotografieren ist keine Raketenwissenschaft. Man muss kein technisches Genie sein, um eine Kamera außerhalb des Automatikmodus zu bedienen. Es braucht nur eine verständliche Anleitung, und die hast du gerade in der Hand.

Wenn du mit diesem Buch durch bist, kennst du nicht nur die entscheidenden technischen Grundlagen deiner Kamera. Du kennst außerdem die wichtigsten Regeln der Bildgestaltung und wirst besser darin sein, spannende Motive zu entdecken und gekonnt in Szene zu setzen.

Und was wirst du in unserem Buch nicht finden?

Zunächst einmal haben wir uns bei der Technik auf die wirklich wichtigen Grundlagen beschränkt. Wir sind absolut überzeugt davon, dass du nicht mehr Technik brauchst, als wir in diesem Buch beschreiben. Wenn du physikalische Hintergrundinfos suchst oder ausführliche Erklärungen zu sehr speziellen Fachbegriffen, die außer Berufsfotografen niemand kennen muss, dann wirst du bei uns nicht fündig.

Unser Buch ist vor allem auf eine einfache Anwendung ausgelegt. Es soll Spaß machen – und zwar allen Lesern, nicht nur absoluten Technik-Fans.

Themen wie z.B. die Bildbearbeitung oder das Fotografieren mit Filtern kommen in diesem Buch ebenfalls nicht vor. Das sind zwar alles spannende Sachen, aber für den Anfang nicht notwendig.

Die gute Nachricht ist: Wenn du die Grundlagen der Fotografie verinnerlicht hast, wird dich die #kameraliebe so oder so vollends gepackt haben und du möchtest noch mehr lernen. Und dann kannst du dich mit vielen neuen spannenden Themen beschäftigen.

So holst du das Optimum aus unserem Buch heraus

Kurz noch ein paar Worte zur Arbeit mit diesem Buch. Wir empfehlen dir, das Buch wirklich der Reihe nach durchzuarbeiten. Die Reihenfolge der Kapitel basiert auf unserer jahrelangen Erfahrung mit unserem Online-Fotokurs und hat sich vielfach bewährt.

Natürlich wollen wir dir nicht verbieten, das Buch in einer anderen Reihenfolge zu lesen oder kreuz und quer durch die Kapitel zu springen, wir bauen in den Kapiteln aber immer auf die Inhalte der vorherigen Kapitel auf. Falls du also absoluter Einsteiger bist, ist es wirklich sinnvoll, das Buch der Reihe nach durchzulesen.

Wir empfehlen dir beim Lesen des Buches außerdem, deine Kamera immer zur Hand zu haben. So kannst du direkt alles ausprobieren und umsetzen. Denn ganz wichtig ist: Nur vom Lesen dieses Buches allein wirst du nicht automatisch besser fotografieren. Die Devise lautet: üben, üben, üben und ausprobieren.

Wir erklären dir in den Technikkapiteln, wo du die beschriebenen Einstellungen an deiner Kamera findest. Es ist aber durchaus sinnvoll, wenn du auch dein Kamerahandbuch in Reichweite hast. Leider baut nicht jeder Kamerahersteller jede Einstellung an die gleiche Stelle. Das ist aber nicht weiter schlimm, denn indem du dich mit den einzelnen Einstellungen an deiner Kamera beschäftigst, lernst du deine Kamera besser kennen. Wenn du etwas nicht direkt findest, schau kurz in deinem Handbuch nach, wo sich der entsprechende Knopf oder Menüpunkt an deinem Modell befindet.

Das Buch besteht insgesamt aus sechs großen Abschnitten:

#1 Die Technik
Hier erklären wir alle wichtigen Grundlagen und Grundbegriffe der Fotografie.

#2 Unsere Einstellungen
Hier zeigen wir dir, welche Kameraeinstellungen wir konkret empfehlen.

#3 Die Bildgestaltung
Hier erfährst du, was die Geheimnisse richtig guter Fotos sind.

#4 Übungen für das fotografische Auge
Mit diesen Übungen lernst du, interessante Motive leichter zu entdecken.

#5 Häufige Fehler
Fehler gehören dazu. Deshalb stellen wir dir typische Fehler vor, damit du sie gar nicht erst zu machen brauchst.

#6 So machst du tolle Fotos ohne Frust
Zum Abschluss widmen wir uns noch genauer drei Arten der Fotografie: Portraitfotografie, Reisefotografie und Fotografie bei Nacht, und geben dir unsere besten Tipps, damit deine Fotos auch garantiert gelingen.

Diese Ausrüstung brauchst du wirklich

Hast du eine Kamera? Perfekt! Mehr brauchst du nämlich für den Start nicht. Es muss auch keine extrem teure Kamera sein. Ein günstiges Einsteigermodell reicht vollkommen aus.

Wir stellen immer wieder fest, dass viele Fotografieeinsteiger extrem viel Geld in teure Ausrüstung stecken. Kann man machen, ist aber ehrlich gesagt nicht notwendig. Viel wichtiger als eine hochwertige Kamera sind das Wissen darüber, wie du deine Kamera richtig bedienst sowie ein gutes Auge für Motive. Beides lernst du in unserem Buch. Wenn du also mit dem Gedanken spielst, dir eine neue Ausrüstung zu kaufen, bevor du mit diesem Buch loslegst, warte lieber erst mal ab.

Wenn du schon eine Kamera hast, bist du fürs Erste gut ausgestattet. Trotzdem wollen wir noch kurz auf ein paar Ausrüstungsgegenstände eingehen, die durchaus sinnvoll sind, und dir so gleichzeitig ein paar praktische Tipps zum Kauf von Equipment an die Hand geben.

Kamera

Wie schon erwähnt, reicht zu Beginn eine Einsteigerkamera. Ob du eine Spiegelreflexkamera (DSLR) oder eine spiegellose Systemkamera (DSLM) hast, ist egal. Beide Systeme sind sehr gut und die größten Unterschiede sind für die meisten Nutzer die Größe und das Gewicht. Spiegellose Kameras sind oft kleiner und leichter als Spiegelreflexkameras, wobei vor allem Einsteiger-DSLRs auch relativ leicht sind.

Selbst wenn du „nur" eine Bridge-Kamera bzw. eine Kompaktkamera hast, bei der du das Objektiv nicht wechseln kannst, ist diese für den Anfang vollkommen ausreichend.

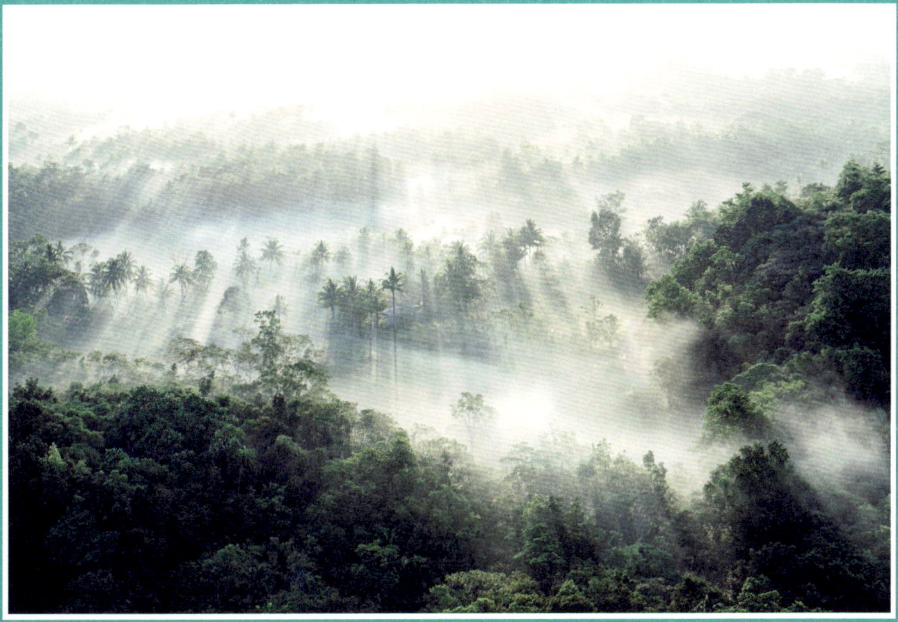

Dieses Foto haben wir mit der Sony Alpha 6000 und einem Kit-Objektiv gemacht, also mit einer relativ günstigen Einsteigerkamera. Kann sich doch sehen lassen, oder? Das Foto wurde sogar schon in einigen Zeitschriften abgedruckt. f/16 | 1/50 s | ISO 100 | 50 mm

UNSER TIPP

Wir würden zu Beginn eine günstige Spiegelreflexkamera oder spiegellose Systemkamera für Einsteiger empfehlen. Für unter 600 Euro bekommst du eine solide Kamera inklusive Objektiv, die für die ersten Schritte in die Fotografie völlig ausreicht.

Für weitere Informationen und konkrete Kauftipps findest du auf unserer Webseite eine ausführliche Kaufberatung: www.22places.de/kamera-anfaenger/

Objektive

Wenn du dir eine Spiegelreflexkamera oder eine spiegellose Systemkamera kaufst, werden oft Bundles mit Kamera und Objektiv angeboten. Diese sogenannten Kit-Objektive haben einen sehr schlechten Ruf unter Fotografen, der dich aber nicht abschrecken sollte.

Wenn du uns fragst, kannst du zu Beginn ohne Wenn und Aber zu einem solchen Kit-Objektiv greifen. Natürlich haben diese Objektive keine Profiqualität, aber die brauchst du als Einsteiger auch erst einmal nicht.

Zum Fotografierenlernen bist du mit einem solchen Objektiv bestens bedient. Und wenn du dich dann intensiv mit deiner Kamera beschäftigt hast, weißt du auch viel besser, was du von einer Kamera und einem Objektiv erwartest – so fällt die nächste Kaufentscheidung entsprechend leichter.

UNSER TIPP

Wenn du irgendwann tiefer in die Fotografie eingestiegen bist, alle Inhalte aus unserem Buch für dich ganz selbstverständlich sind und du in neue Ausrüstung investieren möchtest, dann raten wir dir, dich nach einem neuen Objektiv umzusehen und nicht nach einer neuen Kamera.

Der qualitative Unterschied zwischen zwei sogenannten Kamera-Bodys in verschiedenen Preissegmenten ist oft relativ gering, verglichen mit dem Unterschied zwischen zwei Objektiven in verschiedenen Preissegmenten. Wenn du dir also ein neues Objektiv leistest, wirst du einen deutlich größeren Unterschied in der Bildqualität feststellen, als wenn du dir eine neue Kamera kaufst.

Mehr zum Thema Objektive findest du in unserer kleinen Objektivberatung auf Seite 68 sowie noch ausführlicher online unter www.22places.de/objektiv-beratung/

Zubehör

Neben der Kamera und den Objektiven gibt es noch ein paar andere Dinge, die durchaus praktisch sind und dir das Leben als Fotograf in vielen Situationen erleichtern können.

Speicherkarten

Für deine Kamera brauchst du auf jeden Fall ein paar Speicherkarten. Die meisten Kameras arbeiten heute mit dem SD-Format. Die kleinen Karten gibt es in unterschiedlichen Größen, wir nutzen selbst am liebsten Karten mit 32 GB Speicher, das hat sich für uns als optimal erwiesen. Zu große Speicherkarten sind uns zu riskant. Wenn wir doch mal eine verlieren oder ein Defekt auftritt, sind einfach zu viele Fotos verloren.

Akkus

Wir empfehlen, immer ein bis zwei aufgeladene Ersatzakkus dabeizuhaben, denn nichts ist ärgerlicher, als mit leerem Akku in der Kamera dazustehen. Die von den Kameraherstellern angebotenen Akkus sind oft sehr teuer. Online gibt es deutlich günstigere Akkus von Drittanbietern, die unserer Erfahrung nach genauso gut sind wie die originalen Akkus.

Stativ

Früher oder später wird es Situationen geben, in denen du ein Stativ benötigst. Wenn du beispielsweise bei Nacht fotografieren möchtest, kommst du um ein Stativ nicht herum.

Beim Stativkauf wirst du feststellen, dass es eine riesige Preisspanne von zehn Euro bis zu mehreren Hundert Euro gibt. Von den ganz günstigen Modellen raten wir dir ab. Die sind einfach viel zu leicht und instabil, da würden wir unsere Kameras nur sehr ungern drauf befestigen. Für knapp 100 Euro bekommst du schon ein wirklich sehr gutes Stativ mit einem Kugelkopf, sodass du deine Kamera darauf flexibel einstellen kannst.

Pflege und Schutz

Deine Kamera möchte natürlich auch gepflegt werden. Besonders viel brauchst du dafür zum Glück nicht. Wir nutzen selbst einen Antistatik-Pinsel, mit dem wir kleine Staubkörner sanft von der Linse, aber auch vom Gehäuse entfernen können. Für etwas hartnäckigeren Schmutz nehmen wir ein Poliertuch und eine Reinigungsflüssigkeit, die es speziell für die Objektivreinigung zu kaufen gibt. All das bekommst du für zusammen um die 20 Euro und hast sehr lange etwas davon.

Um deine Kamera vor Feuchtigkeit zu schützen, kannst du ein kleines Päckchen Silica-Gel in deine Fototasche legen. Die kleinen Tüten mit den Kügelchen drin sind immer dabei, wenn du ein elektronisches Gerät, eine Handtasche oder Ähnliches kaufst; du kannst sie aber auch einzeln kaufen.

FINGER WEG VON UV-FILTERN

In Fotogeschäften wird Kunden beim Kauf einer Kamera oft ein UV-Filter zum Schutz der Linse aufgeschwatzt. Davon können wir nur abraten! Diese Filter schlucken Licht und können sich negativ auf deine Fotos auswirken. Positive Effekte haben sie nicht, denn UV-Strahlen schaden weder deiner Kamera noch deinen Fotos. Natürlich bieten sie einen gewissen Schutz gegen Stöße auf dein Objektiv, aber mal ganz ehrlich: Wir haben in über 15 Jahren noch nicht ein Objektiv zerstört, weil wir es irgendwo gegengeschlagen haben, und wir sind durchaus manchmal tollpatschig. Da finden wir persönlich die negativen Auswirkungen auf die Bildqualität deutlich schlimmer als die Gefahr, unser Objektiv zu zerstören.

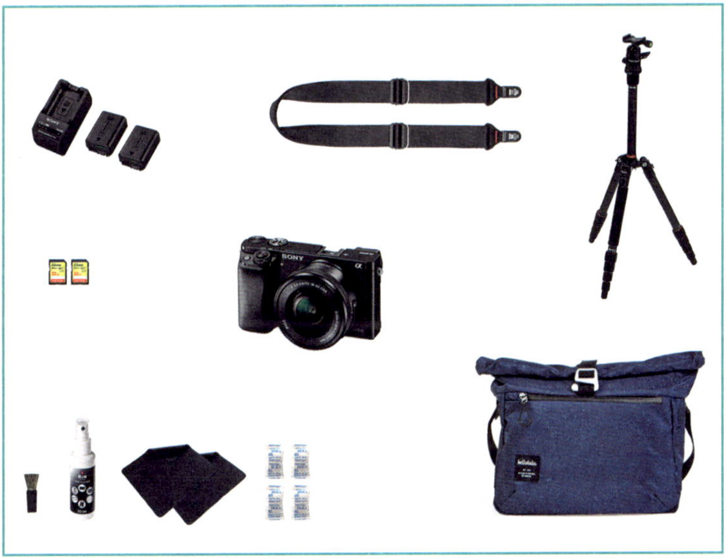

Basis-Fotoausrüstung: Damit bist du bestens ausgestattet!

DIE TECHNIK

Ganz ohne Technik geht es in der Fotografie nicht. Das ist aber auch gar nicht schlimm, denn die Technik kann sogar tatsächlich Spaß machen. Alle technischen Grundlagen, die du kennen musst, um tolle Fotos zu machen, erklären wir dir in den folgenden Kapiteln. Viel Spaß!

Jetzt steigen wir richtig in die Tiefen der Fotografie ein. Wir widmen uns auf den folgenden Seiten den Grundlagen der Technik. In der Fotografie gibt es unglaublich viele technische Details und Fachbegriffe und wir wissen, dass genau diese Fülle an Technik für viele ein echter Graus ist.

Deshalb erklären wir dir in unserem Buch nur die Aspekte, die du wirklich unbedingt beherrschen musst, und das sind tatsächlich gar nicht so viele. Genau genommen sind es fünf Grundbegriffe:

1. Die Blende
2. Die Verschlusszeit
3. Die Belichtung
4. Der ISO
5. Die Brennweite

Mehr musst du zum Einstieg nicht wissen, also legen wir direkt los und stürzen uns auf die Technik. Hast du deine Kamera und dein Handbuch parat? Super! Dann kann's ja losgehen.

Ein erster Überblick

Die nächsten Kapitel sind das Herz unseres Buches. Die fünf Grundbegriffe der Fotografie, die wir dir hier erklären, solltest du am Ende blind beherrschen. Und das wirst du!

Wir erklären dir jedes Thema ganz detailliert, in einfachen Worten und so, dass du Spaß daran hast. Wir möchten aber, dass du währenddessen immer das große Ganze im Blick hast, und geben dir dazu vorher einen ganz kurzen Einblick in diese fünf Begriffe.

So hast du schon einmal einen groben Überblick, worum es auf den kommenden Seiten geht, bevor wir uns anschließend alles im Detail anschauen. Wenn dich diese Zusammenfassung mit einigen Fragezeichen zurücklässt, dann ist das nicht schlimm. In den nächsten Abschnitten bringen wir Licht ins Dunkel und beantworten dir alle deine Fragen.

Die Belichtung

Bei der Fotografie dreht sich vieles um Licht. Unser Ziel ist es, ein korrekt belichtetes Foto zu erhalten, das weder zu hell noch zu dunkel ist. Um das zu erreichen, müssen wir unsere Kamera so einstellen, dass genau die richtige Menge Licht auf den Sensor fällt, wenn wir ein Foto machen.

Das klingt jetzt vielleicht kompliziert, ist es aber nicht. Wir haben drei Einstellmöglichkeiten, um genau das zu beeinflussen: die Blende, die Verschlusszeit und den ISO.

Alle drei Einstellungen sind miteinander verbunden. Wenn du die Einstellung der Blende veränderst, hat das beispielsweise direkte Auswirkungen auf die Verschlusszeit. Deshalb ist es wichtig, diese Zusammenhänge zu verstehen, und genau darum kümmern wir uns in den folgenden Kapiteln.

Die Blende

Die Blende ist die Öffnung deines Kameraobjektivs. Durch diese Öffnung dringt Licht auf den Sensor deiner Kamera. Die Blende ist einer der wichtigsten Faktoren für die korrekte Belichtung deiner Fotos.

Du kannst selbst bestimmen, wie weit du die Blende öffnest und somit direkt beeinflussen, wie viel Licht auf den Sensor der Kamera gelangt.

Die Blende kann aber noch mehr: Mit der Größe der Blendenöffnung hast du direkten Einfluss darauf, ob deine Bilder eine hohe oder eine geringe Schärfentiefe haben. Indem du die Blende weit öffnest, kannst du den Hintergrund deiner Fotos unscharf machen und diesen Effekt gezielt für die Bildgestaltung einsetzen.

Die Verschlusszeit

Während die Blende durch die Größe ihrer Öffnung beeinflusst, wie viel Licht auf den Sensor fällt, bestimmt die Verschlusszeit, wie lange dieses Licht auf den Sensor fällt.

Du kannst an deiner Kamera einstellen, wie lange der Verschluss geöffnet sein soll, wenn du ein Foto machst, und damit direkt bestimmen, wie lange Licht auf den Sensor deiner Kamera fällt und somit auch, wie viel Licht dort ankommt.

Kurze Verschlusszeiten sorgen dafür, dass deine Motive auf dem Foto scharf abgebildet werden, auch wenn sie in Bewegung sind. Bei längeren Verschlusszeiten werden Motive in Bewegung unscharf.

Der ISO

Die dritte Einstellmöglichkeit ist der ISO. Mit dem ISO bestimmst du die Lichtempfindlichkeit deines Sensors.

Wenn du bei schlechten Lichtverhältnissen mit der Einstellung von Blende und Verschlusszeit an die Grenzen des Möglichen stößt, kannst du den ISO erhöhen. So erhältst du auch bei schwierigen Lichtverhältnissen korrekt belichtete Bilder.

Die Brennweite

Der letzte wichtige Grundbegriff der Fotografie hat nichts mit der Belichtung zu tun. Trotzdem gehört die Brennweite zu den Grundlagen der Fotografie dazu.

Die Brennweite deines Objektivs bestimmt, wie groß der Bildausschnitt ist, den du fotografierst. Hat dein Objektiv eine lange Brennweite, kannst du weit entfernte Motive sehr nah heranholen und entsprechend groß auf deinen Fotos abbilden. Bei einer kurzen Brennweite hingegen kannst du sehr viel auf deinem Foto abbilden, z. B. eine weite Landschaft.

Und jetzt schauen wir uns das im Detail an

Nach diesem kurzen Überblick weißt du nun, was dich auf den kommenden Seiten erwartet. Wir schauen uns jetzt diese fünf Grundbegriffe im Detail an und erklären dir ganz genau, wie sie funktionieren und wie du sie zu deinem Nutzen beeinflussen kannst.

Die Blende

Wir fangen direkt mit unserem Lieblingsthema an: mit der Blende. Warum die Blende unser Lieblingsthema ist? Ganz einfach: Weil du bereits echte Fortschritte an deinen Fotos sehen wirst, wenn du mit diesem Kapitel durch bist.

Das und noch mehr lernst du in diesem Kapitel:

- wie du die Blende an deiner Kamera einstellst und optimal für deine Fotos nutzen kannst
- wie du den Hintergrund deines Motivs unscharf darstellen kannst
- wie du die Blende nutzen kannst, um dein Foto optimal zu belichten

Klingt gut, oder? Dann lass uns direkt loslegen!

Was ist überhaupt die Blende?

Zu Beginn schauen wir uns kurz an, was die Blende überhaupt ist und wie sie funktioniert. Der kleine Schlenker in die Theorie ist wichtig, damit du die Blende später richtig nutzen kannst.

Also: Die Blende ist die hintere Öffnung deines Objektivs. An manchen Objektiven siehst du die Blendenöffnung sogar, wenn du hineinschaust.

Die Blendenöffnung besteht aus verschiedenen Lamellen, die sich beim Schließen übereinanderschieben. Daher kommt auch die charakteristische Form der Blendenöffnung, die du auf dem nächsten Bild erkennen kannst.

Licht bzw. Belichtung ist ein großes Thema in der Fotografie. Schließlich ist es ja auch wichtig, dass dein Foto am Ende so aussieht, wie du es möchtest – nicht zu hell und nicht zu dunkel. Die Blendenöffnung deines Objektivs hat direkten Einfluss auf die Belichtung deines Bildes.

Warum? Weil durch die Blendenöffnung Licht auf den Sensor deiner Kamera fällt. Und jetzt kommt der Clou: Wie viel Licht in deine Kamera gelangt, kannst du selbst bestimmen, indem du einstellst, wie weit deine Blende geöffnet ist.

Und woher weißt du, wie weit deine Blende geöffnet ist?

Die Größe der Öffnung wird durch die Blendenzahl angegeben. Bestimmt ist dir diese Zahl schon einmal begegnet – beim Objektivkauf zum Beispiel. Die Blendenzahl wird immer mit einem f/ oder manchmal auch einem großen F davor angegeben und sieht in etwa so aus: f/1.8, f/2.8, f/5.6, f/13.

Einen kleinen Kniff gibt es aber bei der Blendenzahl zu beachten: Je höher die Zahl hinter dem f/ ist, desto kleiner ist die Öffnung der Blende.

Und umgekehrt: Je kleiner die Blendenzahl ist, desto größer ist die Öffnung der Blende. Schau dir mal das folgende Bild an, dort sieht man das ganz gut.

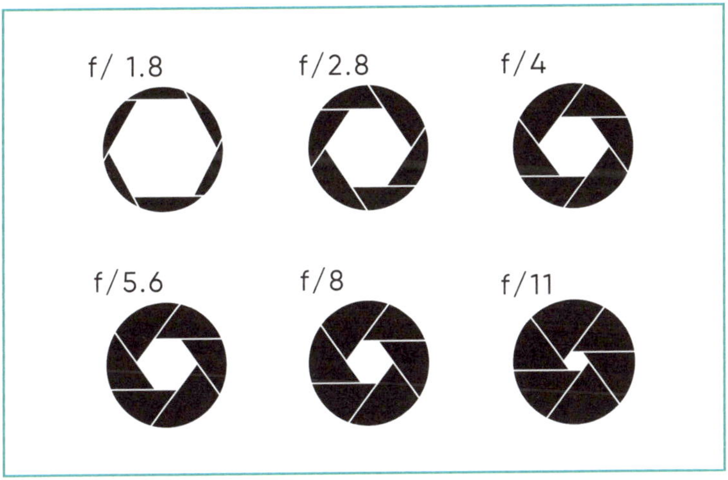

Verschiedene Blendenöffnungen und ihre zugehörige Blendenzahl

Was bedeutet das nun? Wenn du bei dir eine Blende von f/2.8 einstellst, ist die Blende weit geöffnet und es trifft relativ viel Licht auf den Sensor deiner Kamera. Wenn du eine Blende von f/13 einstellst, ist die Blende hingegen größtenteils geschlossen und es trifft nur sehr wenig Licht auf den Sensor.

Wofür das gut ist, erklären wir dir gleich und probieren das auch direkt praktisch aus. Dann sehen wir, wo genau die Unterschiede bei Fotos mit unterschiedlicher Blendenzahl liegen.

Aber erst einmal müssen wir uns kurz durch die Theorie arbeiten. Nicht aufgeben! Es wird gleich alles Sinn ergeben.

DAS MUSST DU DIR MERKEN

Brenn dir diesen Merksatz ein:

kleine Blendenzahl, große Öffnung, viel Licht – große Blendenzahl, kleine Öffnung, wenig Licht!

Wenn du den Merksatz immer parat haben willst, lade dir einfach unseren Spickzettel herunter, drucke ihn aus und packe ihn in deine Fototasche. Mehr Infos dazu findest du auf Seite 70.

Für die Blendenzahlen der Kamera gibt es eine Skala mit häufig auftretenden Werten. Welche Zahlen du bei dir einstellen kannst, hängt von deiner Kamera ab. Es kann durchaus sein, dass du bei deiner Kamera noch mehr Zwischenschritte einstellen kannst, als auf der folgenden Grafik zu sehen sind.

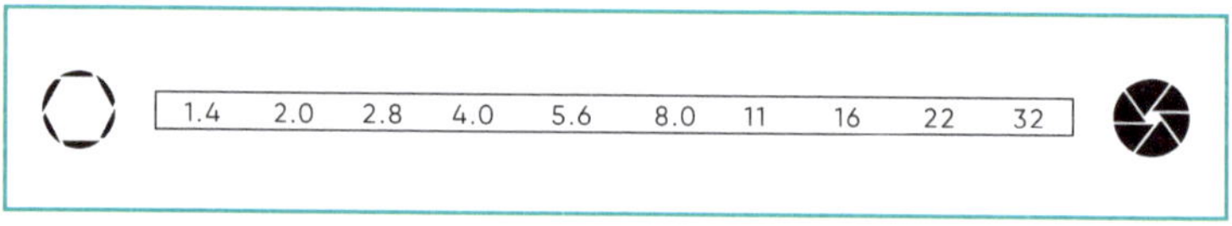

Typische Blendenskala

So stellst du die Blende an deiner Kamera ein

Jetzt ist es aber auch genug mit der Theorie. Wir schauen uns nun direkt an der Kamera an, wie die Blende funktioniert. Nimm dazu am besten deine Kamera in die Hand, während du die nächsten Seiten liest. So kannst du alles gleich ausprobieren.

Hinweis: Bei vielen Kameras funktioniert die Einstellung der Blende sehr ähnlich, aber eben nicht bei allen. Wenn du etwas nicht findest, schau also einfach im Handbuch deiner Kamera nach.

Der Modus A

Wenn du bislang immer im Automatikmodus fotografiert hast, kommt jetzt der erste große Moment auf unserer gemeinsamen Reise durch die Fotografie. Wir verlassen den Automatikmodus. Yeah!

Jede Kamera hat verschiedene Modi, die du neben der Automatik auswählen kannst. Wichtig sind die Modi M, A, S und P, wobei wir P hier nur der Vollständigkeit halber erwähnen. P bedeutet Programmautomatik und ist letztendlich nichts anderes als eine abgespeckte Version des Automatikmodus. Wenn du eine Canon-Kamera besitzt, dann heißen die Modi übrigens etwas anders, und zwar M, Av, Tv und P.

Du findest bei fast allen Kameras ein Rädchen, auf dem diese Buchstaben zu sehen sind. Um die Blende kennenzulernen, beginnen wir jetzt mit dem Modus A. Die Abkürzung A steht nicht für Automatik, sondern für *aperture,* das englische Wort für Blende.

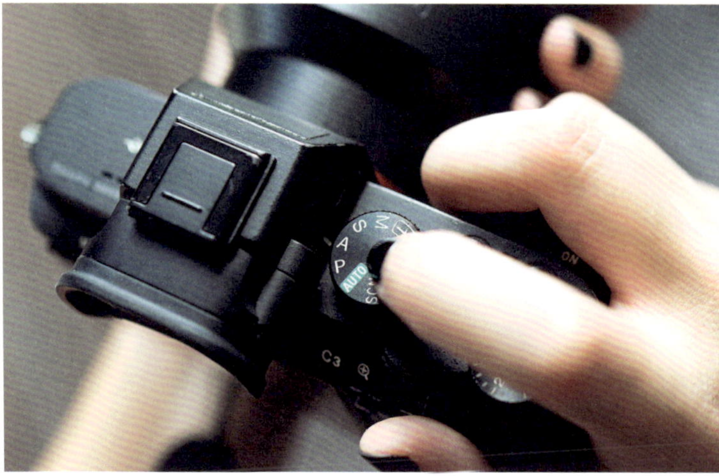

Der Modus A wird über das Modusrad deiner Kamera eingestellt.

Wenn du deine Kamera in den Modus A stellst, kannst du deine Blendenzahl manuell bestimmen. Du kannst also selbst entscheiden, wie viel Licht du auf den Sensor lässt. Im Modus A sorgt deine Kamera automatisch dafür, dass die zu deiner gewählten Blendenzahl passende Verschlusszeit ausgewählt wird, sodass am Ende immer die richtige Menge Licht auf deinen Sensor fällt und dein Bild korrekt belichtet ist.

Falls du ganz am Anfang stehst, fragst du dich jetzt vielleicht, was die Verschlusszeit ist. Dazu kommen wir im nächsten Kapitel ganz ausführlich. Erst einmal musst du dich darum nicht kümmern, denn die Kamera macht das im Modus A automatisch für dich. Wir konzentrieren uns jetzt einzig und allein auf die Blendenzahl und den Modus A.

UNSER LIEBLINGSMODUS

Wir fotografieren circa 80 Prozent unserer Fotos in diesem Modus, da er einfach am praktischsten ist. Die anderen Modi nutzen wir nur für spezielle Situationen.

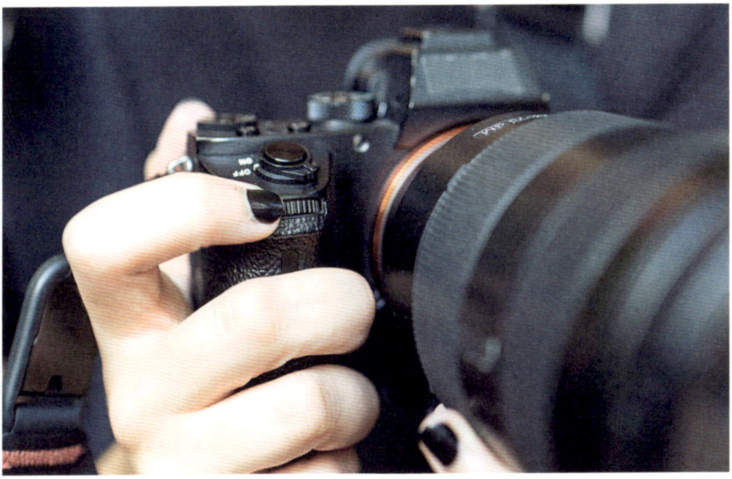

An vielen Kameras kannst du die Blendenzahl an einem Rädchen vorne rechts verändern.

Wenn du deine Kamera nun auf den Modus A gestellt hast, kannst du im nächsten Schritt die Blendenzahl einstellen. An vielen Kameras steuerst du die Blendenzahl an einem Rädchen, das sich entweder vorne rechts oder hinten rechts an deiner Kamera befindet.

Probier es einfach mal aus. Wenn du nicht direkt findest, wo du die Blende an deiner Kamera steuerst, schau einfach in deinem Handbuch nach.

Um zu sehen, welche Blendenzahl du eingestellt hast, musst du je nach Kameratyp entweder durch den Sucher oder auf dein Display schauen. Dort findest du dann die Blendenzahl mit dem f/ am Anfang. Bei manchen Kameras wird das F auch großgeschrieben. Wenn du nun am Blendenrädchen drehst, verändert sich diese Zahl.

Ein kleiner Schritt, aber ein sehr wichtiger Moment für deine Fotografie. Du weißt jetzt, wie man die Blende einstellt, und kennst damit eine der wichtigsten Einstellungen überhaupt!

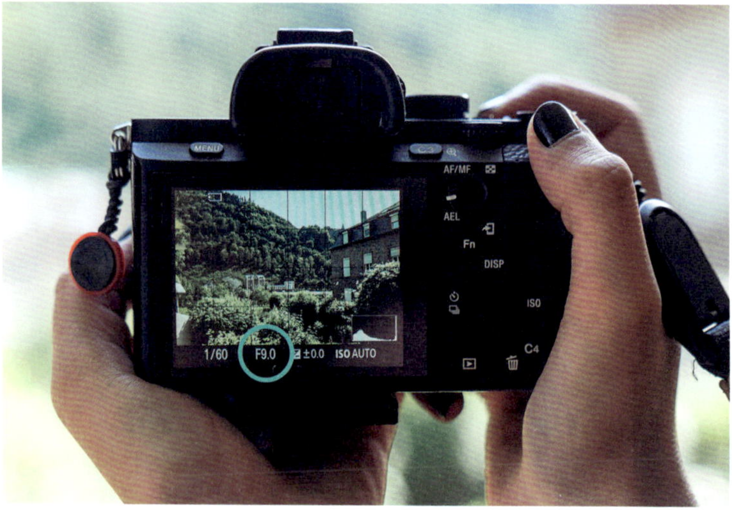

Beim Blick durch den Sucher oder auf dein Kameradisplay siehst du die ausgewählte Blendenzahl. An dieser Kamera liegt sie bei f/9.0.

So setzt du die Blende für deine Fotos ein

Du weißt nun, was die Blende ist und wie du sie einstellst. Als Nächstes lernst du, wie du die Blende für deine Fotos nutzen kannst.

Fotografieren bei schlechten Lichtverhältnissen

Wir haben ja bereits erwähnt, dass die Blendenöffnung bestimmt, wie viel Licht auf den Sensor deiner Kamera fällt. Ohne Licht geht in der Fotografie nichts. Wahrscheinlich hast du schon gemerkt, dass bei wenig Licht in der Umgebung das Fotografieren gleich viel komplizierter wird. Deine Fotos werden dann schnell zu dunkel oder sie verwackeln.

Um bei schlechten Lichtverhältnissen trotzdem genügend Licht auf den Sensor deiner Kamera zu bekommen, kannst du deine Blende öffnen. Noch mal zur Erinnerung, wir können es schließlich nicht oft genug sagen: kleine Blendenzahl, große Öffnung, viel Licht – große Blendenzahl, kleine Öffnung, wenig Licht!

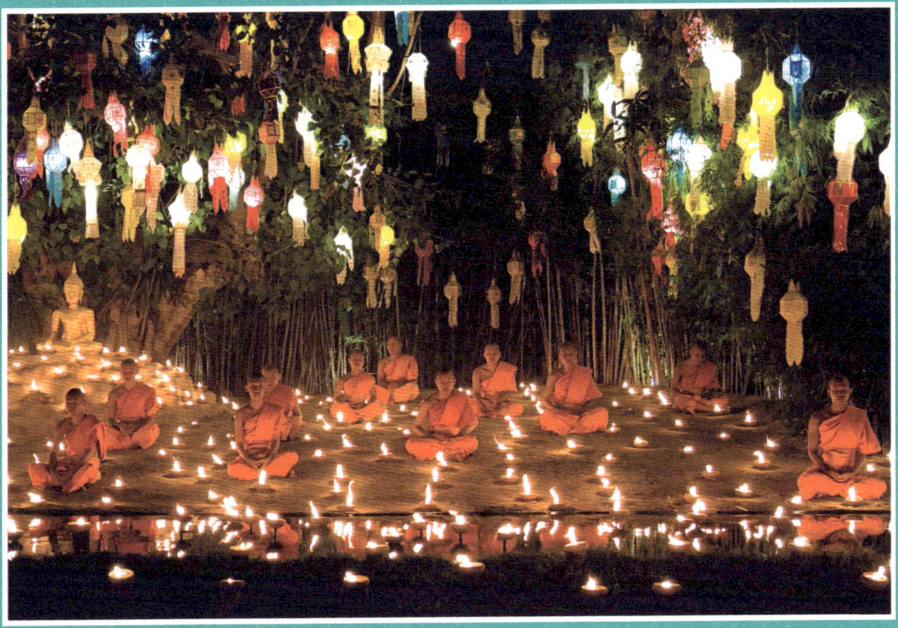

Dieses Foto ist bei sehr schlechten Lichtverhältnissen entstanden. Draußen war es schon dunkel und die Szenerie war nur durch Laternen beleuchtet, die aber nicht besonders viel Licht abgegeben haben. Wir haben in dieser Situation also die Blende weit geöffnet (f/2.5), um trotzdem ein Foto machen zu können, das weder zu dunkel noch verwackelt ist. f/2.5 | 1/50 s | ISO 400 | 50 mm

Wie weit du die Blende öffnen kannst, hängt von deinem Objektiv ab. Viele Kit-Objektive, die direkt mit der Kamera zusammen verkauft werden, haben eine maximale Blendenöffnung von f/3.5. Es gibt aber auch Objektive mit wesentlich größerer Blendenöffnung, wie zum Beispiel f/1.8 oder sogar f/1.4. Bei solchen Objektiven hast du bei schlechten Lichtverhältnissen einen wesentlich größeren Spielraum, da du die Blende weiter öffnen kannst.

Wenn du also bei schwierigen Lichtverhältnissen fotografieren möchtest, empfehlen wir dir, deine Blende immer so weit zu öffnen wie möglich.

Schärfentiefe oder verschwommener Hintergrund

Du benutzt die Blende aber nicht einfach nur, um zu bestimmen, wie viel Licht du in deine Kamera lässt.

Mit der Veränderung der Blende hast du außerdem ein sehr wichtiges Stilmittel der Fotografie in der Hand: die Schärfentiefe. Mit der Wahl deiner Blendenzahl bestimmst du, ob der Hintergrund deines Hauptmotivs scharf oder unscharf ist.

Bestimmt hast du schon Fotos gesehen, bei denen eine Person oder ein Objekt scharf zu sehen ist, der Hintergrund jedoch undeutlich und verschwommen abgebildet wird. Genau diesen Effekt kannst du erzielen, indem du die Blendenzahl veränderst.

Je weiter du die Blende öffnest, also je kleiner die Blendenzahl ist, desto stärker wird der Effekt. Wenn du zum Beispiel mit einer sehr weit geöffneten Blende ein Foto machst, sagen wir mal f/1.8 oder f/2.8, dann wird nur der Bereich scharf, den du fokussierst. Alles, was sich dahinter befindet, wird unscharf dargestellt.

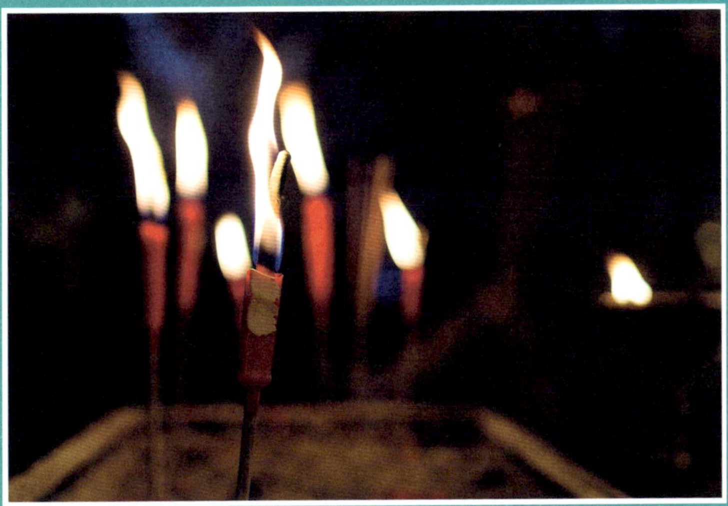

Auf diesem Foto haben wir durch die weite Öffnung der Blende einen sehr unscharfen Hintergrund erzielt. f/1.8 | 1/100 s | ISO 160 | 50 mm

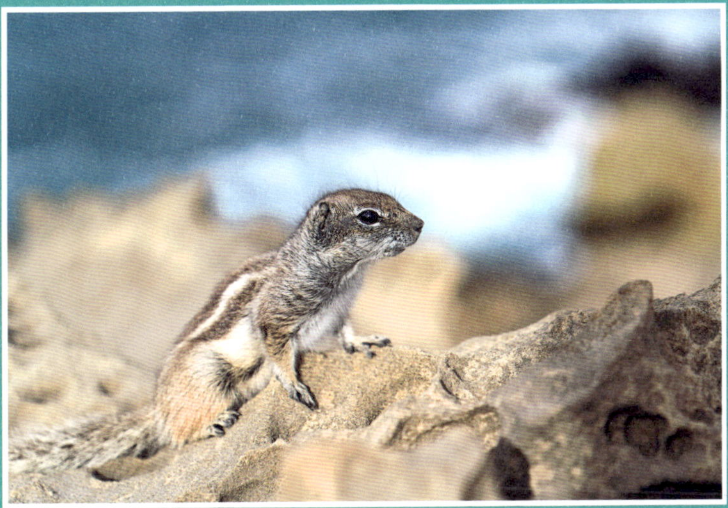

Auch diesen kleinen Kerl haben wir mit einer weit geöffneten Blende fotografiert und konnten ihn so wunderbar vor dem unscharfen Hintergrund hervorheben. f/2.8 | 1/1250 s | ISO 100 | 70 mm

Natürlich kannst du mit der Einstellung deiner Blende auch den gegenteiligen Effekt erzielen. Je mehr du die Blende schließt, also indem du eine große Blendenzahl wählst, erzielst du eine sehr hohe Schärfentiefe. Anstatt eines verschwommenen Hintergrunds sind dann alle Elemente deines Bildes scharf.

ABER ACHTUNG: SCHLIESSE DIE BLENDE NICHT ZU SEHR

Du könntest jetzt versucht sein, deine Blende so stark zu schließen, wie es möglich ist, um in deinem Bild eine möglichst hohe Schärfe zu erhalten. Das ist zwar eine gute Idee, funktioniert aber leider nicht problemlos. Zwar nimmt die Schärfentiefe tatsächlich immer weiter zu, je stärker du die Blende schließt, gleichzeitig nimmt aber ab einer gewissen Blendenzahl die allgemeine Schärfe der Bilder wieder ab.

Bei welcher Blendenzahl das der Fall ist, lässt sich nicht pauschal sagen. Jedes Objektiv hat einen bestimmten Blendenwert, bei dem es die größte Gesamtschärfe erzielt. Zusätzlich ist es auch von der Kamera abhängig und variiert zum Beispiel je nach Sensorgröße.

Unser Tipp: Mit einer Blende von f/11 oder f/13 bist du bei den meisten Objektiven auf der sicheren Seite. Manche Objektive bilden auch bei f/16 noch knackscharf ab, höher solltest du aber nicht gehen. Eine Blende von f/22 vermindert oft die Schärfe des gesamten Fotos deutlich.

Um herauszufinden, welche Blende bei deinem Objektiv eine optimale Schärfe erzielt, kannst du Folgendes ausprobieren: Wenn du mal etwas Zeit hast, nimm deine Kamera und stell sie auf ein Stativ. Jetzt machst du einfach von ein und demselben Motiv mehrere Fotos und wählst dabei immer eine andere Blendenzahl aus. Hinterher schaust du dir die Bilder an und kannst so herausfinden, bei welcher Blende dein Objektiv die größte Schärfe erzielt und ab welcher Zahl deine Bilder unschärfer werden. So erfährst du ganz genau, wie weit du mit deinem Objektiv gehen kannst.

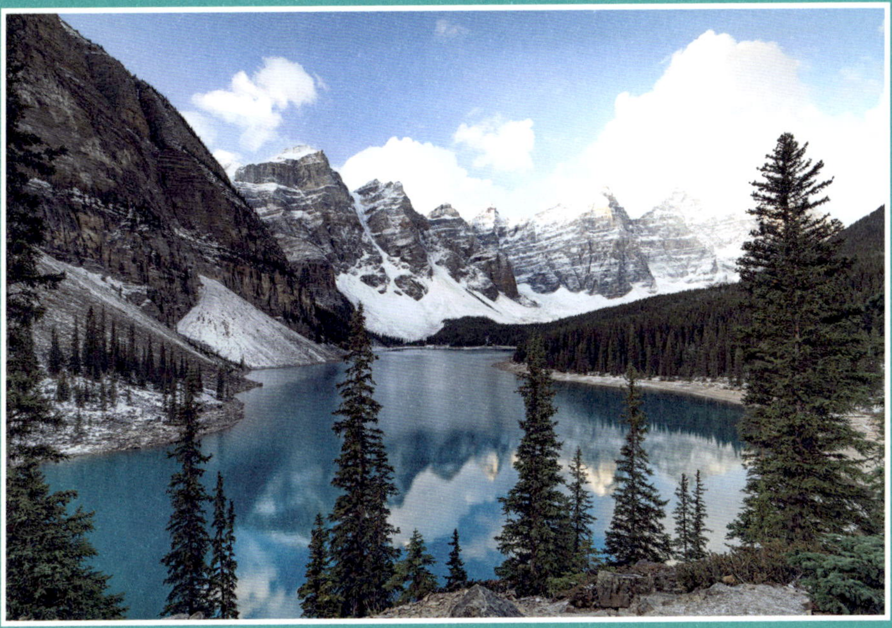

Das Bild haben wir mit einer Blende von f/16 aufgenommen. Es hat deshalb eine sehr hohe Schärfentiefe. Sowohl die Bäume im Vordergrund als auch die Berge im Hintergrund sind auf diesem Foto scharf. f/16 | 0,4 s | ISO 50 | 17 mm

Praxis: Jetzt wird fotografiert

Fotografierenlernen klappt am besten, wenn du das Gelernte direkt ausprobierst. Wenn du deine Kamera bis hierhin noch nicht zur Hand genommen hast, wird es spätestens jetzt Zeit.

Mach dich als Erstes mit der Einstellung der Blende an deiner Kamera vertraut. Stelle den Modus A ein und verstelle anschließend die Blende. Hast du alles gefunden? Perfekt! Such dir als Nächstes ein Motiv, an dem du den Zusammenhang zwischen Blende und Schärfentiefe ausprobieren kannst.

Du kannst diese Übung ganz einfach zu Hause mit einem Gegenstand aus deinem Haushalt machen. Super als Motiv eignen sich Kuscheltiere oder Blumenvasen, aber auch eine Konservendose oder eine Zahnpastatube reichen zum Ausprobieren völlig aus.

Es geht erst einmal nicht darum, ein fotografisches Meisterwerk zu produzieren, sondern darum, den Zusammenhang zu verstehen und dich mit deiner Kamera vertraut zu machen. Die Meisterwerke entstehen dann, wenn du etwas mehr Übung hast.

Fotografiere nun dein Motiv mit verschiedenen Blendeneinstellungen. Wähle dazu zunächst die kleinste mögliche Blendenzahl (je nach Objektiv z. B. f/1.8, f/2.8 oder f/3.5) aus. Anschließend machst du noch ein Foto mit einer mittleren Blende (z. B. f/8) und einer stark geschlossenen Blende (z. B. f/13 oder f/16).

Sieh dir dann die drei Fotos auf deinem Display oder auf dem Rechner an und schaue, wie sich die Schärfentiefe verändert. Achte dabei nicht nur auf den Hintergrund, sondern auch auf den Vordergrund.

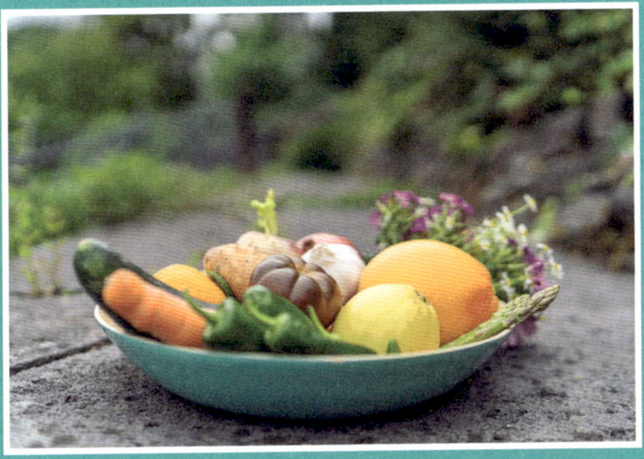

Foto mit einer weit geöffneten Blende von f/1.8. Nur ein sehr kleiner Bereich ist scharf, Vordergrund und Hintergrund sind unscharf.

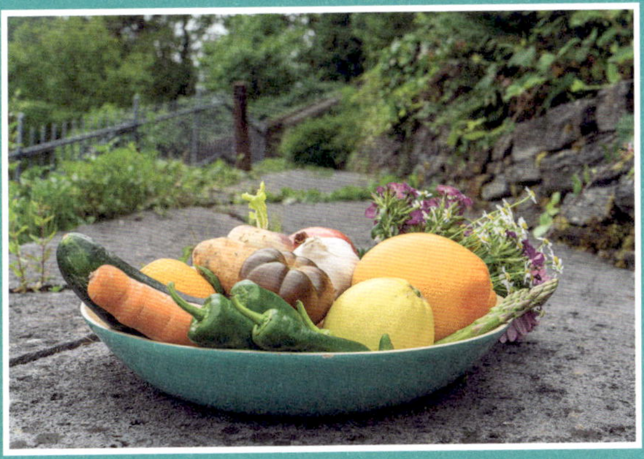

Foto mit einer mittleren Blende von f/8. Der Vordergrund ist deutlich schärfer und der Hintergrund ist nur noch leicht unscharf.

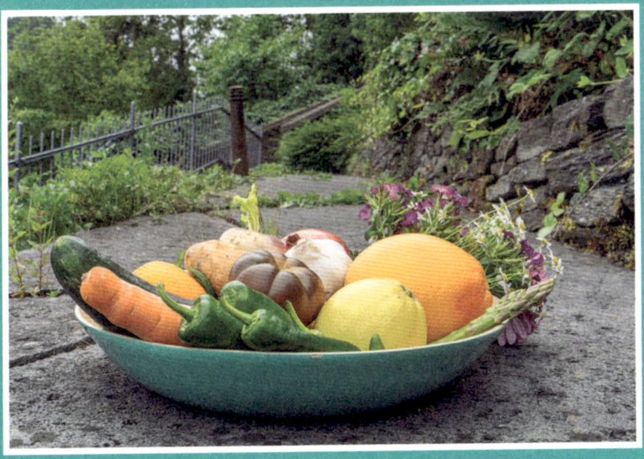

Foto mit einer stark geschlossenen Blende von f/16. Im Hintergrund gibt es kaum Unschärfe und der Vordergrund ist komplett scharf.

Die Verschlusszeit

Neben der Blende ist die Verschlusszeit die zweite wichtige Einstellung an deiner Kamera, die du unbedingt kennen solltest. Wenn du die Blende und die Verschlusszeit verstanden hast und anwenden kannst, bist du mit der Technik fast schon fertig.

Das und noch mehr lernst du in diesem Kapitel:

- wie du die Verschlusszeit an deiner Kamera einstellst
- wie du Bewegungen auf deinem Bild „einfrieren" kannst
- wie du tolle Effekte durch lange Verschlusszeiten erzielst

Was ist überhaupt die Verschlusszeit?

Jemand hat uns mal gesagt, dass der Sensor einer Kamera ein bisschen so ist wie ein Vampir.

Er ist sehr lichtempfindlich und solange keine Fotos gemacht werden, bleibt er lieber im Dunkeln. Der Sensor versteckt sich dann hinter einer lichtundurchlässigen Tür, die sich Verschluss nennt. Den Vergleich fanden wir so toll, dass wir ihn uns bis heute gemerkt haben und hier gerne an dich weitergeben möchten.

Wenn der Vampir, also der Sensor, nun aber zur Arbeit antritt und ein Foto macht, kannst du mit der Verschlusszeit bestimmen, wie lange der Verschluss geöffnet bleibt.

In der Zeit, in der der Verschluss offen ist, trifft dann Licht auf den Sensor deiner Kamera – und genau dieser Zeitraum wird als Verschlusszeit bzw. Belichtungszeit bezeichnet. Je länger die Verschlusszeit, desto mehr Licht trifft auf den Sensor.

Nur zur Erinnerung: Unser Ziel ist es, am Ende ein korrekt belichtetes Foto zu erhalten. Übertragen auf die Verschlusszeit bedeutet das also: Je weniger Licht du durch deine natürliche Umgebung zur Verfügung hast, desto länger muss der Verschluss offen bleiben, damit in dieser Zeit mehr Licht auf den Sensor der Kamera fallen kann.

Der Verschluss ist dabei meistens relativ kurz offen, in der Regel sind es nur Bruchteile einer Sekunde. Bei Spiegelreflexkameras hörst du beim Fotografieren noch das Klacken des Spiegels. Die Zeit zwischen den beiden Klackgeräuschen ist die Verschlusszeit.

Genau wie bei der Blendenzahl gibt es auch eine typische Skala für die Verschlusszeit. Die Verschlusszeit wird in Sekunden gemessen und als ganze Zahl in deinem Sucher oder auf dem Kameradisplay angezeigt.

2000	1000	500	250	125	60	30	15	8	4	2	1"	2"	3"

Typische Skala der Verschlusszeit

Eine Verschlusszeit von 500 bedeutet allerdings nicht, dass die Verschlusszeit 500 Sekunden beträgt, sondern 1/500 Sekunde. Hier wird der Einfachheit halber der Bruch weggelassen und die Verschlusszeit als ganze Zahl angezeigt.

Die Verschlusszeit kann aber durchaus länger sein und mehrere Sekunden betragen. In diesem Fall stehen auf deinem Display hinter der Zahl zwei kleine Striche.

Ein Beispiel: Hast du eine Verschlusszeit von 4 an deiner Kamera eingestellt, bedeutet das 1/4 Sekunde. Hast du eine Verschlusszeit von 4", so bedeutet das vier Sekunden.

So stellst du die Verschlusszeit ein

Aus dem Kapitel über die Blende weißt du bereits, was du mit dem Modus A anstellen kannst. Jetzt schauen wir uns den Modus S an. Falls du eine Canon-Kamera besitzt, dann heißt dieser Modus bei dir Tv, alle anderen Hersteller nutzen die Bezeichnung S.

Das S steht für die englische Bezeichnung für Verschlusszeit: *shutter speed*. Der Modus S (Tv) funktioniert genau andersherum als der Modus A. Im Modus S kannst du deine Verschlusszeit manuell bestimmen. Du kannst also selbst entscheiden, wie lange dein Verschluss geöffnet bleibt.

Deine Kamera sorgt dann dafür, dass die passende Blendenzahl zu deiner gewählten Verschlusszeit ausgewählt wird. Dadurch wird sichergestellt, dass dein Bild ordentlich belichtet wird.

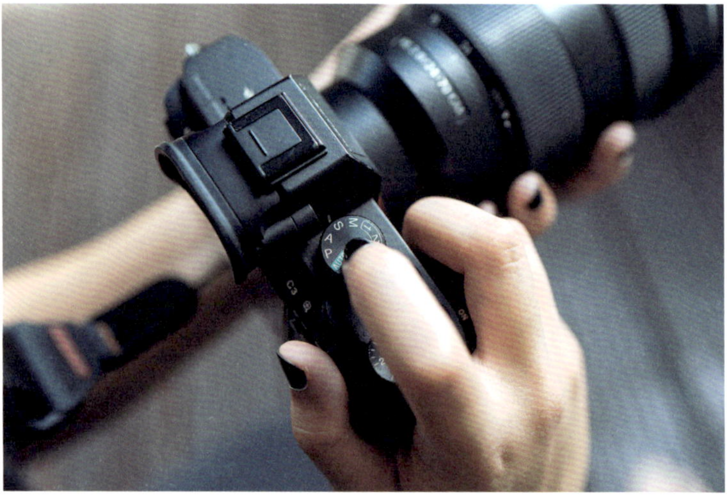

Um die Verschlusszeit einzustellen, wechseln wir in den Modus S (Tv). Bei fast allen Kameras stellst du die Verschlusszeit am hinteren Rädchen ein.

Die meisten Kameras haben hinten rechts ein kleines Rädchen, an dem du die Verschlusszeit verändern kannst, wenn du dich im Modus S befindest. Wenn du an diesem Rädchen drehst, siehst du im Sucher oder in deinem Display, wie sich die Verschlusszeit verändert. Noch mal zur Erinnerung: Wenn deine Kamera z. B. eine Verschlusszeit von 100 anzeigt, dann bedeutet das 1/100 Sekunde.

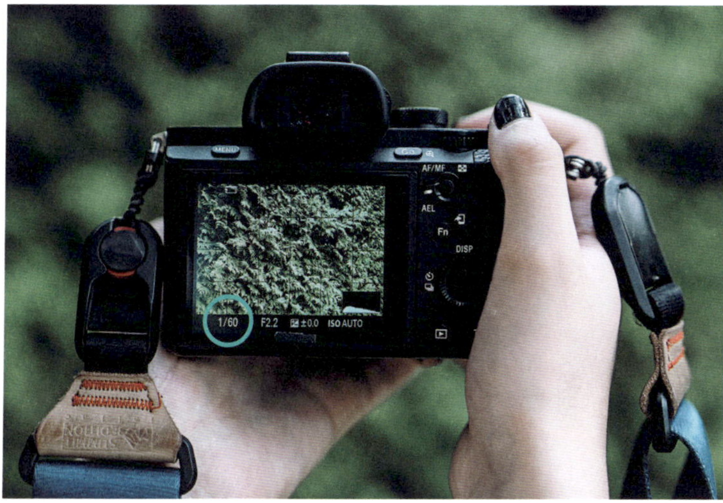

Verschlusszeit von 1/60 s

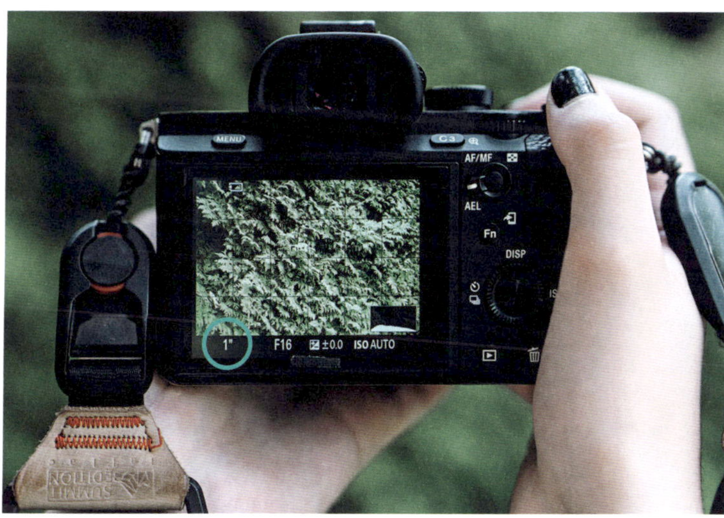

Verschlusszeit von 1 s

So setzt du die Verschlusszeit für deine Fotos ein

Die Verschlusszeit hat noch einige weitere, sehr coole Eigenschaften, die du für deine Fotos nutzen kannst.

Bewegungen zeigen

Wenn du auf den Auslöser deiner Kamera drückst, hältst du auf deinem Foto alles fest, was während der Verschlusszeit passiert. Wenn sich also zwischen dem Öffnen und dem Schließen des Verschlusses etwas bewegt, findet sich diese Bewegung anschließend auf deinem Foto wieder.

Wenn du nun mit einer langen Verschlusszeit von mehreren Sekunden fotografierst, ist die Wahrscheinlichkeit recht groß, dass sich etwas auf deinem Bild bewegt, es sei denn, du fotografierst ein Gebäude oder ein Stillleben.

Wenn du aber zum Beispiel ein vorbeifahrendes Auto mit einer Verschlusszeit von einer Sekunde fotografierst, legt es in dieser Zeit je nach Geschwindigkeit eine gewisse Strecke zurück. Auf deinem Foto würde das Auto dann verwischen.

Wenn es nur in Schrittgeschwindigkeit an dir vorbeifährt, sind wahrscheinlich noch die Konturen und die Farbe des Autos zu erkennen. Wenn du allerdings an einer Autobahn stehst und ein Auto fährt mit 130 km/h an dir vorbei, siehst du auf dem Foto vermutlich nur ein paar bunte Streifen.

Was genau eine lange Verschlusszeit ist, hängt also auch von der Geschwindigkeit des Motivs ab. Den Zusammenhang zwischen Verschlusszeit und der Geschwindigkeit des Motivs siehst du sehr gut auf dem Bild rechts.

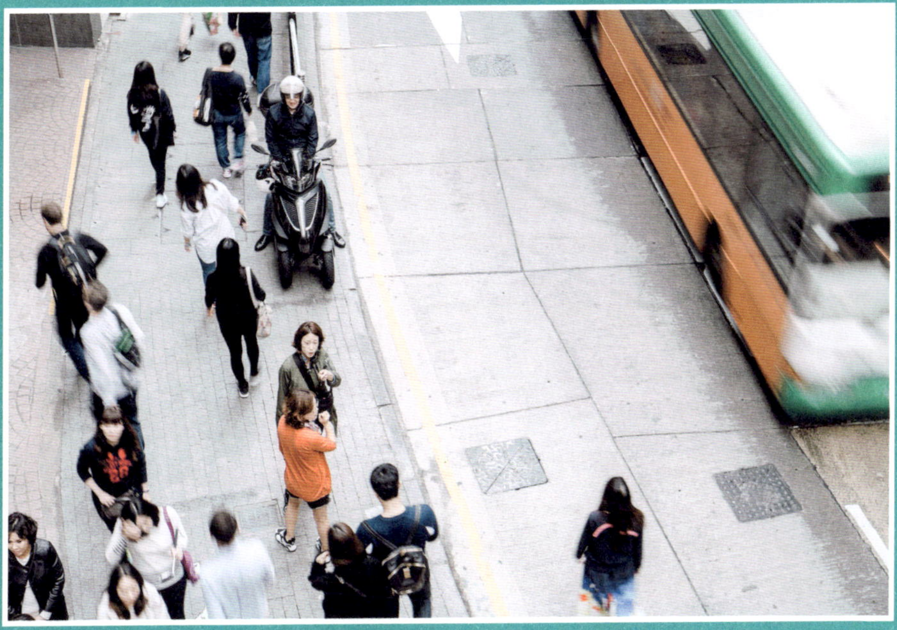

Dieses Foto haben wir mit einer Verschlusszeit von 1/13 s aufgenommen. Passanten, die sich in dieser Zeit gar nicht oder nur sehr langsam bewegt haben, sind auf dem Foto scharf zu erkennen. Der vorbeifahrende Bus und die Personen, die zügig gelaufen sind, waren für die Verschlusszeit aber zu schnell und sind unscharf. Nicht immer sind verschwommene Elemente auf Fotos unerwünscht. Es kann durchaus als Stilmittel eingesetzt werden, dass Teile deines Motivs nicht ganz scharf dargestellt und leicht verschwommen sind.
f/1.8 | 1/13 s | ISO 100 | 35 mm

Schnelle Motive einfrieren

Kurze Verschlusszeiten sind immer dann sinnvoll, wenn du einen bestimmten Moment festhalten möchtest und sich deine Motive schnell bewegen.

Insbesondere in der Sportfotografie ist das der Fall. Dort spielt sich alles sehr schnell ab, dennoch hofft jeder Sportfotograf, den Moment zu erwischen, in dem der Fußballspieler den Ball mit dem Kopf trifft oder der Boxhandschuh das Gesicht des Gegners berührt. Deshalb wird dort mit sehr kurzen Verschlusszeiten fotografiert. 1/4000 Sekunde und kürzer sind dabei keine Seltenheit.

Aber auch, wenn du kein professioneller Sportfotograf bist, brauchst du manchmal sehr kurze Verschlusszeiten, zum Beispiel wenn du alltägliche Situationen oder Menschen auf der Straße fotografieren willst.

Da Menschen auf der Straße in der Regel in Bewegung sind, muss der Verschluss sich ganz schnell öffnen und auch ganz schnell wieder schließen, damit du die Bewegungen auf deinem Foto scharf einfangen kannst. Ist die Verschlusszeit deiner Kamera zu lang, werden die Personen nicht komplett scharf.

Gleiches gilt, wenn du Tiere in freier Wildbahn fotografierst oder Kinder beim Spielen. Du weißt schließlich nie, wie sie sich als Nächstes bewegen und kannst mit kurzen Verschlusszeiten versuchen, den perfekten Moment einzufangen.

Grundsätzlich fotografieren wir am häufigsten im Modus A. Wenn du aber Motive ablichten möchtest, die sich schnell bewegen, empfehlen wir dir, den Modus S (bzw. Tv) zu nutzen, da du so viel leichter Einfluss auf die Verschlusszeit nehmen kannst.

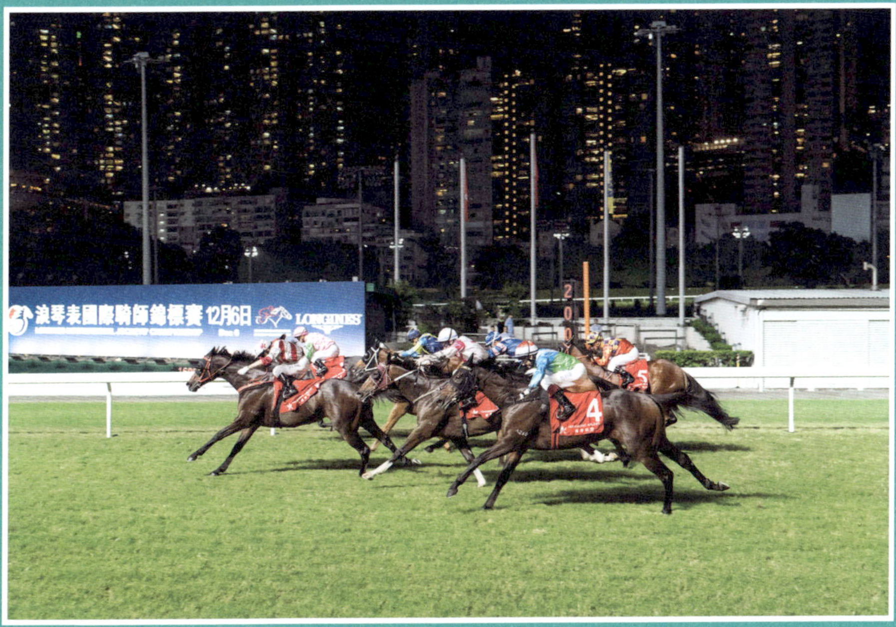

Um die Pferde scharf abzubilden, haben wir hier mit einer Verschlusszeit von 1/800 s fotografiert. f/2.8 | 1/800 s | ISO 5000 | 35 mm

Spiel mit dem Wasser

Wie wir gerade gesehen haben, kannst du mit sehr kurzen Verschlusszeiten die Bewegungen deiner Motive einfrieren und auf diese Weise einen bestimmten Moment auf deinen Fotos festhalten.

Dieser Effekt kommt besonders schön bei Motiven mit fließendem oder spritzendem Wasser zur Geltung. Wenn du fließendes Wasser mit einer sehr kurzen Verschlusszeit fotografierst, kannst du auf dem Foto sogar einzelne Wassertropfen erkennen.

Um diesen Effekt zu erzielen, solltest du eine Verschlusszeit von 1/500 Sekunde oder kürzer auswählen. Grundsätzlich gilt: Je kürzer die Verschlusszeit, desto stärker ist der Effekt.

Allerdings gelangt bei so extrem kurzen Verschlusszeiten nur für sehr kurze Zeit Licht auf den Sensor deiner Kamera. Es besteht also die Gefahr, dass deine Bilder zu dunkel werden. Am besten funktionieren solche Fotos deshalb, wenn du sehr viel Umgebungslicht hast, also zum Beispiel an sehr sonnigen Tagen.

Sonnige Tage eignen sich auch hervorragend, um ein bisschen draußen mit Wasser zu experimentieren. Auf der folgenden Doppelseite haben wir das einmal für dich gemacht.

Vielleicht hast du ja Lust, die folgenden Fotos selbst mal nachzustellen? Wir versprechen dir, dass es sehr viel Spaß machen wird und du gleichzeitig auch noch richtig praktisch lernst, wie die Verschlusszeit funktioniert.

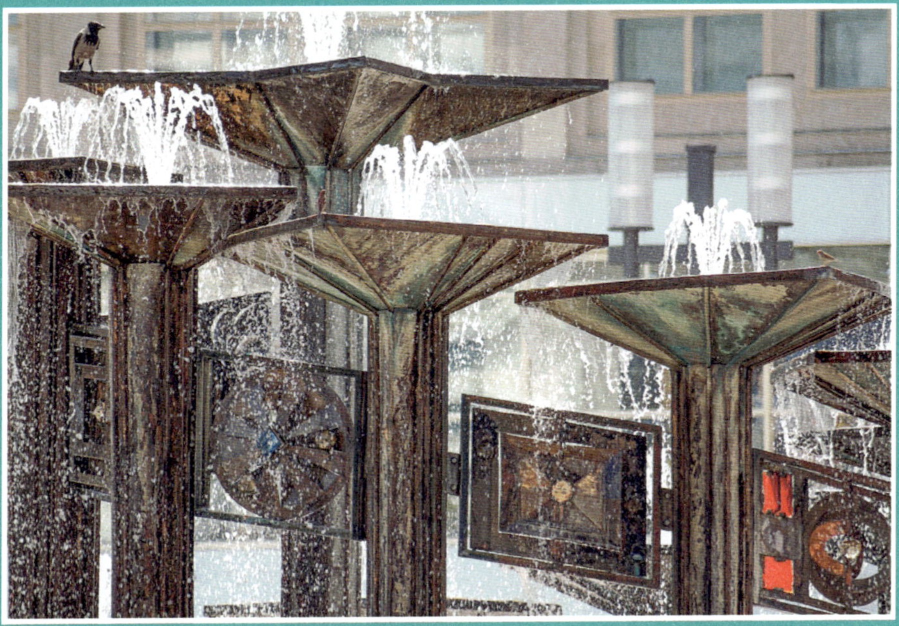

Durch die kurze Verschlusszeit sind hier sogar einzelne Wassertropfen zu erkennen. f/5.3 | 1/640 s | ISO 400 | 220 mm

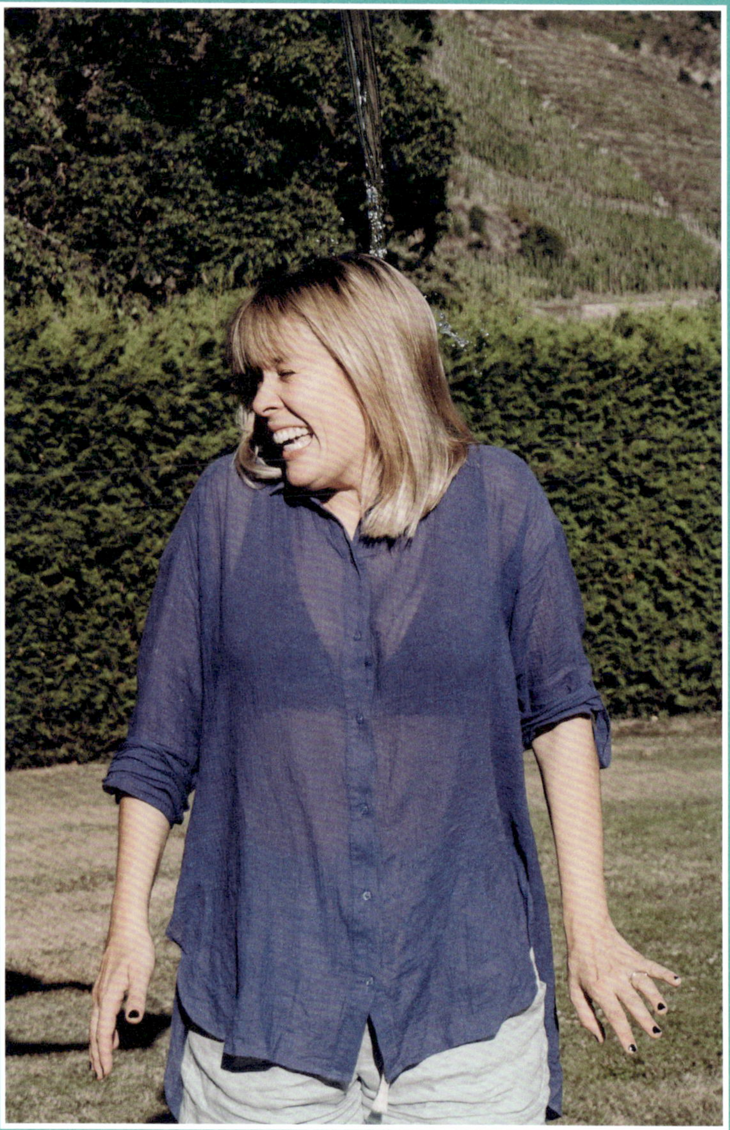

Jenny hat keine Opfer und Mühen gescheut und sich extra für ein Foto einen Eimer Wasser über den Kopf schütten lassen. Schließlich wollen wir dir ja zeigen, wie ein solches Foto mit einer sehr kurzen Verschlusszeit wirkt. f/4 | 1/2000 s | ISO 100 | 45 mm

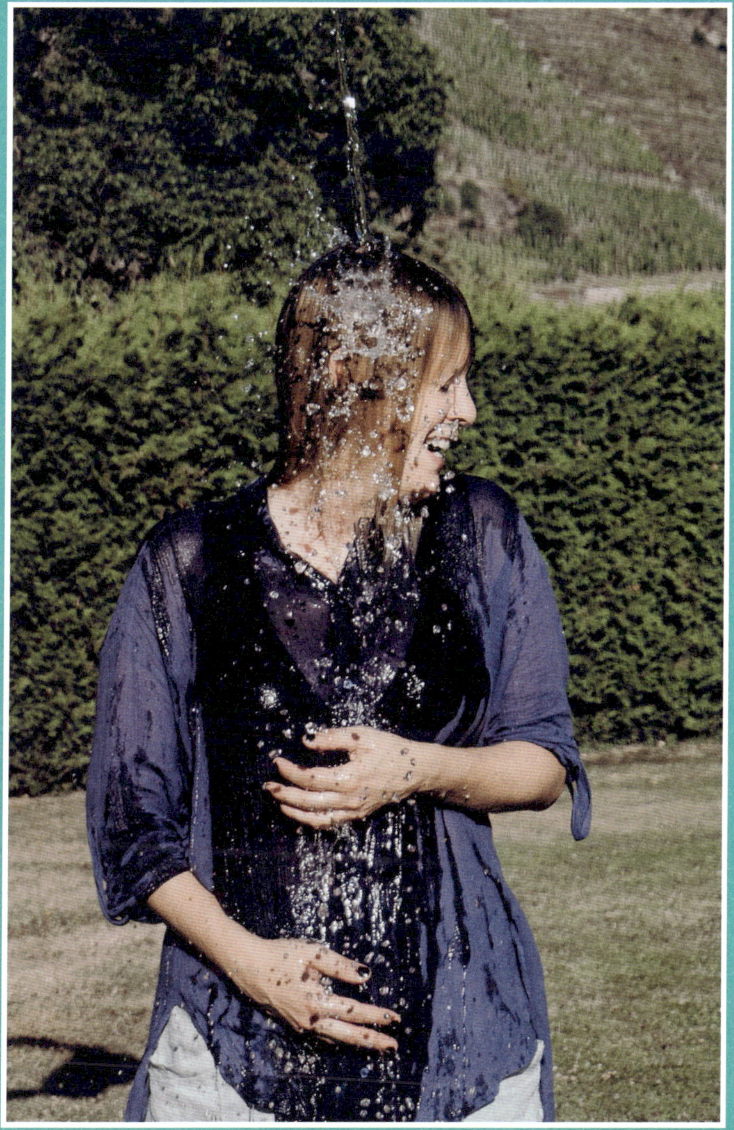

Durch die extrem kurze Verschlusszeit konnten wir den Moment einfrieren, in dem das Wasser auf Jenny landet. Jeder Wassertropfen ist zu sehen. f/4 | 1/2000 s | ISO 100 | 45 mm

Die Belichtung

Erst einmal: Glückwunsch! Du kennst nun schon die zwei allerwichtigsten Einstellungen deiner Kamera: die Blende und die Verschlusszeit. Jetzt gucken wir uns an, was die beiden miteinander zu tun haben.

Das und noch mehr lernst du in diesem Kapitel:

- den Zusammenhang zwischen Blende, Verschlusszeit und Belichtung
- wie du die Belichtung an der Kamera korrigieren kannst
- wann du den Modus M verwendest

Kurze Auffrischung

Da die Blende und die Verschlusszeit mit Abstand die wichtigsten Einstellungen sind, fassen wir hier noch einmal ganz kurz und bündig alles zusammen, was du darüber wissen musst.

Die Blende

- Die Blende regelt, wie weit das Objektiv geöffnet ist und wie viel Licht auf den Sensor deiner Kamera trifft.
- Vor der Blendenzahl steht immer ein f/ (bzw. in manchen Fällen ein F).
- Eine kleine Blendenzahl bedeutet: große Blendenöffnung und viel Licht auf dem Sensor deiner Kamera.
- Eine große Blendenzahl bedeutet: kleine Blendenöffnung und wenig Licht auf dem Sensor deiner Kamera.
- Die Blende beeinflusst die Schärfentiefe in deinem Bild.
- Eine große Blendenzahl bedeutet: große Schärfentiefe. Du siehst sowohl den Vordergrund als auch den Hintergrund scharf.
- Eine kleine Blendenzahl bedeutet: geringe Schärfentiefe. Du siehst das von dir fokussierte Motiv scharf, Vordergrund und Hintergrund sind verschwommen.

Die Verschlusszeit

- Die Verschlusszeit bestimmt, wie lange der Verschluss geöffnet bleibt und wie lange Licht auf den Sensor deiner Kamera fällt, während du ein Foto machst.
- Verschlusszeiten werden in Sekunden und Bruchteilen von Sekunden angegeben.
- Eine Verschlusszeit von 1/50 Sekunde wird auf deiner Kamera als 50 angezeigt und eine Verschlusszeit von fünf Sekunden als 5".
- Du kannst durch das Einstellen deiner Verschlusszeit entweder deine Motive „einfrieren" oder deinem Motiv eine gewisse Bewegungsunschärfe geben.
- Eine kurze Verschlusszeit bedeutet: Die Bewegung des Motivs wird eingefroren.
- Eine lange Verschlusszeit bedeutet: Die Bewegung des Motivs wird unscharf.

Zusammenhang zwischen Blende und Verschlusszeit

Jetzt bringen wir Blende und Verschlusszeit zu einem großen Ganzen zusammen und fangen direkt mal mit einem bildlichen Vergleich an.

Die Belichtung an einer Kamera kann man nämlich sehr gut anhand eines Türspalts erklären. Das klingt vielleicht im ersten Moment komisch, aber wir finden den Vergleich sehr anschaulich.

Wir haben bereits gelernt, dass die Blende und die Verschlusszeit die Menge an Licht, die auf den Sensor deiner Kamera trifft, beeinflussen. Beide tun das auf ihre ganz eigene Art und Weise. Mit der Blende regelst du über die Größe der Öffnung, wie viel Licht auf den Sensor fällt, und mit der Verschlusszeit bestimmst du die Dauer des Zeitraums, in dem das Licht auf den Sensor fällt.

Jetzt stell dir mal folgende Situation vor: Du stehst vor einer geschlossenen Tür, hinter der du eigenartige Geräusche hörst. Du bist von Natur aus sehr neugierig und bleibst stehen. Das Zimmer hinter der Tür ist stockdunkel. Um herauszufinden, was denn so Spannendes hinter dieser Tür passiert, hast du zwei Möglichkeiten:

Entweder du öffnest die Tür einen Spaltbreit, sodass ein wenig Licht aus dem Flur in das Zimmer fällt. Du musst ziemlich lange in den Spalt gucken, damit sich deine Augen an das schwache Licht im Zimmer gewöhnen können und du siehst, was dort vor sich geht. Oder du machst die Tür ganz weit auf und lässt für eine kurze Zeit all das Licht aus dem Flur in das dunkle Zimmer. So siehst du sofort, was in dem Raum los ist.

Das Tolle ist, egal welchen Weg du nimmst, du lässt genau die gleiche Menge an Licht in das Zimmer!

Es gilt also der folgende Merksatz:

kleine Öffnung + lange Zeit = große Öffnung + kurze Zeit

Du kannst vielleicht schon erahnen, worauf wir hinauswollen. Die Blende ist in unserem Beispiel die Größe der Türöffnung und die Verschlusszeit repräsentiert, wie lange die Tür geöffnet ist.

Das Beispiel zeigt gut, dass du immer mehrere Möglichkeiten hast, um genau das gleiche Foto zu machen. Es gibt also niemals die eine perfekte Einstellung für ein Bild.

Verschiedene Kombinationen aus Blende und Verschlusszeit können zu einem korrekt belichteten Foto führen, wie du an den beiden Beispielbildern rechts siehst. Trotz völlig anderer Einstellungen sind beide Bilder korrekt belichtet.

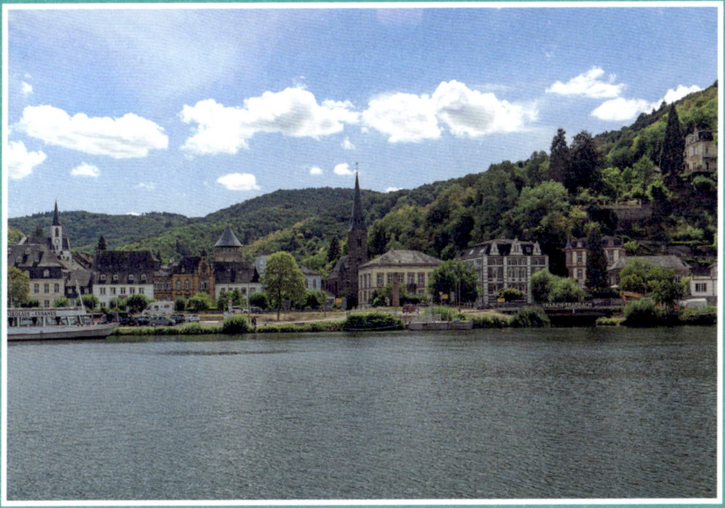

f/6.2 | 1/200 s | ISO 100 | 37 mm

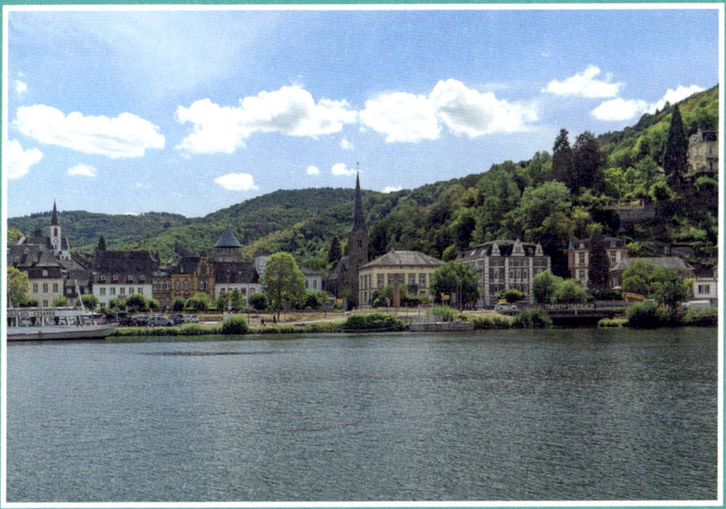

f/2.8 | 1/1000 s | ISO 100 | 37 mm

Schwierigkeiten bei der Belichtung

Moderne Kameras sind wirklich sehr clever. Sie sorgen in den meisten Fällen für eine korrekte Belichtung unserer Fotos. Wenn du im Modus A fotografierst und deine Blende einstellst, stellt deine Kamera automatisch die dazu passende Verschlusszeit ein, damit dein Foto korrekt belichtet ist.

Im Modus S funktioniert es genau andersherum: Du stellst die Verschlusszeit ein und die Kamera wählt die dazu passende Blende.

In den meisten Fällen funktioniert das ganz wunderbar, aber eben nicht immer. Die Belichtungsmessung der Kamera hat ihre Grenzen und liegt nicht immer richtig. Das Ergebnis ist ein überbelichtetes oder unterbelichtetes Foto.

Oft passiert das bei Motiven, die einen hohen Kontrastunterschied haben. Die Kamera ist mit solchen Situationen überfordert und produziert falsch belichtete Bilder. Eine typische Situation sind Sonnenuntergänge. Dabei ist meistens der Vordergrund des Bildes sehr dunkel und der Hintergrund mit der Sonne relativ hell.

Die Kamera weiß in solchen Situationen nicht genau, wie sie belichten soll und entscheidet sich für eines von zwei möglichen Szenarien. Wir zeigen dir das mal an zwei verunglückten Beispielbildern. Beide Fotos sind nicht ideal. Das eine ist zu dunkel, das andere ist zu hell.

In Situationen wie diesen musst du selbst Hand anlegen und deiner Kamera bei der Belichtung helfen. Dafür hast du zwei Möglichkeiten: die Belichtungskorrektur und den Modus M.

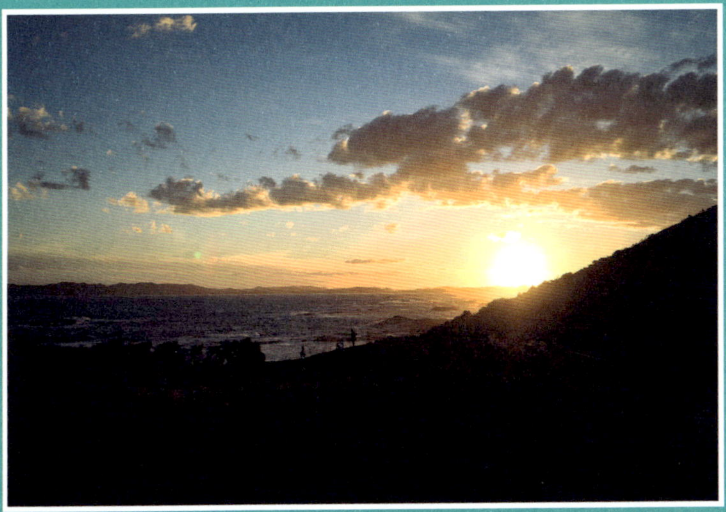

Die Kamera hat sich bei der Belichtung dieses Fotos an der hellen Sonne im Hintergrund orientiert. Das hat zur Folge, dass der Vordergrund komplett unterbelichtet und somit zu dunkel ist.

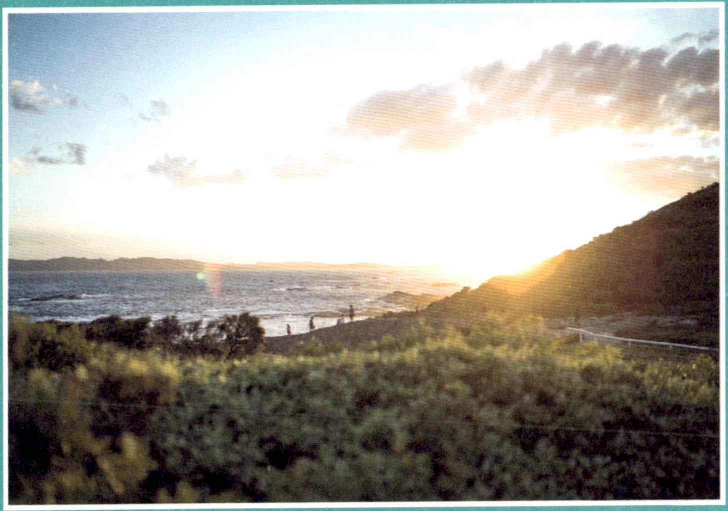

Hier hat sich die Kamera am Vordergrund orientiert und versucht, diesen optimal zu belichten. Das hat aber zur Folge, dass der Sonnenuntergang im Hintergrund extrem überbelichtet ist.

Die Belichtungskorrektur

Mit der Belichtungskorrektur kannst du Fehler deiner Kamera beim Belichten mit einem kurzen Handgriff ganz einfach ausgleichen. Du kannst sie je nach Modell entweder über ein Rädchen oder eine Taste an deiner Kamera aktivieren.

Auf dem Rädchen stehen Werte wie „-2, -1, 0, +1, +2". Wenn du eine Taste für die Belichtungskorrektur hast, ist sie meistens mit „+/-" beschriftet. Falls du die Belichtungskorrektur an deiner Kamera nicht direkt findest, schau einfach mal in deinem Handbuch nach.

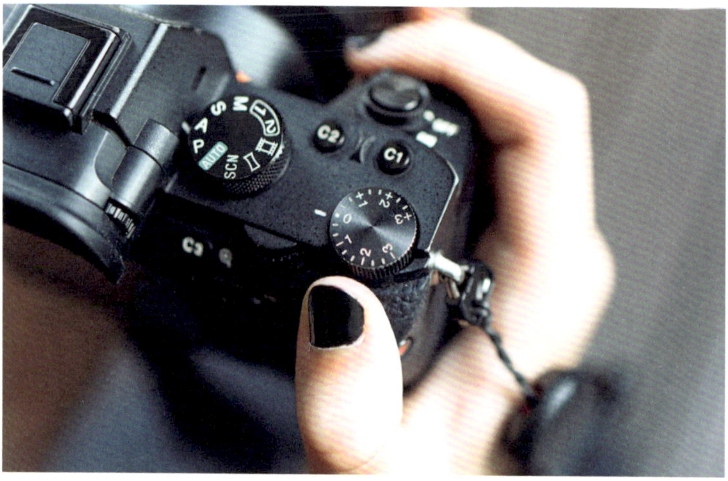

Rädchen zur Belichtungskorrektur

Wenn du nun im Modus A oder S bist und feststellst, dass du mit deinen gewünschten Einstellungen kein korrekt belichtetes Bild bekommst, kannst du ganz leicht gegensteuern. Du drehst die Belichtungskorrektur einfach heller (z. B. +0,3, +1 oder +2) oder dunkler (z. B. -0,3, -1 oder -2) und deine Kamera passt automatisch die Einstellungen an.

ACHTUNG: BELICHTUNGSKORREKTUR ZURÜCKSETZEN

Wir arbeiten sehr gerne mit der Belichtungskorrektur, da sie eine ganz einfache Möglichkeit ist, die Belichtung zu beeinflussen. Nur ein kurzer Handgriff, mehr musst du nicht tun.

Denk aber unbedingt daran, dass du die Belichtungskorrektur anschließend wieder auf 0 stellst. Ansonsten belichtet deine Kamera bei allen zukünftigen Bildern über oder unter und du wunderst dich, warum plötzlich alle Fotos zu hell oder zu dunkel werden.

Modus M

Es gibt aber auch Situationen, in denen du mit der Belichtungskorrektur nicht weiterkommst, weil die Lichtverhältnisse einfach zu kompliziert sind. In diesen Fällen ist der Modus M die Lösung.

Der Modus M ist der manuelle Modus deiner Kamera. Hier machst du wirklich alles selbst. Du kümmerst dich sowohl um die Einstellung der Blende als auch um die Verschlusszeit und hast so alle Zügel in der Hand. Allerdings ist das auch relativ aufwendig. Während du im Modus A oder S nur eine der beiden Einstellungen anpassen musst, sind es im Modus M beide. Das nimmt mehr Zeit in Anspruch, da du selbst die perfekte Kombination von Blende und Verschlusszeit herausfinden musst.

Oft wird gerade Fotografieeinsteigern erzählt, dass es das Nonplusultra ist, im Modus M zu fotografieren und alle professionellen Fotografen nichts anderes machen. Wenn du uns fragst, ist das aber völliger Quatsch. Der Modus M ist super für bestimmte Situationen, für den regelmäßigen Gebrauch ist er aber nicht unbedingt geeignet.

Typische Situationen, in denen der Modus M sinnvoll ist, sind z. B. Nachtfotografie, Sternenfotografie und alle Fälle, in denen die Belichtungskorrektur nicht ausreicht.

Der ISO

Es gibt Situationen, in denen es einfach nicht möglich ist, ein korrekt belichtetes oder unverwackeltes Bild zu machen.

Egal, welche Blende oder Verschlusszeit du wählst, ob du mit der Belichtungskorrektur nachhilfst oder im Modus M fotografierst: Wenn es schlicht und ergreifend zu dunkel ist, hilft all das nicht weiter. In diesen Situationen musstest du mit sehr langen Verschlusszeiten fotografieren.

Wir erinnern uns: Dadurch würden wir mehr Licht auf den Sensor unserer Kamera lassen und hätten somit wieder mehr Licht zur Verfügung.

Das Problem dabei: Bei zu langen Verschlusszeiten werden deine Fotos mit hoher Wahrscheinlichkeit verwackeln. Denn nicht nur die Motive vor der Kamera bewegen sich auf dem Bild, auch du bewegst dich.

So eine ruhige Hand hat leider niemand. Da hilft nur noch ein Stativ oder der ISO, und genau diesen ISO stellen wir dir in diesem Kapitel vor.

Das und noch mehr lernst du in diesem Kapitel:

- was sich hinter dem Begriff ISO verbirgt
- wie du mit dem ISO-Wert die Belichtung deines Fotos beeinflussen kannst
- wie du den ISO-Wert einstellst
- was die Grenzen und Nachteile der ISO-Einstellung sind

Was ist überhaupt der ISO?

Der ISO-Wert beschreibt in der Fotografie die Lichtempfindlichkeit deines Kamerasensors und es hat sich eingebürgert, diese Lichtempfindlichkeit einfach kurz als ISO zu bezeichnen.

Der ISO wird in ganzen Zahlen angegeben. Bei den meisten Kameras liegt der niedrigste ISO-Wert bei 100, bei manchen Kameras geht es aber auch schon bei 50 oder erst bei 200 los.

Viel interessanter sind aber die hohen Werte. Viele Kameras haben einen maximalen ISO von 6400 oder höher. Teilweise geht es sogar bis 128000! Was diese Zahlen bedeuten und wie du sie einsetzt, schauen wir uns jetzt genauer an.

KLEINER EXKURS IN DIE VERGANGENHEIT

Wenn du früher mit einer analogen Kamera fotografiert hast, musstest du noch Filme einlegen. Wir haben tatsächlich auch noch Filme eingelegt und sind dem Geräusch des Rädchens zum Weiterdrehen immer noch verfallen, wenn wir es heute hören. Schon was Tolles, so eine analoge Kamera.

Wenn du auch noch Filme für die Kamera gekauft hast, standen da meistens Werte wie 200 oder 400 drauf. Das ist nichts anderes als die Angabe des ISO-Wertes. Der Unterschied ist nur, dass du damals alle Fotos von der Filmrolle mit dem gleichen ISO-Wert fotografieren musstest.

Der Vorteil heute: Du kannst für jedes einzelne Foto einen anderen ISO-Wert einstellen.

So setzt du den ISO für deine Fotos ein

Wir haben es ja schon erwähnt: Der ISO hilft dir immer dann, wenn du zu wenig Licht hast, deine Blende bereits maximal geöffnet ist und du auch die Verschlusszeit nicht weiter erhöhen kannst.

In diesen Fällen kannst du einfach den ISO erhöhen. Dadurch wird dein Sensor lichtempfindlicher und deine Fotos werden heller. Klingt großartig, oder?

Wenn du dich jetzt fragst, warum wir dir das nicht gleich verraten haben und du dich aufwendig mit Blende und Verschlusszeit herumplagen musstest, müssen wir dir leider sagen, dass der ISO nicht ganz ohne Nebenwirkungen ist. Von dieser Nebenwirkung hast du vielleicht auch schon mal gehört: Bildrauschen.

Bildrauschen macht sich in einer leichten Körnung des Bildes bemerkbar. Vor allem bei großen, einfarbigen Flächen wird das besonders schnell sichtbar. Diese Flächen sind dann nicht mehr glatt, sondern wirken wie gesprenkelt.

Je höher du den ISO-Wert einstellst, desto stärker wird dieses Bildrauschen. Bei welchem ISO das Bild zu rauschen beginnt, hängt von deiner Kamera und von der Größe des Sensors ab. Als Faustregel kann man sagen, dass günstige Kameras für Einsteiger schneller rauschen als teurere Kameras mit größerem Sensor.

Trotzdem kannst du selbst mit einer günstigen Kamera locker ISO-Werte von 800 oder 1600 auswählen und dabei nur minimales Bildrauschen erhalten. Bei hochwertigen Kameras sind auch Werte von 3200 oder 6400 ohne großes Rauschen möglich.

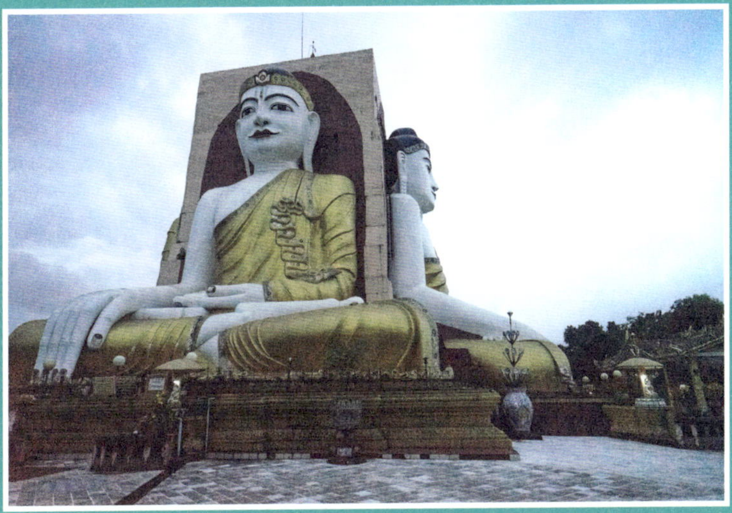

Bei diesem Foto mit ISO 6400 ist das Bildrauschen deutlich erkennbar. f/4 | 1/20 s | ISO 6400 | 20 mm

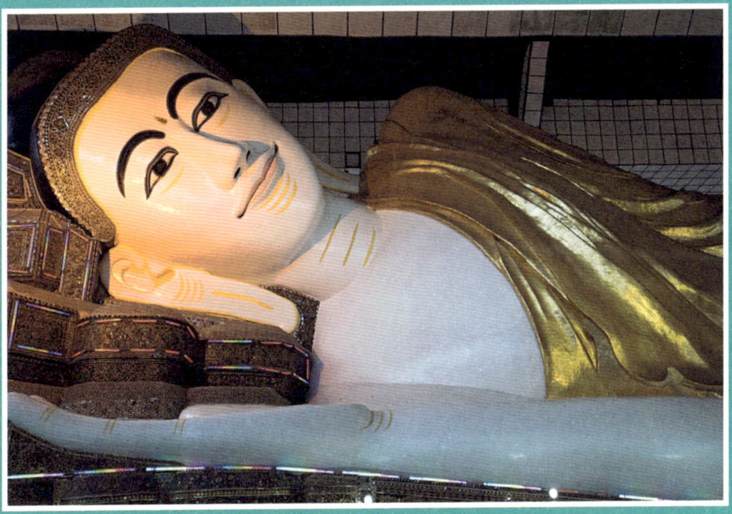

Dieses Foto haben wir mit ISO 1600 aufgenommen und es rauscht kaum. f/4 | 1/60 s | ISO 1600 | 35 mm

So stellst du den ISO ein

Wo und wie du den ISO an deiner Kamera einstellst, ist bei allen Modellen verschieden. Manche Kameras haben ein eigenes Rädchen für den ISO, andere haben einen Knopf und wieder andere Modelle verstecken die Einstellung im Menü. Schau dazu am besten in deinem Handbuch nach.

Der ISO ist aber eine dieser Einstellungen, um die du dich nicht unbedingt bei jedem Foto kümmern musst. Wir überlassen diese Einstellung in den meisten Fällen unserer Kamera, indem wir die ISO-Automatik nutzen.

UNSER TIPP: DIE ISO-AUTOMATIK

Die ISO-Automatik ist eine sehr sinnvolle Einstellung, die du an den meisten Kameras findest. Wir nutzen sie selbst auch sehr gerne.

Bei der ISO-Automatik erhöht deine Kamera den ISO automatisch, wenn die Lichtverhältnisse schlecht sind und ein Anpassen von Blende und Verschlusszeit nicht mehr möglich ist. Das funktioniert sehr zuverlässig und ist eine enorme Erleichterung beim Fotografieren.

Wenn du die ISO-Automatik aktivierst, solltest du aber unbedingt einen Maximalwert eingeben, den deine Kamera nicht überschreiten darf. Wir haben bei unseren Kameras einen maximalen ISO von 1600 eingestellt. Bei diesem ISO hält sich das Rauschen noch in Grenzen.

Die ISO-Automatik und den Maximalwert kannst du im Menü deiner Kamera einstellen.

Die Brennweite

In diesem Kapitel lassen wir den Bereich Belichtung endgültig hinter uns. Ganz fertig sind wir mit der Technik aber noch nicht, denn ein wichtiges Thema möchten wir dir noch vorstellen: die Brennweite.

Das und noch mehr lernst du in diesem Kapitel:

- was es mit der Brennweite eines Objektivs auf sich hat
- welche Auswirkungen die Brennweite auf deine Fotos hat

Was ist überhaupt die Brennweite?

Wenn von der Brennweite gesprochen wird, dann ist immer die Brennweite des Objektivs gemeint.

Ganz vereinfacht kann man sagen, dass du mit der Einstellung einer bestimmten Brennweite deines Objektivs festlegst, wie groß der Bildausschnitt ist, den du fotografierst.

Als Erstes schauen wir uns also an, welche Brennweite dein Objektiv hat. Wenn du nicht sicher bist, kannst du ganz einfach nachschauen, denn sie steht direkt auf jedem Objektiv drauf.

Die Brennweite wird in der Regel in Millimetern (mm) angegeben. Viele Objektive haben einen Brennweitenbereich, z.B. von 18 bis 55 mm oder von 16 bis 300 mm. Man spricht bei der Brennweite auch von einer kurzen und einer langen Brennweite. 16 mm ist demnach eine eher kurze Brennweite, 300 mm ist eine lange Brennweite.

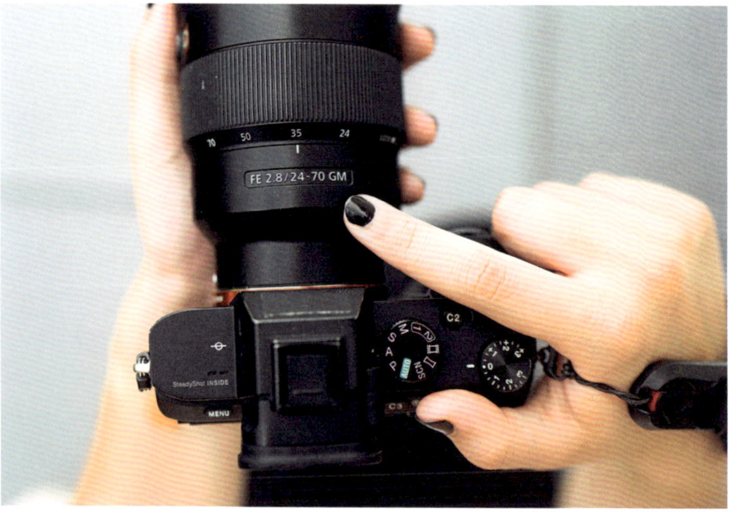

Objektiv mit einer Brennweite von 24–70 mm

So wirkt sich die Brennweite auf deine Bilder aus

Eine kurze Brennweite, z. B. 16 mm, ermöglicht es dir, sehr viel auf deinem Foto festzuhalten, also z. B. ein komplettes Bauwerk oder eine weite Landschaft. Man spricht dabei von einer Weitwinkel-Brennweite.

Mit einer langen Brennweite, z. B. 300 mm, kannst du weit von deinem Motiv entfernt sein und es trotzdem noch relativ groß auf deinem Foto festhalten.

Das ist unter anderem dann interessant, wenn du Tiere in der Wildnis fotografierst oder Sportveranstaltungen ablichtest. Lange Brennweiten bezeichnet man auch als Tele-Brennweiten.

Dasselbe Motiv mit unterschiedlicher Brennweite:

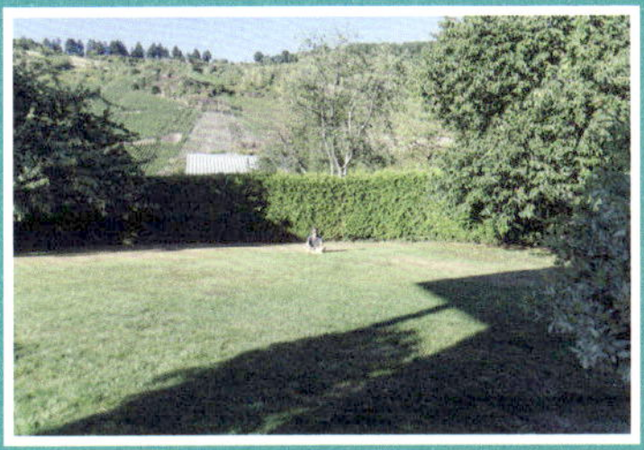
24 mm

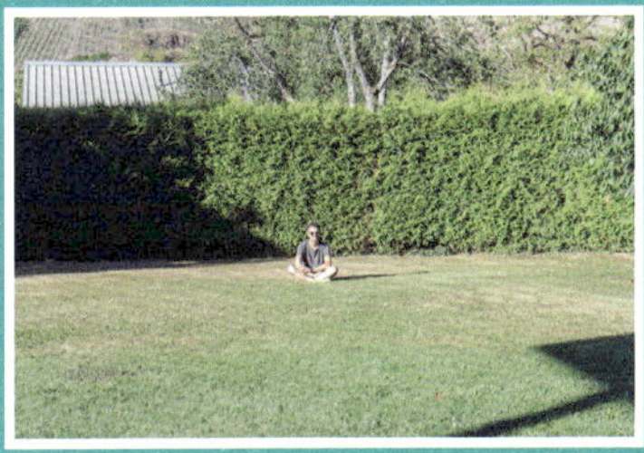
50 mm

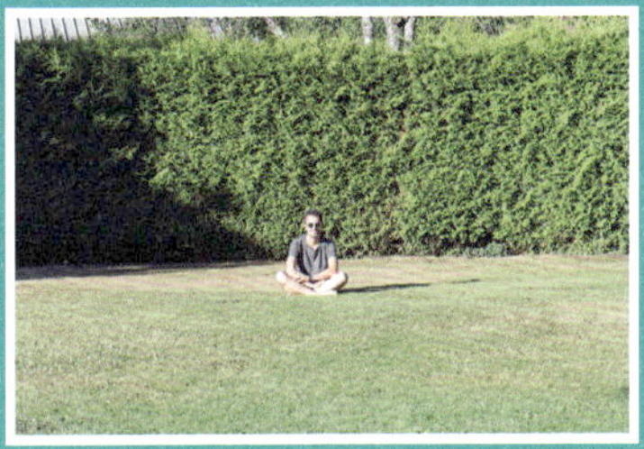
75 mm

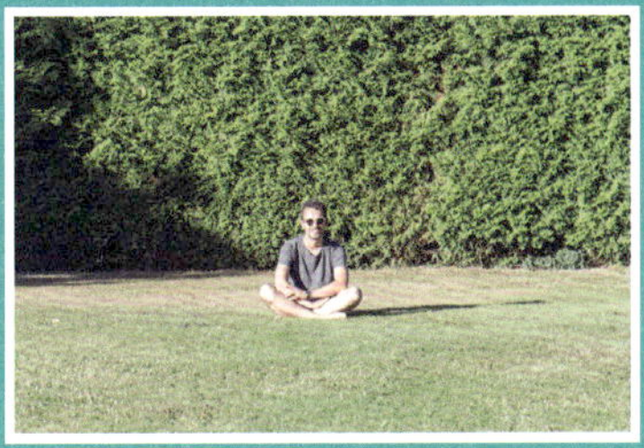
105 mm

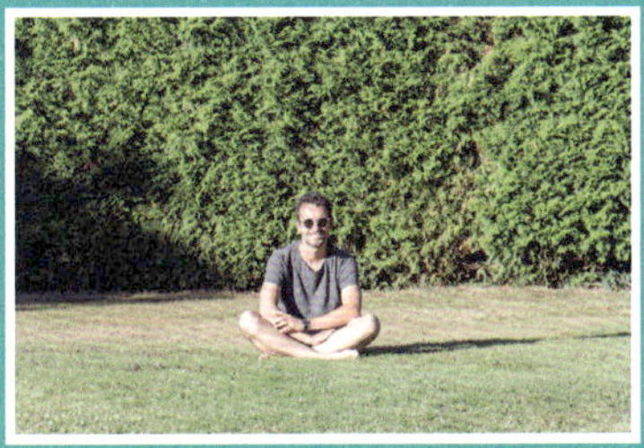
150 mm

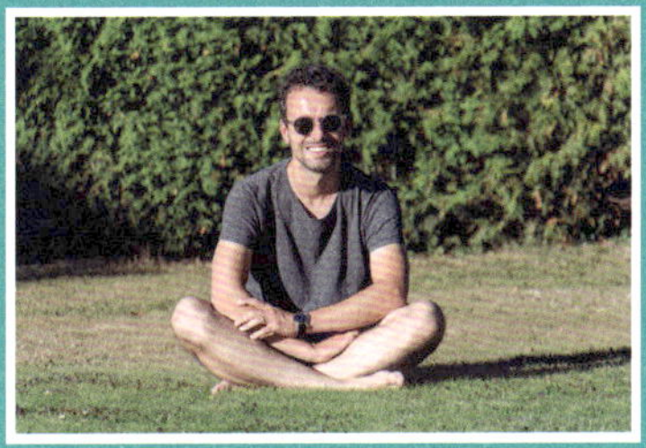
300 mm

KLEINER EXKURS: BRENNWEITE UND SENSORGRÖSSE

Je nachdem, welchen Sensor du in deiner Kamera hast, gelten unterschiedliche Werte für die Brennweite. Es gibt drei weit verbreitete Sensorarten:

- **Vollformat:** Wird vor allem in teuren Profikameras verwendet, die deutlich über 1.000 Euro kosten.
- **APS-C:** Wird in den meisten Kameras von Canon, Nikon, Fujifilm und Sony verwendet (außer in den Profimodellen).
- **MFT:** Wird in den meisten Kameras von Panasonic und Olympus verwendet.

Wenn du keine teure Profikamera hast, dann verfügt deine Kamera je nach Marke sehr wahrscheinlich über einen APS-C oder MFT-Sensor. Die folgende Tabelle gibt dir einen Überblick darüber, welche Brennweiten für die jeweilige Sensorgröße gelten.

	Vollformat	APS-C	MFT
Weitwinkelobjektive	bis 35 mm	bis 25 mm	bis 18 mm
Normalobjektive	35–75 mm	25–50 mm	18–35 mm
Teleobjektive	ab 75 mm	ab 50 mm	ab 35 mm

Kleine Objektivberatung

Wenn du dir ein neues Objektiv kaufst, ist die Brennweite eines der entscheidenden Auswahlkriterien. Man unterscheidet grob zwischen drei Arten von Objektiven, deren Stärken jeweils in unterschiedlichen Einsatzbereichen liegen:

Weitwinkelobjektive

Weitwinkelobjektive haben eine Brennweite von bis zu 35 mm, je geringer desto mehr Weitwinkel. Ideal für Landschaftsfotografie, Innenaufnahmen, Reportage-, Street- und Architekturfotografie.

Normalobjektive

Diese Art von Objektiv hat eine Brennweite zwischen 35 und 50 mm und ist ideal für Reportage- und Streetfotografie sowie Reise- und Portraitfotografie.

Teleobjektive

Diese Objektive haben eine Brennweite ab 50 mm, meistens höher. Je länger die Brennweite, desto weiter entfernte Motive kannst du damit fotografieren. Ideal für Portrait-, Sport- und Naturfotografie.

Außerdem werden Objektive noch nach der Art ihres Zooms unterschieden:

Zoomobjektive

Die Brennweite eines Zoomobjektivs kann verändert werden. Du kannst damit rein- und rauszoomen und Motive somit näher heranholen oder weiter weg abbilden.

Festbrennweiten

Diese Objektive haben eine einzige Brennweite, die nicht verändert werden kann. Du kannst damit nicht zoomen.

Reisezooms

Dies ist eine Spezialform des Zoomobjektivs mit einem besonders großen Brennweitenbereich, sozusagen ein All-in-one-Objektiv mit Weitwinkel, Normal- und Telebereich. Typische Brennweiten sind z. B. 18 bis 200 mm oder 16 bis 300 mm.

Als Faustregel kannst du dir merken: Je geringer der Brennweitenbereich, desto besser die Bildqualität. Mit einer Festbrennweite erzielst du tendenziell eine höhere Qualität als mit einem Reisezoom, bist aber weniger flexibel.

Dein Spickzettel

Nun kennst du die wichtigsten technischen Grundlagen der Fotografie. Und, was sagst du? Ist doch nicht wirklich ein Hexenwerk und durchaus verständlich, oder?

Natürlich waren das jetzt eine ganze Menge Informationen auf einen Schlag und es ist ganz klar, dass nicht alles sofort hängen bleibt. Das braucht etwas Zeit und wird vor allem durch Ausprobieren und regelmäßiges Fotografieren ganz schnell besser.

Damit du die wichtigsten Informationen der vergangenen Kapitel noch einmal auf einen Blick hast, haben wir dir einen kleinen Spickzettel erstellt, den du auf der folgenden Seite findest.

Wir wollen natürlich nicht, dass du diese Seite jetzt direkt rausreißt, das wäre ein bisschen unfair gegenüber der Rückseite. Die kann ja nichts dafür, dass sie direkt hinter unserem Spickzettel kommt.

Deshalb kannst du den Spickzettel auf unserer Webseite ganz einfach herunterladen und so oft du möchtest ausdrucken. Pack ihn am besten in deine Kameratasche. So kannst du immer wieder nachschauen, wie das mit der Blende, der Verschlusszeit und dem ISO funktioniert.

Du findest den Spickzettel online unter:
www.22places.de/fotografie-spickzettel/

SPICKZETTEL

BLENDE

Du kannst einstellen, **wie viel** Licht auf den Sensor deiner Kamera fällt.

Offene Blende
Viel Licht auf Sensor
Wenig Schärfentiefe

Geschlossene Blende
Wenig Licht auf Sensor
Viel Schärfentiefe

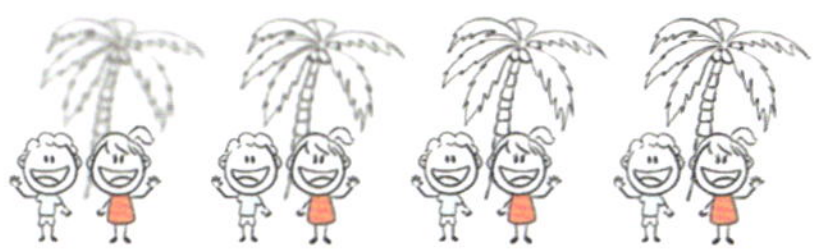

f/2.8 | f/5.6 | f/8 | f/13

VERSCHLUSSZEIT

Du kannst einstellen, **wie lange** Licht auf den Sensor deiner Kamera fällt.

Kurze Verschlusszeit
Wenig Licht auf Sensor
Friert Bewegungen ein

Lange Verschlusszeit
Viel Licht auf Sensor
Verwischt Bewegungen

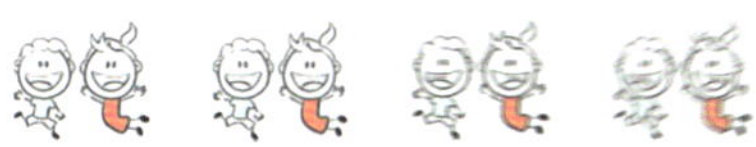

1/2000 | 1/800 | 1/200 | 1"

ISO

Du kannst einstellen, **wie lichtempfindlich** der Sensor deiner Kamera ist.

Bei gutem Licht
Sensor lichtunempfindlicher
Kein Bildrauschen

Bei schlechtem Licht
Sensor lichtempfindlicher
Mehr Bildrauschen

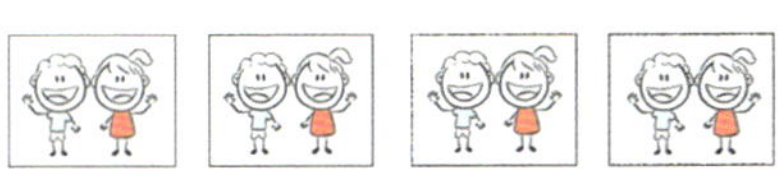

100 | 800 | 3200 | 6400

DIE BESTEN EINSTELLUNGEN FÜR DEINE KAMERA

In den ersten Kapiteln hast du die wichtigsten technischen Grundlagen deiner Kamera kennengelernt. In diesem Kapitel zeigen wir dir nun, welche konkreten Einstellungen wir dir empfehlen, um auf möglichst einfache Weise großartige Fotos zu machen.

Auch wenn wir mittlerweile Blende, Verschlusszeit und ISO im Handumdrehen einstellen, bedeutet das nicht, dass wir das auch wirklich bei jedem Foto machen. Kaum ein Fotograf fotografiert im Modus M und legt vor jedem Bild alles manuell fest.

Jeder Fotograf hat seine Lieblingseinstellungen, und in den folgenden Kapiteln zeigen wir dir unsere Favoriten. Du kannst sie selbst ausprobieren und gerne übernehmen. Vielleicht stellst du für dich auch fest, dass du die eine oder andere Einstellung lieber anders magst. Das ist genauso super. Wir haben ja auch nicht alle die gleiche Lieblingsfarbe oder das gleiche Lieblingsessen.

Es geht hier nicht um richtig oder falsch. Es geht nur darum, das Fotografieren möglichst komfortabel und gleichzeitig flexibel zu gestalten.

Der optimale Modus

Wir benutzen unsere Kamera standardmäßig im Modus A. Auf diese Weise haben wir immer die volle Kontrolle über die Blende und die Kamera kümmert sich um die passende Verschlusszeit. Die Blende ist für uns von all den Einstellungen das wichtigste Gestaltungsmittel, weshalb wir sie immer am liebsten unter voller Kontrolle haben wollen.

Das liegt aber auch daran, dass wir meistens Landschaften, Städte oder Portraits fotografieren. Da ist die Verschlusszeit für uns in den meisten Fällen nicht so wichtig. Oft macht es einfach keinen Unterschied, ob wir ein Foto mit 1/50 Sekunde oder mit 1/500 Sekunde aufnehmen. Deshalb überlassen wir das gerne der Kamera.

Nur in speziellen Situationen wollen wir selbst die Kontrolle über die Verschlusszeit haben. Dann wechseln wir in den Modus S (bzw. Tv). Wenn wir zum Beispiel Kinder fotografieren, schalten wir oft in den Modus S und stellen dann eine sehr kurze Verschlusszeit von 1/500 Sekunde oder weniger ein. Kleine Kinder oder auch Sportler bewegen sich nämlich oft sehr schnell, und dann macht es einen Unterschied, ob das Foto mit 1/50 Sekunde oder 1/500 Sekunde aufgenommen wird.

Den manuellen Modus M nutzen wir vor allem bei sehr schwierigen Lichtverhältnissen. Wenn wir bei Nacht oder auf einem Stativ fotografieren, verwenden wir oft den Modus M. In diesen Fällen brauchen wir die volle Kontrolle über Blende und Verschlusszeit gleichzeitig und haben auch die Zeit, um alle Einstellungen manuell vorzunehmen.

UNSER TIPP: PROBIERE DEN MODUS M IN RUHE AUS

Der Modus M ist nichts, was du sofort lernen musst. Er ist aber in einigen Situationen wirklich hilfreich. Es lohnt sich also, dass du dich früher oder später damit befasst, damit du ihn einsetzen kannst, wenn es wirklich mal notwendig ist. Nimm dir also einfach mal einen Nachmittag Zeit und probiere den Modus M aus. Gehe auf einen Fotospaziergang und fotografiere ganz bewusst nur im Modus M. Das ist zwar etwas anstrengend und das Fotografieren wird dir zunächst nicht so leicht von der Hand gehen, aber nur so bekommst du ein Gefühl dafür, wie der manuelle Modus funktioniert.

Die optimale Blende

Welche Blende du beim Fotografieren auswählst, hängt von vielen Faktoren ab. Wie sind die Lichtverhältnisse? Soll der Hintergrund scharf oder eher unscharf sein?

Wir fotografieren grundsätzlich sehr gerne mit offener Blende. Wir lieben das Spiel mit der Schärfentiefe und uns gefallen Fotos oft einfach besser, wenn sie mit offener Blende gemacht wurden. Bei Portraitaufnahmen fotografieren wir fast immer mit maximal geöffneter Blende – je nach Objektiv mit f/1.8 oder sogar f/1.4.

Natürlich gibt es auch Situationen, in denen wir die Blende eher schließen. Bei Landschaftsaufnahmen nutzen wir oft stark geschlossene Blenden von f/11 oder f/13. Je nach Situation und Motiv setzen wir aber auch bei Landschaften manchmal auf eine offene Blende und spielen zum Beispiel mit einem unscharfen Vordergrund.

Bei der Wahl der richtigen Blende gibt es kein Richtig oder Falsch, vieles hängt hier von deinem Geschmack und der individuellen Gestaltung deiner Fotos ab.

Noch mehr Kontrolle über die Schärfentiefe

Die Blende ist tatsächlich nur einer von insgesamt drei Faktoren, mit denen du die Schärfentiefe in deinem Bild beeinflussen bzw. kontrollieren kannst. Die Blende ist mit Sicherheit die wichtigste Einstellung für die Schärfentiefe, aber eben nicht die einzige.

Es gibt noch zwei weitere Einstellungen, die einen Einfluss auf die Schärfentiefe haben:

1. die Brennweite, mit der du ein Foto aufnimmst und
2. der Abstand von dir bzw. deiner Kamera zum Motiv.

Diese beiden Zusammenhänge schauen wir uns jetzt genauer an.

Brennweite und Schärfentiefe

Neben der Blende hat auch die Brennweite eine Auswirkung auf die Schärfentiefe, und zwar wie folgt:

Wenn du mit einer sehr kurzen Brennweite, z. B. mit einem Weitwinkelobjektiv fotografierst, hast du selbst mit einer weit geöffneten Blende noch relativ viel Schärfentiefe im Bild.

Genau den umgekehrten Effekt erzielst du, wenn du mit einer sehr langen Brennweite fotografierst. In diesem Fall hast du selbst bei einer relativ stark geschlossenen Blende eine geringe Schärfentiefe.

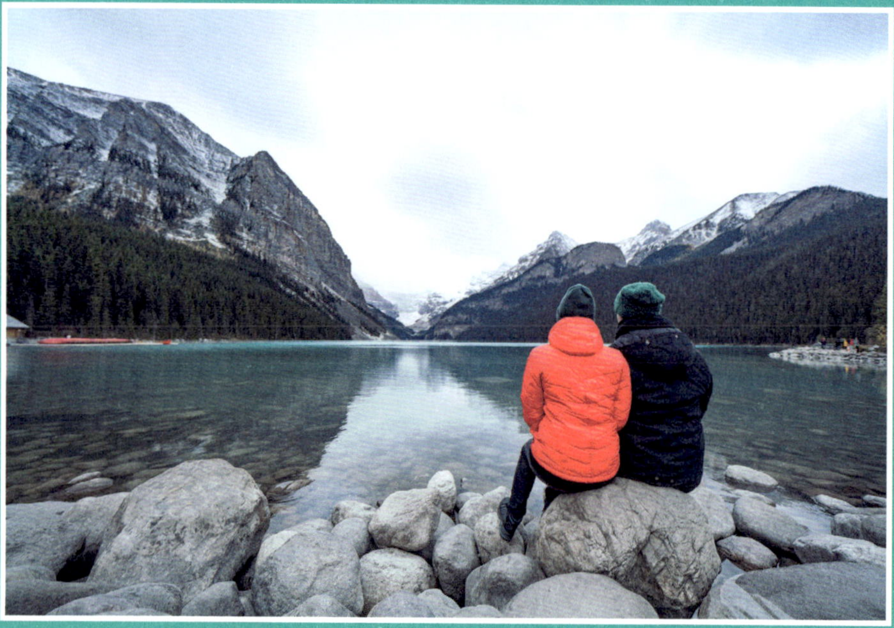

Dieses Foto haben wir mit einer relativ weit geöffneten Blende von f/4 fotografiert. Normalerweise müsste der Hintergrund bei einer solchen Blende wesentlich unschärfer sein. Durch die sehr kurze Brennweite von 12 mm hat es dennoch eine relativ hohe Schärfentiefe. f/4 | 1/60 s | ISO 500 | 12 mm

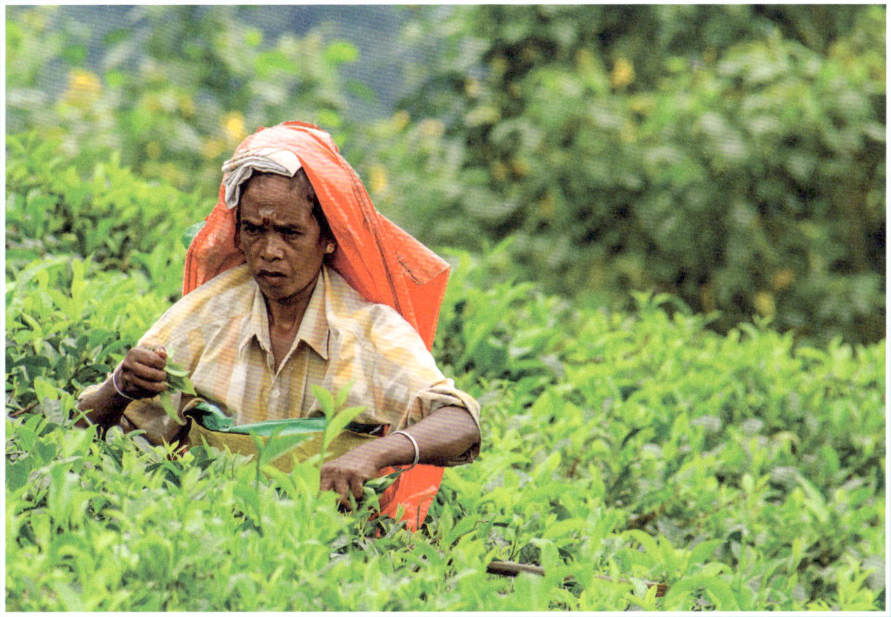

Genau den gegenteiligen Effekt siehst du auf diesem Bild. Obwohl wir hier mit einer relativ stark geschlossenen Blende von f/8 fotografiert haben, ist der Hintergrund durch die sehr lange Brennweite von 450 mm unscharf. f/8 | 1/320 s | ISO 800 | 450 mm

Der Abstand zum Motiv und die Schärfentiefe

Der dritte Faktor, der neben der Blende und der Brennweite die Schärfentiefe beeinflusst, ist der Abstand zwischen dir als Fotograf und deinem Motiv. Je näher sich deine Kamera am Motiv befindet, desto geringer wird die Schärfentiefe.

Du kannst das ganz einfach selbst ausprobieren, indem du zwei Fotos vom gleichen Motiv mit den exakt gleichen Einstellungen machst.

Wenn du beim zweiten Foto näher an dein Hauptmotiv herangehst, wird der Hintergrund unschärfer, obwohl die Blende gleich bleibt. Andersrum funktioniert das auch: Gehst du weiter weg von deinem Motiv, wird der Hintergrund schärfer.

Wenn dir das jetzt zu abstrakt klingt, schau dir einfach mal die beiden Bilder auf der rechten Seite an. Dort haben wir genau das gemacht, und wie du siehst, verändert sich die Schärfe des Hintergrunds, wenn wir einen Schritt auf das Motiv zu- bzw. einen Schritt zurückgehen.

ÜBERBLICK: EINFLUSSFAKTOREN AUF DIE SCHÄRFENTIEFE

Hier haben wir dir die drei Faktoren für die Schärfentiefe noch einmal zusammengefasst, sodass du alles auf einen Blick hast:

- offene Blende → geringe Schärfentiefe
- geschlossene Blende → hohe Schärfentiefe
- lange Brennweite → geringe Schärfentiefe
- kurze Brennweite → hohe Schärfentiefe
- geringer Abstand zum Motiv → geringe Schärfentiefe
- großer Abstand zum Motiv → hohe Schärfentiefe

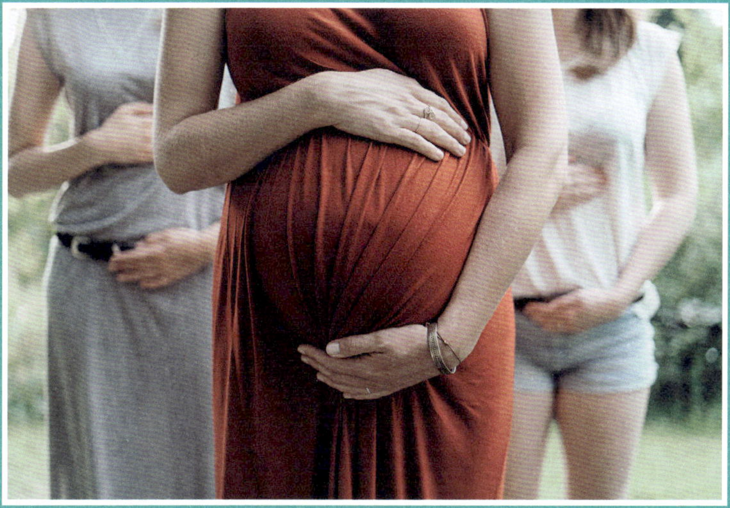

f/1.8 | 1/100 s | ISO 100 | 50 mm

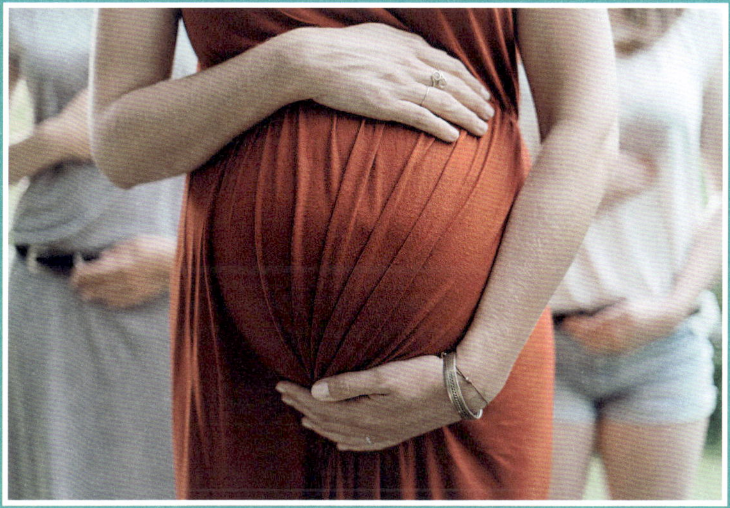

Mit den gleichen Einstellungen fotografiert, aber einen Schritt näher dran. Die Personen im Hintergrund sind etwas unschärfer.

Die optimale Verschlusszeit

Die Wahl der richtigen Verschlusszeit entscheidet darüber, ob ein Bild scharf oder verwackelt ist. Sehr oft sind verwackelte Bilder das Resultat einer zu langen Verschlusszeit.

Es gibt zwei häufige Gründe für verwackelte Fotos:

1. Unschärfe durch Motivbewegung und
2. Unschärfe verursacht durch die Kamera bzw. den Fotografen hinter der Kamera.

Wenn sich dein Motiv schnell bewegt, ist es gar nicht so einfach, es scharf auf ein Foto zu bannen. Du kannst schnelle Bewegungen auf deinen Bildern nur festhalten, wenn du kurze Verschlusszeiten benutzt. Mit der Zeit lernst du immer besser einzuschätzen, welche Verschlusszeiten du für welche Motive benötigst. Oft hilft aber auch einfach nur Ausprobieren, das machen wir selbst auch nicht anders.

Trotzdem möchten wir dir ein paar Anhaltspunkte geben, welche Verschlusszeiten du bei bestimmten Motiven benutzen solltest, um ein scharfes Bild zu bekommen:

1/2000 bis 1/4000 Sekunde:
Flugzeuge, Autorennen, sehr schnelle Sportarten

1/1000 bis 1/2000 Sekunde:
rennende Kinder oder Hunde, Fahrradfahrer, vorbeifahrende Züge oder Sportaufnahmen

1/500 bis 1/1000 Sekunde:
spielende Kinder, Tiere in der Wildnis

1/250 bis 1/500 Sekunde:
Bäume an einem windigen Tag, Fußgänger in normalem Tempo

Für alle Motive, die sich sehr langsam oder gar nicht bewegen, kannst du mit längeren Verschlusszeiten arbeiten. Hier ist die Länge der Verschlusszeit letztendlich nur durch deine ruhige bzw. unruhige Hand limitiert, denn nicht immer ist das Motiv dafür verantwortlich, dass ein Bild verwackelt. Jeder Fotograf bewegt seine Hände beim Auslösen – der eine mehr, der andere weniger.

UNSER TIPP: ESELSBRÜCKE ZUR VERSCHLUSSZEIT

Für die maximale Verschlusszeit beim Fotografieren aus der Hand gibt es eine kleine Eselsbrücke, und die geht so: Um ein unverwackeltes Bild zu schießen, sollte deine Verschlusszeit nicht länger als 1/Brennweite Sekunden sein.

Was bedeutet das also? Bei einer Brennweite von 50 mm sollte deine Verschlusszeit z.B. maximal 1/50 Sekunde oder kürzer sein, bei 100 mm sollte sie 1/100 Sekunde betragen und so weiter. Mit dieser Faustregel bist du fast immer auf der sicheren Seite. Meistens kannst du auch die Verschlusszeit aus der Regel noch etwas überschreiten, da moderne Kameras und Objektive heutzutage über sehr gute Bildstabilisatoren verfügen, die kleine Erschütterungen sehr gut ausgleichen.

Der optimale ISO

Den ISO stellen wir generell so gering wie möglich ein, bei den meisten Kameras ist das ISO 100. Grundsätzlich nutzen wir den ISO aber sehr gerne, um mehr Flexibilität bei schlechten Lichtverhältnissen zu haben. Unser Ratschlag an dich ist daher: Spare nicht mit dem Einsatz des ISO. Ein Foto, das etwas rauscht, ist eigentlich immer besser als ein verwackeltes Foto.

Je nach Kamera stellen wir in der ISO-Automatik einen maximalen ISO-Wert von 800 bis 1600 ein. Wir geben also der Kamera die Freiheit, den ISO bis maximal 1600 selbständig zu erhöhen, ohne dass wir uns darum kümmern müssen.

Das ist sehr bequem und erleichtert das Fotografieren in vielen Fällen. Bei ISO 1600 ist das Bildrauschen noch sehr gering, sodass wir da keine großen Probleme sehen.

Wenn wir höhere ISO-Werte einstellen wollen, schalten wir die ISO-Automatik aus und passen den ISO manuell an. Wenn du das machst, denke aber daran, den ISO anschließend wieder zu reduzieren oder die ISO-Automatik wieder anzuschalten.

Wenn wir mit einem Stativ fotografieren, schalten wir die ISO-Automatik ebenfalls aus und stellen manuell den geringsten ISO ein. Die Kamera weiß nämlich nicht, dass sie auf einem Stativ steht, und würde in der Automatik deshalb trotzdem den ISO hochsetzen. Auf einem Stativ ist das aber nicht notwendig, da wir mit längeren Verschlusszeiten fotografieren können, ohne dass unsere Bilder verwackeln.

Der Weißabgleich

Unterschiedliche Lichtquellen haben unterschiedliche Lichtfarben. Während eine klassische Glühbirne eher gelbliches Licht macht, produzieren Leuchtstoffröhren eher blaues Licht. Der Weißabgleich sorgt dafür, dass unsere Fotos trotz unterschiedlicher Lichtfarben immer in den richtigen Farben erscheinen und zum Beispiel weiße Flächen wirklich weiß abgebildet werden und nicht mit einem Gelb- oder Blaustich.

Wir gehen auf das Thema Weißabgleich in diesem Buch ganz bewusst nicht näher ein, da wir grundsätzlich empfehlen, die Weißabgleich-Automatik zu nutzen. Wenn du in deinem Menü den automatischen Weißabgleich aktiviert hast, bist du in fast allen Fällen auf der sicheren Seite. Deine Kamera kümmert sich dann um alles und das funktioniert auch fast immer zuverlässig.

Der Autofokus

Der Autofokus ist ein kleines Wunderwerk der Technik. Er sorgt dafür, dass deine Motive scharfgestellt werden. Moderne Kameras haben sehr ausgeklügelte Autofokussysteme, aber trotzdem ist die Automatik nie so gut wie das menschliche Auge.

Wir empfehlen deshalb, den Autofokus nicht ganz allein arbeiten zu lassen, sondern immer deine Finger im Spiel zu haben. Um zu verstehen, wie der Autofokus arbeitet und wie wir ihn beeinflussen können, müssen wir ein wenig in die Tiefe gehen.

Wir zeigen dir in diesem Kapitel unsere liebsten Einstellungen zum Autofokus. Die gute Nachricht: Diese Einstellungen musst du nicht immer wieder neu an deiner Kamera vornehmen. Du musst nur einmal alles richtig einstellen und kannst dann immer mit diesen Einstellungen arbeiten.

So stellst du den Autofokus optimal ein

Der Autofokus arbeitet mit verschiedenen Messpunkten, die du beim Blick durch den Sucher erkennen kannst. Wenn du deine Kamera bewegst, verändern sich sehr wahrscheinlich auch die Punkte, da der Autofokus immer wieder versucht, etwas auf deinem Bildausschnitt scharfzustellen.

Grundsätzlich ist der Autofokus dafür da, dein Motiv automatisch scharfzustellen, also zu fokussieren. Die große Herausforderung ist jetzt aber, dem Autofokus zu erklären, was genau er scharfstellen soll. Du stehst hinter der Kamera und weißt ganz genau, was dein Hauptmotiv ist. Der Autofokus weiß das nicht und muss sich nun entscheiden, welchen der Autofokuspunkte er auswählt, um scharfzustellen.

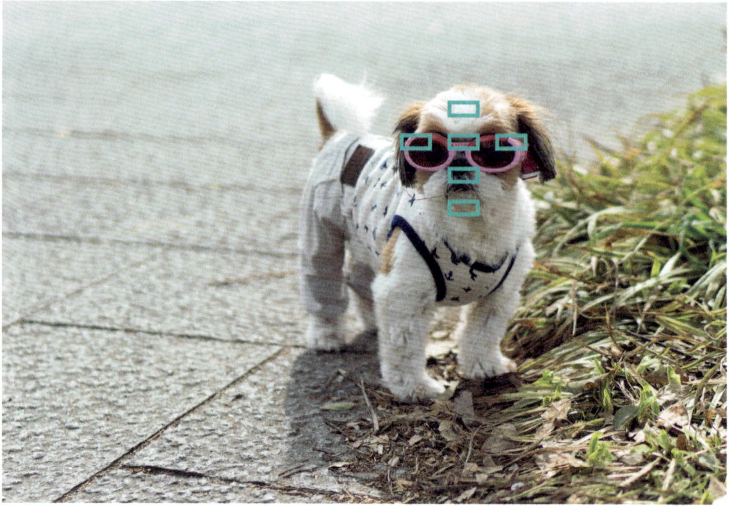

Verschiedene Autofokuspunkte beim Blick durch den Sucher. In diesem Fall ist das Hauptmotiv sehr eindeutig und der Autofokus würde sein Ziel hier wohl auch ohne unsere Hilfe finden.

Stell dir zum Beispiel vor, du möchtest eine Person in einem Park fotografieren. Du weißt natürlich, dass die Person dein Hauptmotiv ist. Deine Kamera kann aber leider nicht ahnen, ob nun die Person oder vielleicht ein Baum oder eine Parkbank das wichtigste Motiv in deinem Bild ist. Der Autofokus wird sich nun für eines der Objekte entscheiden und dieses scharfstellen. Wenn du Glück hast, ist es die Person. Wenn es schlecht läuft, stellt die Kamera aber die Parkbank scharf.

Um genau das zu verhindern, sollten wir den Fokuspunkt selbst einstellen. Dafür musst du einmal in die Tiefen deines Kameramenüs abtauchen und die richtige Einstellung heraussuchen. Schnapp dir dein Handbuch, wenn du sie nicht direkt findest. Je nach Kamera sind die Bezeichnungen im Menü etwas unterschiedlich. Bei Canon heißt es oft AF-Bereich, bei Sony Fokusfeld-Einstellung und bei Nikon AF-Messfeldsteuerung.

Es gibt zwei Varianten, den Autofokus einzustellen, die wir beide gerne nutzen. Letztendlich ist es Geschmackssache. Vielleicht gefällt dir eine der von uns ausgewählten Einstellungsmöglichkeiten, oder du entscheidest dich am Ende für eine dritte Möglichkeit. Wir stellen dir unsere beiden Lieblingseinstellungen hier kurz vor und erklären dir, wie sie funktionieren.

Option 1: Einzelfeldsteuerung

Bei der Einzelfeldsteuerung nutzt du nur ein einziges Fokusfeld, welches du aber nach Belieben verschieben kannst. Das funktioniert in der Regel über eine Taste auf der Rückseite deiner Kamera, mit der du das Feld nach links, rechts, oben und unten verschieben und somit den Fokus genau auf dein Motiv legen kannst.

Je nach Kamerahersteller gibt es hier auch wieder unterschiedliche Bezeichnungen, wie z. B. Einzelfeld-AF (Canon), Flexible Spot (Sony) oder Einzelfeldsteuerung (Nikon).

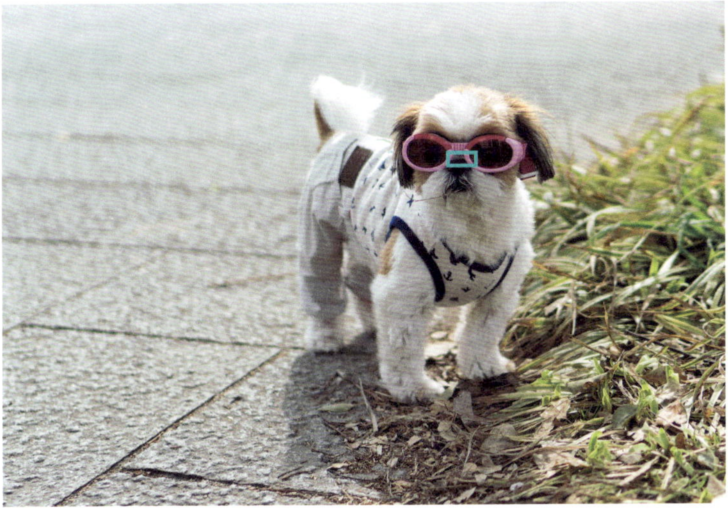

Bei der Einzelfeldsteuerung kannst du den Fokuspunkt selbst verschieben und somit genau dorthin legen, wo dein Bild scharf sein soll. In diesem Fall ist das die Nase des Hundes.

Option 2: Fokus in der Mitte

Bei dieser Variante ist das Fokusfeld immer in der Mitte und du kannst es nicht verschieben. Das bedeutet aber nicht, dass du immer genau die Mitte deines Bildes scharfstellen musst. Das wäre ja ziemlich blöd.

Stattdessen funktioniert das so: Du schaust durch den Sucher auf dein Motiv und positionierst es zunächst in der Bildmitte. Jetzt drückst du leicht auf den Auslöser (nicht auslösen!), sodass der Autofokus dein Motiv scharfstellt. Du hältst den Auslöser weiterhin leicht gedrückt und richtest deine Kamera nun so aus, wie du das Foto machen möchtest. Dadurch, dass du den Auslöser gedrückt hältst, bleibt dein Hauptmotiv scharf, auch wenn es sich jetzt nicht mehr in der Bildmitte befindet. Das klingt vielleicht zunächst etwas abstrakt und kompliziert, ist aber eigentlich ganz einfach. Wenn du dich an diese Variante gewöhnt hast, geht das Fokussieren oft viel schneller als mit der Einzelfeldsteuerung.

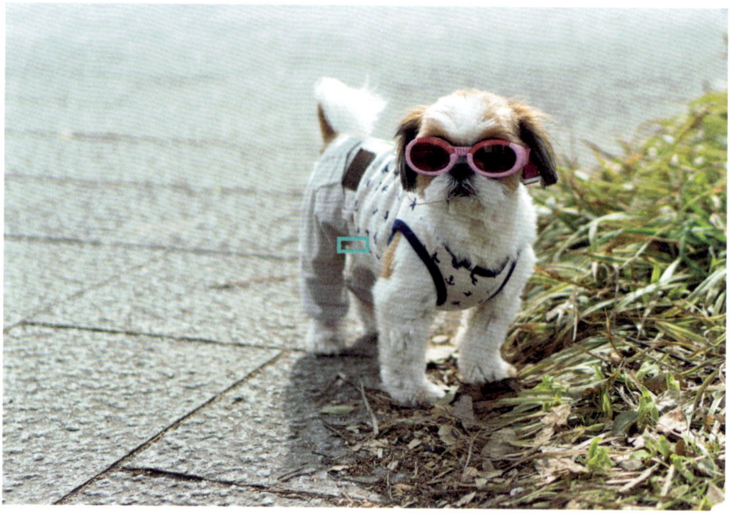

In diesem Fall würdest du zunächst den Kopf des Hundes in der Mitte positionieren, wo sich der Fokuspunkt befindet. Mit leicht gedrücktem Auslöser veränderst du nun die Position der Kamera, sodass der Hund genau an der Stelle ist, wo du ihn auf deinem Bild haben möchtest. Die Kamera merkt sich, bis du abdrückst, dass der Hund scharf sein soll.

Probier einfach mal beide Einstellungsvarianten aus. Welche besser funktioniert, hängt neben der persönlichen Vorliebe auch etwas von der Kamera und deinem gewählten Motivgenre ab. Bei einigen Kameras ist die Einzelfeldsteuerung relativ umständlich, andere Kameras haben dafür bei dem Fokusfeld in der Mitte ihre Probleme. Wir entscheiden deshalb auch immer je nach Kamera, welche der beiden Optionen wir nutzen.

Noch mehr Kontrolle über den Autofokus

Zusätzlich zu den Einstellungen der Autofokus-Messfeldsteuerung gibt es auch noch verschiedene Autofokus-Modi. Diese kannst du in deinem Kameramenü einstellen. Es gibt hier zwei wesentliche Modi: Einzelautofokus (AF-S) und kontinuierlicher Autofokus (AF-C).

Beim Einzelautofokus (AF-S) passiert Folgendes: Du drückst den Auslöser halb ein, die Kamera fokussiert und stoppt, sobald das Motiv scharf ist. Wenn du dann den Auslöser ganz eindrückst und ein Foto machst, solltest du im besten Fall ein scharfes Foto haben.

Alles kein Problem, wenn dein Motiv stillhält. Hast du jetzt aber ein springendes, kleines Kind vor der Linse und machst das Gleiche, passiert Folgendes: Du drückst den Auslöser halb ein, die Kamera fokussiert das Kind, du machst ein Foto und stellst fest, dass es in der Zeit schon einen halben Meter auf dich zugelaufen ist. Ja, schade! Dein Motiv ist in dem Fall nämlich unscharf.

Hier hilft der Modus AF-C, der kontinuierliche Autofokus. Im kontinuierlichen Modus ist diese Situation kein Problem, denn die Kamera fokussiert einfach immer weiter, solange du den Auslöser halb gedrückt hältst. Sie versucht also, das bewegte Motiv immer im Fokus zu behalten. Das funktioniert allerdings nur, wenn sich dein Motiv nach vorne oder nach hinten bewegt. Wenn das Kind also zur Seite wegrennt, hilft auch der beste Autofokus nichts mehr.

RAW oder JPG? Oder beides?

An jeder Kamera hast du die Möglichkeit, das Bildformat einzustellen. Diese Einstellung findest du in deinem Menü und du solltest sie dir unbedingt einmal anschauen.

Standardmäßig werden alle Fotos als JPG gespeichert. Bei den meisten Kameras kannst du zusätzlich auch noch auswählen, in welcher Größe die JPG-Dateien gespeichert werden. Entscheide dich hier unbedingt immer für die größtmögliche Variante. Im Kameramenü wird diese oft als *Fine* oder *High* bezeichnet. Wenn du eine geringere Auflösung wählst, leidet direkt die Bildqualität und das wäre wirklich schade.

Zusätzlich wirst du im Kameramenü sehen, dass es die Möglichkeit gibt, deine Fotos als RAW zu speichern. Das können wir dir sehr empfehlen.

Was bedeutet RAW?

RAW ist Englisch und heißt übersetzt so viel wie „roh". Und genau das sind RAW-Bilder: Rohdateien. Manche sprechen dabei auch von einem digitalen Negativ.

Damit sind sie genau das Gegenteil einer JPG-Datei. Ein JPG ist immer komprimiert. Das bedeutet, dass viele Bildinformationen einfach nicht mehr vorhanden sind.

Wenn du aber im RAW-Format fotografierst, speichert deine Kamera alle Informationen zu dem Bild und stellt sie dir zur Verfügung. Du hast also eine viel tiefere Informationsdichte und kannst aus deinen Bildern in der Bildbearbeitung viel mehr herausholen.

RAW-Dateien haben allerdings zwei Nachteile: Sie sind extrem groß, oft bis zu zehnmal größer als JPGs, und du musst sie außerdem bearbeiten. Mit einem RAW-Bild allein kannst du nicht viel anfangen, wenn du die Dateien nicht zusätzlich durch ein Bildbearbeitungsprogramm jagst.

Allerdings kommt genau hier der große Vorteil von RAWs zum Tragen: Du kannst diese Dateien viel besser bearbeiten als JPG-Dateien. Durch die riesige Dateigröße enthalten RAW-Bilder viel mehr Bildinformationen als ein JPG und du hast dadurch in der Bildbearbeitung wesentlich mehr Möglichkeiten.

Aber ich will meine Bilder doch gar nicht bearbeiten!

Okay, das ist ein Argument. Wir wissen, dass es für viele Hobbyfotografen einfach zu aufwendig ist, die Fotos auch noch zu bearbeiten. Trotzdem empfehlen wir dir, deine Fotos in RAW zu speichern. So hast du später noch die Möglichkeit, sie zu bearbeiten, falls du deine Meinung doch einmal änderst.

Wo stelle ich das ein?

Bei fast allen Kameras kannst du im Menü einstellen, dass die Fotos als JPG und als RAW gespeichert werden sollen, und genau das empfehlen wir dir auch. So kannst du die Vorteile beider Formate nutzen. Der einzige Nachteil ist, dass du mehr Speicherplatz brauchst, da alle Fotos doppelt abgespeichert werden.

Wenn du dir absolut sicher bist, dass du deine Bilder niemals bearbeiten möchtest, dann musst du das natürlich nicht einstellen und kannst dir den Speicherplatz sparen. Aber sag hinterher bitte nicht, wir hätten dich nicht gewarnt.

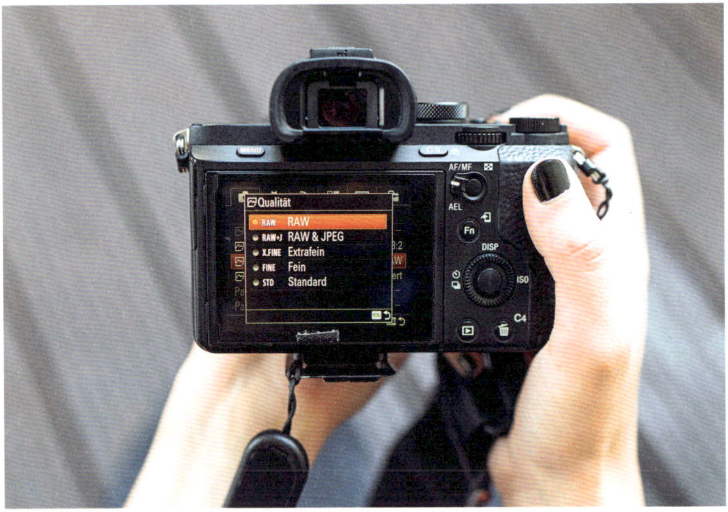

Das Bildformat stellst du im Menü deiner Kamera ein.

Womit bearbeite ich meine Bilder am besten?

Wir nutzen zum Bearbeiten unserer Bilder am liebsten das Programm Lightroom vom Hersteller Adobe. Es bietet einen sehr großen Funktionsumfang, ist aber trotzdem gut zu bedienen. In unserem Online-Fotokurs zeigen wir dir in mehreren Lektionen den Umgang mit Lightroom.

Für die Retusche, vor allem bei Portraitaufnahmen, benutzen wir gelegentlich auch Photoshop, ebenfalls von Adobe. Als Einsteiger brauchst du Photoshop unserer Meinung nach aber nicht, da es von der Bedienung und vom Funktionsumfang her schon sehr komplex ist. Günstigere Alternativen zu Lightroom sind beispielsweise Luminar, DxO Photolab oder ACDSee.

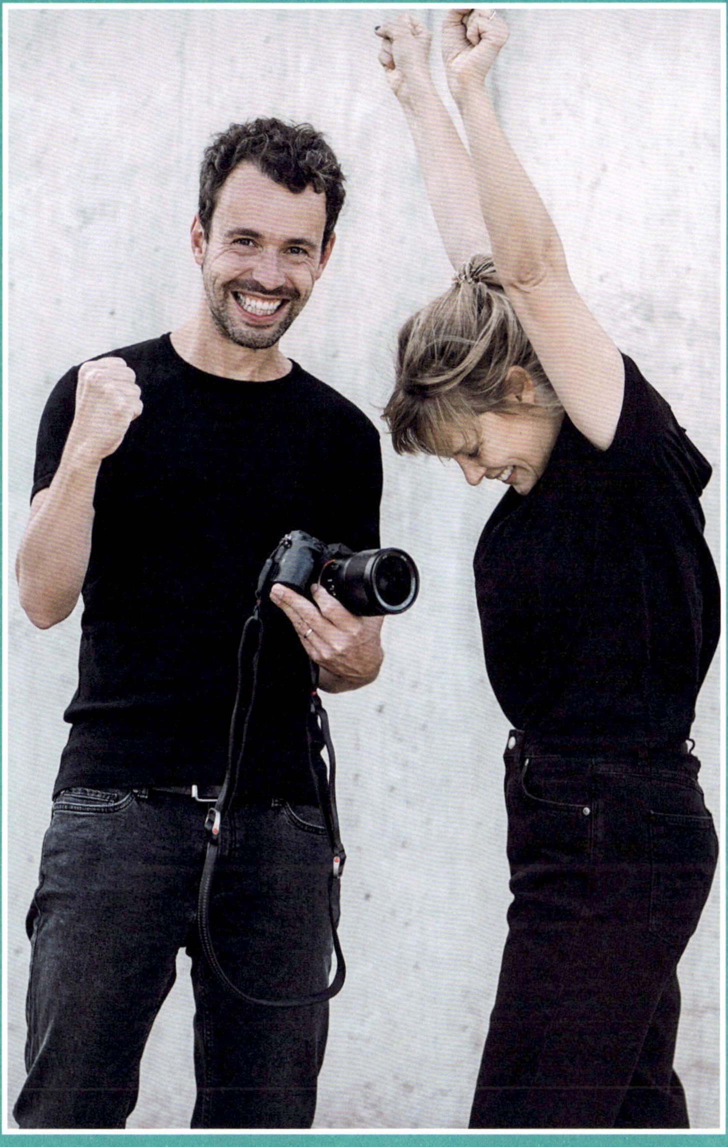

Yeah! Du hast es geschafft und kennst nun alle technischen Grundlagen, die du für schöne Fotos brauchst. War doch gar nicht so kompliziert, oder?

DIE BILDGESTALTUNG

Du kennst jetzt die technischen Grundlagen der Fotografie und weißt, wie du deine Kamera einstellst. All das ist wichtig, garantiert aber noch keine guten Bilder. Dafür brauchst du vor allem ein gutes Auge und ein Händchen für die Bildgestaltung. Die gute Nachricht: Auch das kannst du lernen.

Fotografieren ist wie Knipsen, nur krasser

Seit vielen Jahren begleiten wir Einsteiger bei ihren ersten Schritten in der Fotografie. In dieser Zeit haben wir sehr viele Fotos gesehen, bei denen wir oft den gleichen Fehler festgestellt haben: Viele Bilder werden geknipst, aber nicht fotografiert.

Das klingt jetzt vielleicht komisch, aber tatsächlich liegen zwischen dem Fotografieren und dem Knipsen oft Welten. Dabei geht es uns gar nicht darum, ob Blende und Verschlusszeit richtig eingesetzt werden oder andere technische Dinge richtig oder falsch gemacht werden. Nein, es geht darum, wie ein Fotomotiv in Szene gesetzt wird. Dabei spielt es erst einmal gar keine Rolle, ob ein Foto im Automatikmodus oder mit manuellen Einstellungen oder vielleicht sogar mit dem Smartphone gemacht wurde. Wichtig ist nur, dass du dir als Fotograf Gedanken machst und nicht einfach die Kamera draufhältst.

Die Technik zu verstehen ist längst nicht alles. Denn nur, weil ein Foto technisch perfekt fotografiert ist, ist es deswegen nicht gleich gut. In den folgenden Kapiteln befassen wir uns deshalb ausführlich mit der Bildgestaltung. Wir zeigen dir, mit welchen Methoden du dein fotografisches Auge schulen kannst, wie du bewusster Sehen lernst und wie du Motive optimal in Szene setzt.

Es beginnt mit einer leeren Leinwand

Stell dir deine Fotos wie eine leere Leinwand vor. Diese leere Leinwand gehört ganz allein dir und du kannst sie füllen, mit was oder wem du willst. Gleichzeitig bedeutet das, dass du mit deinem Bild auch kommunizieren kannst, was du möchtest. Das klingt im ersten Moment vielleicht sehr abstrakt, ist es aber eigentlich gar nicht.

Um es dir leichter zu machen, kannst du dir vor jedem Foto immer diese zwei wichtigen Fragen stellen:

1. **Was möchte ich auf meinem Foto zeigen?**
2. **Was möchte ich nicht zeigen?**

Du möchtest schließlich nur im Bild haben, was für deine Bildaussage wichtig ist. Alles im Bild sollte also eine gewisse Rolle spielen. Was keine Rolle für die Bildaussage spielt, sollte auch nicht mit aufs Foto.

Das Schwierige an der Sache ist nun aber die Entscheidung. Du kannst ein und dieselbe Geschichte auf zig verschiedene Weisen erzählen. Je nachdem, welchen Bildausschnitt du wählst, erhältst du ganz unterschiedliche Ergebnisse. Oft ist der Bildausschnitt dafür verantwortlich, ob ein Foto interessant oder uninteressant wirkt.

Der richtige Bildausschnitt

Oft entscheidet die Wahl des richtigen Bildausschnitts darüber, ob ein Foto interessant wirkt oder nicht. Wir sprechen bewusst nicht davon, dass ein Foto schön ist oder nicht, denn das liegt im Auge des Betrachters. Ob ein Bild allerdings wirkt und im Betrachter etwas auslöst, das können wir als Fotografen bewusst beeinflussen.

Die natürliche Reaktion, wenn man ein hübsches Motiv sieht, ist oft: „Wow. Das muss ich fotografieren!" Dann wird schnell die Kamera draufgehalten, ein Foto geschossen und hinterher stellt man fest, dass es auf dem Foto doch irgendwie nicht so gut aussieht wie in der Realität.

Im Folgenden siehst du zwei Bilder, die das gut veranschaulichen. Beide Fotos zeigen das gleiche Motiv und sind doch komplett unterschiedlich.

Beim ersten Foto haben wir die hübsche Blüte gesehen und einfach draufgehalten. Wie du siehst, ist dieses Foto nicht besonders gelungen. Man kann zwar erahnen, wie schön diese Blüte aussieht, aber so richtig kommt es nicht rüber. Viel zu viele störende Elemente lenken den Fokus des Betrachters weg von dem eigentlichen Motiv. Ein typischer Fall einer schlechten Wahl des Bildausschnitts.

Beim zweiten Versuch haben wir es dann besser gemacht. Wir haben kurz überlegt, wie wir die hübsche Blume in Szene setzen können, sind einmal drum herumgegangen, um die beste Position zum Fotografieren zu finden, und haben dann wohlüberlegt abgedrückt. Sieht doch gleich viel besser aus, oder?

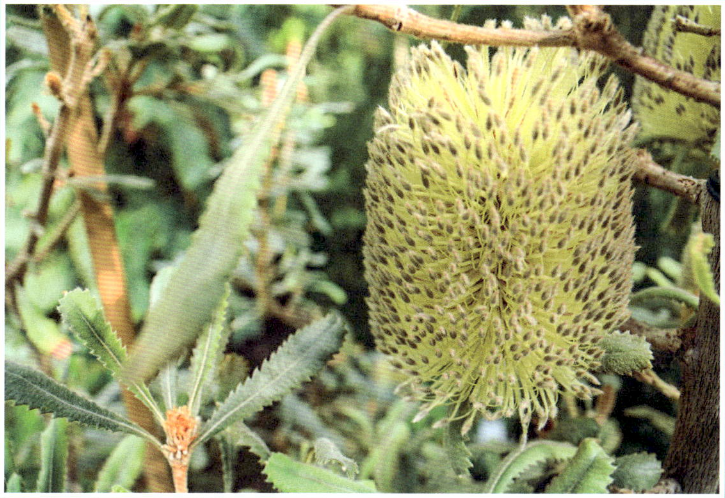

Ein typisches Beispiel für ein schnell geknipstes Bild.

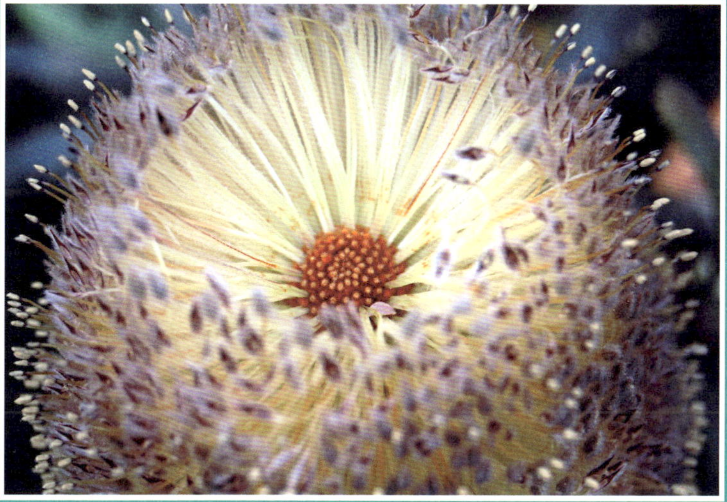

Und so geht es besser! f/5.6 | 1/80 s | ISO 400 | 82 mm

Eine Frage der Perspektive

Die meisten Fotos werden aus Augenhöhe gemacht, und zwar sehr oft nach dem gleichen Muster: Motiv entdecken, Kamera nehmen, durch den Sucher schauen und abdrücken. Das ist grundsätzlich nicht verkehrt. Es lohnt sich aber durchaus, auch mal die Perspektive zu wechseln.

Zum Vogel zu werden und auf die Dinge herabzufotografieren oder den Frosch zu spielen und die Dinge von unten zu sehen eröffnet dir ganz neue Möglichkeiten beim Fotografieren. Indem du deine gewohnte Perspektive verlässt, kannst du manchmal aus einem eher banalen Motiv ein herausragendes Foto zaubern oder mit deinem Motiv eine ganz besondere Geschichte erzählen.

Wir möchten dich in diesem Kapitel dazu ermutigen, nicht immer den einfachen Weg zu nehmen, sondern auch mal um die Ecke zu denken und so noch mehr aus deinen Motiven herauszuholen.

Manchmal ist für ein besonderes Bild eben voller Körpereinsatz gefragt. Dann klettern wir für eine spannende Perspektive auch gerne mal irgendwo hoch oder legen uns auf den Boden.

Aber keine Angst, das ist nicht immer notwendig. Manchmal reicht es auch schon, in die Hocke zu gehen oder auf eine Parkbank zu steigen.

Neben der ganz normalen Perspektive aus Augenhöhe sind die Froschperspektive und die Vogelperspektive zwei Optionen, die du unbedingt ausprobieren solltest. Wir zeigen dir in diesem Kapitel, wie du mit diesen Perspektiven aus deinen Bildern noch mehr herausholen kannst.

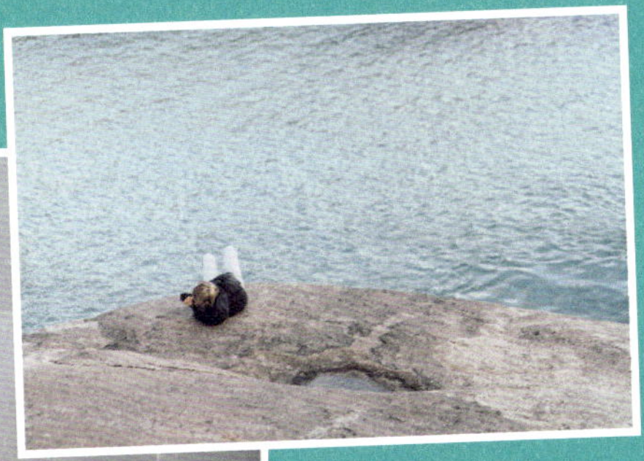

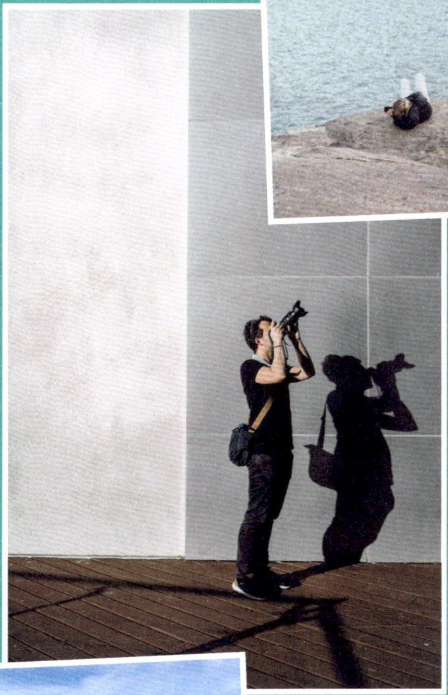

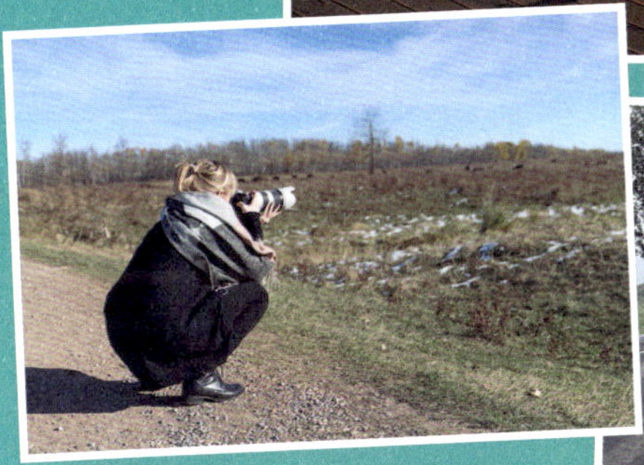

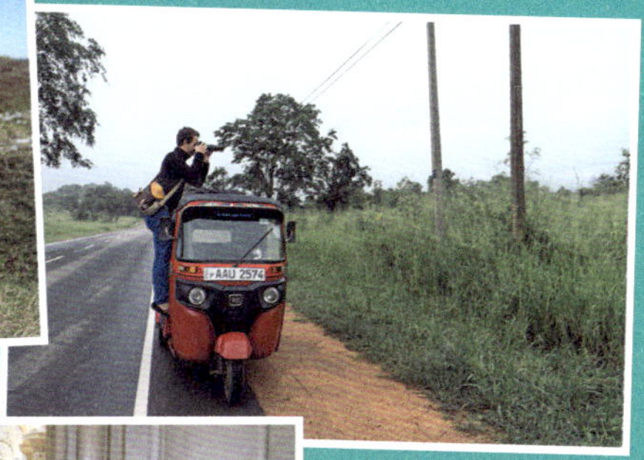

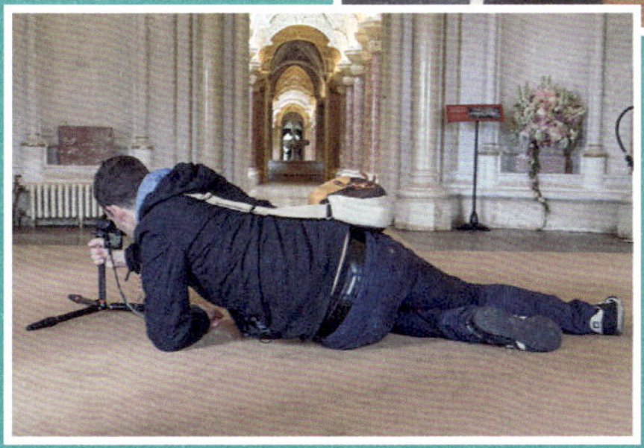

Die Froschperspektive

Los geht es mit der Froschperspektive. Wie der Name schon sagt, nimmst du bei dieser Perspektive eine andere Sichtweise ein, und zwar die eines Frosches. Wenn du nicht gerne ein Frosch sein willst, darfst du dir auch gerne ein anderes kleines Wesen aussuchen – eine Maus zum Beispiel.

Aus einem durchschnittlichen Motiv mehr herausholen

Die folgenden Fotos sind ein gutes Beispiel dafür, wie du durch die Froschperspektive aus einem eigentlich recht banalen Motiv ein spannendes Foto machen kannst.

Beide Bilder sind genau an derselben Stelle entstanden. Wir fanden das Bauwerk auf den ersten Blick sehr interessant; wirklich fotogen war es aus einer normalen Perspektive aber nicht, weshalb wir mit dem ersten Foto auch nicht zufrieden waren.

Was haben wir gemacht?

Wir fanden aber, dass die Holzbalken in Verbindung mit den Geländern aus Edelstahl trotzdem Potenzial für ein tolles Motiv hatten. Störend war vor allem das Drumherum, weshalb wir uns einfach auf den Boden gesetzt und noch einmal durch den Sucher geschaut haben.

Und siehe da: Das zunächst langweilige Motiv sah plötzlich spannend aus. Und da weit und breit keine Menschenseele zu sehen war, haben wir die Kamera auf den Boden gelegt und per Selbstauslöser ein Portrait von uns geschossen. Letztendlich hat allein der Wechsel der Perspektive hier den Unterschied zwischen einem langweiligen und einem besonderen Foto gemacht.

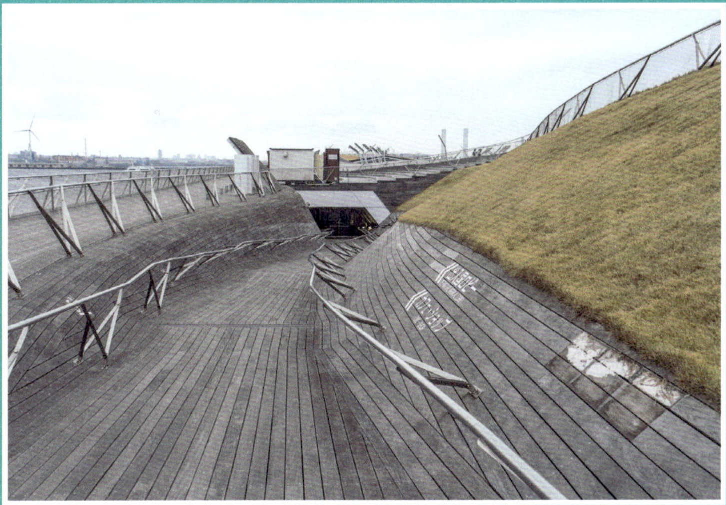

Aus Augenhöhe fotografiert wirkt dieses Motiv eher langweilig und nicht besonders.

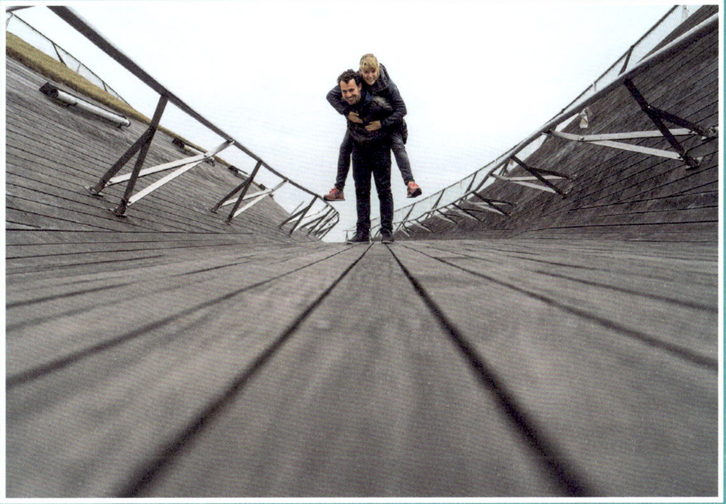

Aus der Froschperspektive bekommt das gleiche Motiv direkt viel mehr Wirkung. f/4.5 | 1/60 s | ISO 200 | 35 mm

Die Froschperspektive in der Portraitfotografie

Auch in der Portraitfotografie kannst du durchaus mal die Froschperspektive einnehmen. Eine Person von unten nach oben zu fotografieren erzielt eine ganz bestimmte Bildwirkung. Die Person wirkt größer, erhabener und mächtiger.

Wusstest du zum Beispiel, dass mächtige Menschen, wie z.B. Politiker und Unternehmer, oft genau aus dieser Perspektive fotografiert werden?

Sehr gut funktionieren solche Fotos, wenn dein Model auf einer Treppe steht und du stehst als Fotograf ein paar Stufen weiter unten. Wenn sich das gerade nicht anbietet, kannst du aber auch einfach in die Knie gehen und so von unten fotografieren.

Wenn du Portraitfotos aus einer leichten Froschperspektive machst, hast du gleichzeitig auch noch mehr Möglichkeiten, spannende Hintergründe zu fotografieren. Du kannst dein Model so zum Beispiel leichter vor blauem Himmel oder unter einem wunderschön blühenden Baum fotografieren, als es aus einer normalen Perspektive möglich wäre.

ABER VORSICHT: DOPPELKINN

Wenn du Personen aus der Froschperspektive fotografierst, achte darauf, dass kein Doppelkinn zu sehen ist. Das passiert leider sehr schnell beim Fotografieren von unten nach oben, auch wenn die Person gar nicht wirklich ein Doppelkinn hat.

Durch ein leichtes Drehen des Kopfes oder ein kleines Anpassen der Perspektive lässt sich das aber meistens leicht lösen.

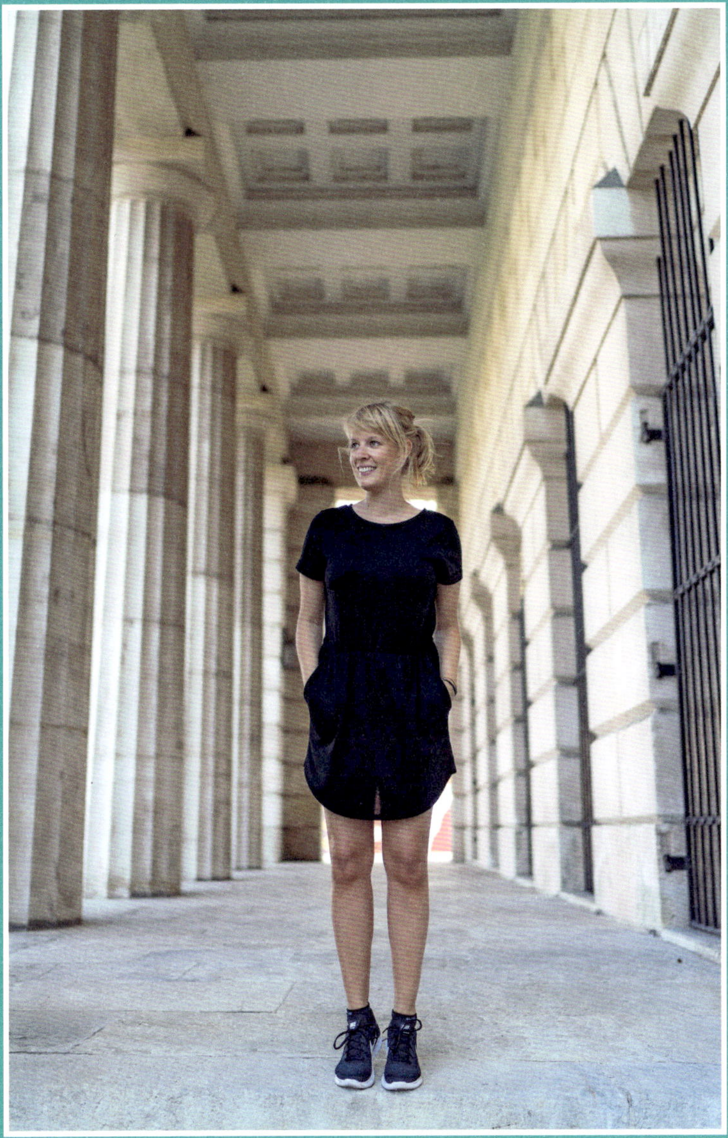

Anderer Blickwinkel: Portraitaufnahme von Jenny aus der Froschperspektive. f/1.4 | 1/800 s | ISO 100 | 35 mm

Die Froschperspektive in der Architekturfotografie

Sehr gut einsetzen lässt sich die Froschperspektive auch in der Architekturfotografie. Große Gebäude wirken oft noch viel mächtiger, wenn du einfach mal von unten nach oben fotografierst.

Oft lassen sich die Ausmaße eines Bauwerkes auf diese Weise überhaupt erst auf einem Bild festhalten. Das Gute dabei ist, dass du dafür in der Regel nicht mal in die Hocke gehen musst. Oft reicht es schon aus, einfach nach oben zu fotografieren.

Es gibt drei Dinge, mit denen du den Effekt der Froschperspektive in der Architekturfotografie besonders herausstellen kannst:

1. Die Brennweite
Je geringer die Brennweite deines Objektivs ist, desto mehr bekommst du von einem Gebäude auf dein Foto und desto mächtiger wirkt das Bild. Grundsätzlich sind Weitwinkelobjektive mit kurzen Brennweiten in der Architekturfotografie sehr von Vorteil.

2. Der Abstand zum Motiv
Je näher du dich an dem Bauwerk befindest, desto deutlicher wird der Effekt der Froschperspektive, da das Gebäude dann noch größer wirkt.

3. Die Ausrichtung der Kamera
Je weiter du die Kamera nach oben hältst, desto außergewöhnlicher werden deine Bilder. Du kannst da ruhig auch mal übertreiben, dich für ein Foto auf den Boden legen und direkt nach oben fotografieren. Damit kannst du erstaunliche Ergebnisse erzielen.

Noch ein kurzer Hinweis zum Schluss: Wenn du Gebäude aus der Froschperspektive fotografierst, erhältst du auf deinen Bildern oft sogenannte stürzende Linien. Das ist nicht unbedingt schlimm, aber du solltest daran denken. Mehr dazu findest du auf Seite 196.

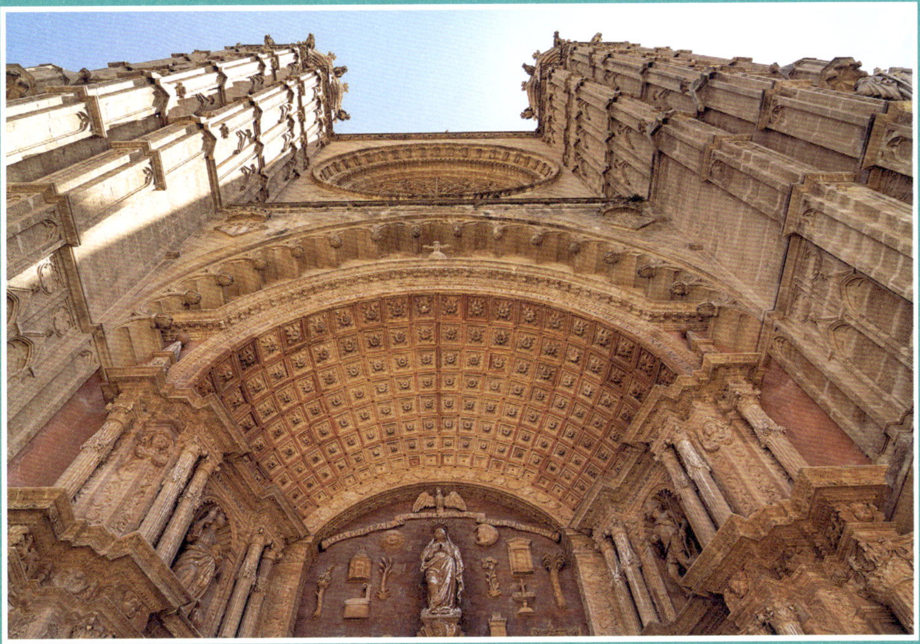

Für dieses Foto haben wir uns direkt vor den Eingang der Kathedrale gestellt und nach oben fotografiert. Aus dieser Perspektive sieht das Bauwerk noch mächtiger aus, als es ohnehin schon ist. Der Effekt wird zusätzlich verstärkt, da wir mit einer relativ weitwinkligen Brennweite fotografiert haben. f/8 | 1/100 s | ISO 100 | 24 mm

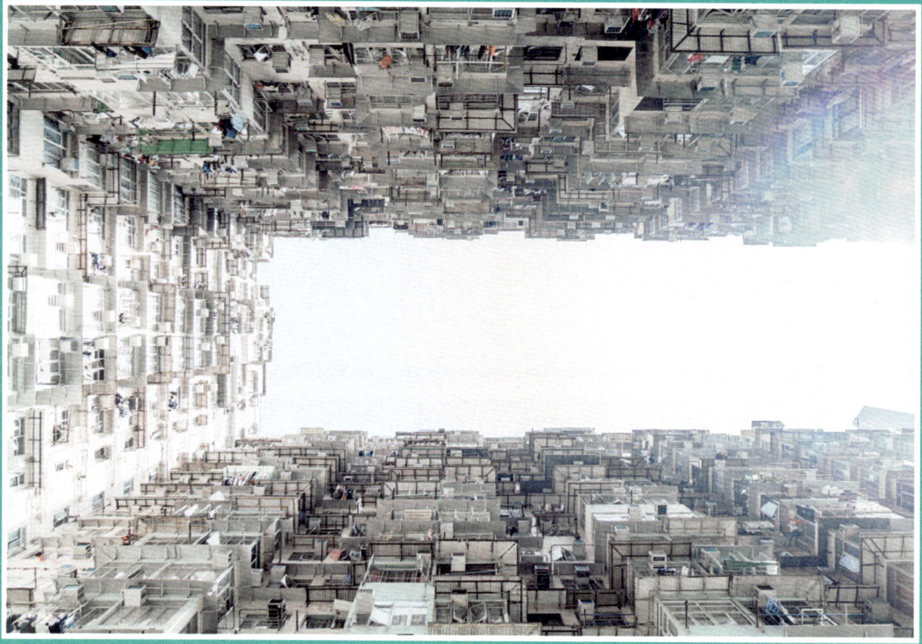

Bei diesem Foto haben wir die Froschperspektive auf die Spitze getrieben. Hier haben wir direkt nach oben in Richtung Himmel fotografiert, um alle drei Seiten dieses eng gebauten Wohnblocks abbilden zu können. f/2.8 | 1/500 s | ISO 100 | 24 mm

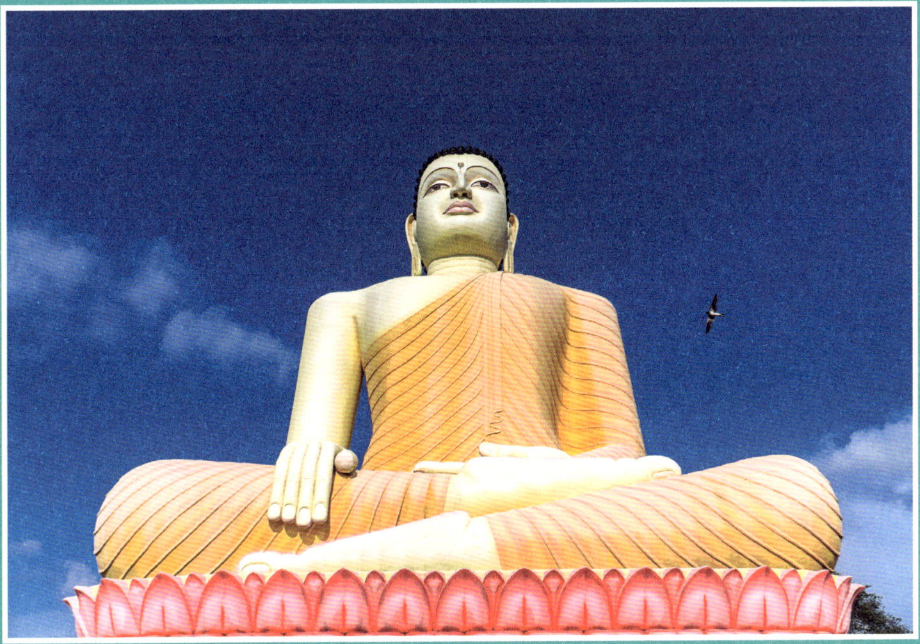

Diese große Buddha-Statue sieht ohnehin schon sehr mächtig aus. Durch die Aufnahme aus der Froschperspektive wirkt sie noch beeindruckender. f/7.1 | 1/1250 s | ISO 100 | 18 mm

Die Vogelperspektive

Die Welt sehen wie ein Vogel und von oben herabblicken: Die Vogelperspektive bietet dir für deine Fotos viele interessante Möglichkeiten. Um dich wie ein Vogel zu fühlen, musst du natürlich irgendwo erhöht stehen. Hohe Gebäude, Aussichtspunkte und Aussichtsterrassen sind dafür sehr gut geeignet.

Wenn du nun erhöht irgendwo stehst, knipse nicht einfach wild drauflos. Oftmals tendiert man dazu, die schöne Aussicht fotografieren zu wollen, die dann aber meistens auf Fotos gar nicht so toll rüberkommt. Gerade wenn du aus großer Höhe fotografierst, ist es besonders spannend, dich bewusst auf einen kleineren Bildausschnitt zu konzentrieren.

Die Beobachterperspektive

Das Tolle an der Vogelperspektive ist, dass du die Position eines Beobachters einnehmen kannst. Vor allem, wenn du Menschen als Motiv wählst, ist das sehr praktisch. Du kannst aus einem erhöhten Blickwinkel Situationen und Momente einfangen, ohne selbst bemerkt zu werden. Zwei Beispiele dafür siehst du auf den folgenden Bildern.

Strukturen und Linien aus der Vogelperspektive

Besonders gut bietet sich die Vogelperspektive an, um Strukturen und Linien zu fotografieren. Oft zeigen diese sich überhaupt erst, wenn du eine erhöhte Position einnimmst.

Wenn du mal wieder auf einem Aussichtsturm stehst, achte einmal bewusst darauf, ob du spannende Muster oder Strukturen am Boden findest und versuche dann, sie zu fotografieren.

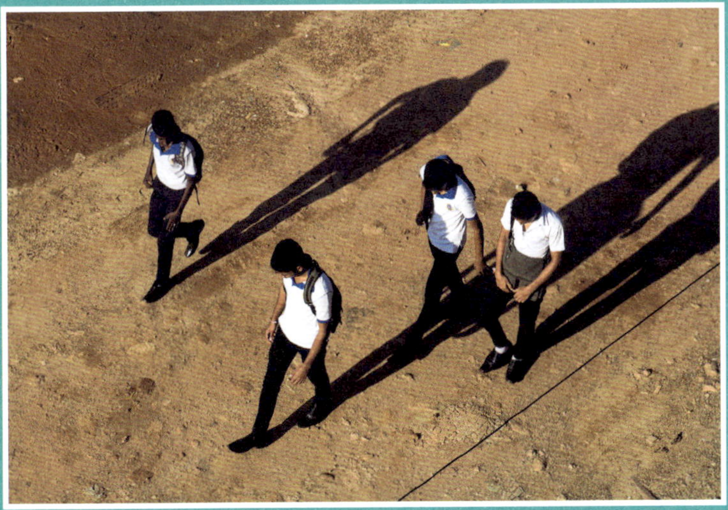

Hier haben wir durch die Vogelperspektive eine klassische Beobachterrolle eingenommen. Die Schatten kommen durch den erhöhten Standpunkt sehr gut zur Geltung. Perfekt ist dieses Foto aber nicht. Es wäre noch besser gewesen, wenn wir hier mit etwas mehr Weitwinkel fotografiert hätten und die Schatten nicht abgeschnitten wären. f/9 | 1/200 s | ISO 100 | 76 mm

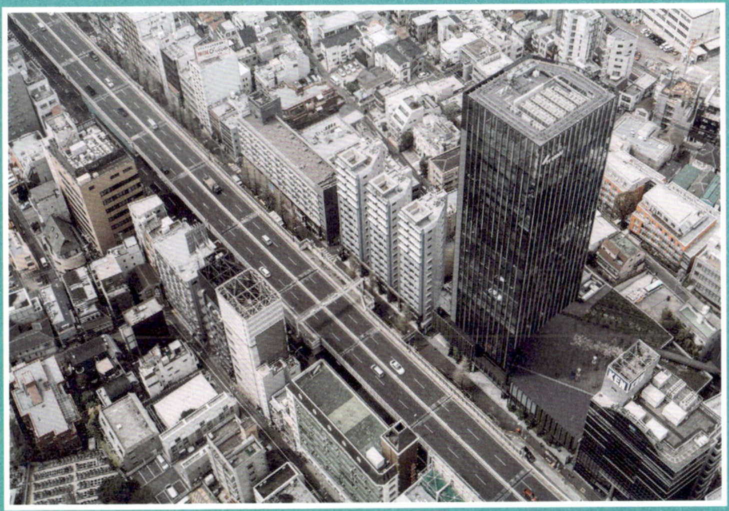

Die diagonale Linie ist bei diesem Bild das Hauptmotiv und nur aus der Vogelperspektive sichtbar. f/5.6 | 1/160 s | ISO 100 | 35 mm

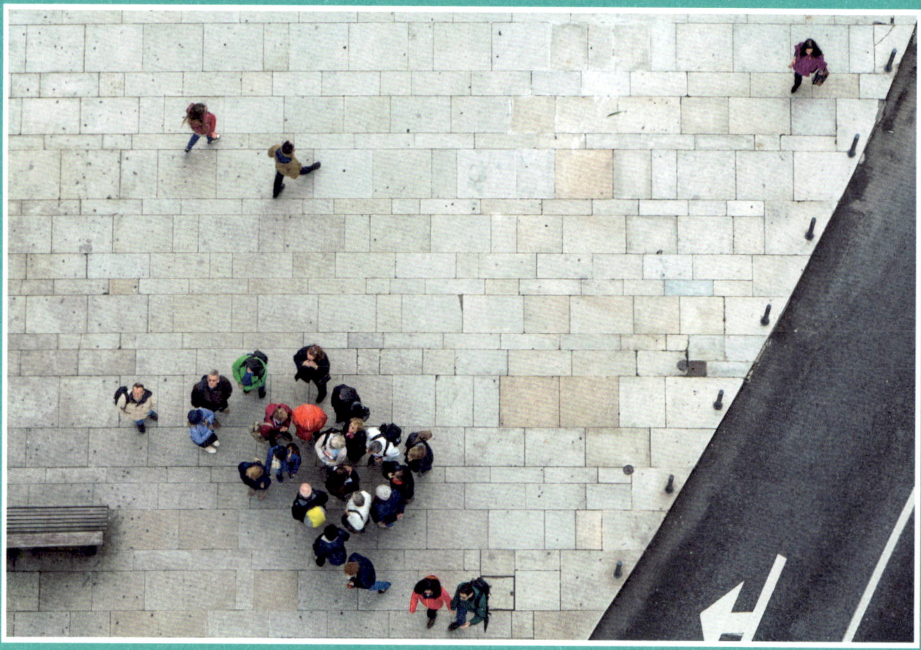

Hier haben wir von einer Brücke gerade nach unten fotografiert. Wir fanden dieses Motiv spannender als die eigentliche Aussicht. Die Kombination von Mustern und Strukturen am Boden mit den Personen hat uns sehr gut gefallen. f/13 | 1/80 s | ISO 400 | 70 mm

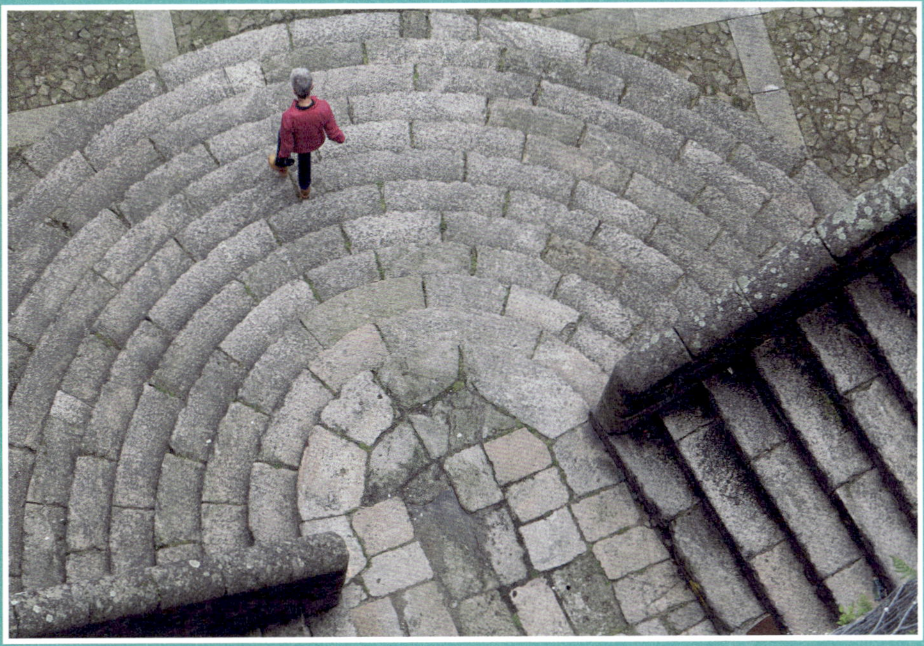

Durch die Vogelperspektive werden die Muster der Treppe sichtbar und durch die einsame Person erhält das Foto das gewisse Etwas.
f/13 | 1/50 s | ISO 800 | 70 mm

Die Drittelregel: einfach, aber effektiv

Wahrscheinlich hast du schon einmal vom Goldenen Schnitt gehört – einer klassischen Regel der Bildgestaltung, die unter anderem auch in der Architektur und in der Malerei angewendet wird. Auch in der Fotografie sind die Regeln des Goldenen Schnitts hilfreich.

Da der Goldene Schnitt aber eine relativ komplizierte geometrische Angelegenheit ist, schauen wir uns hier eine vereinfachte Version an: die Drittelregel.

Worum geht es bei der Drittelregel?

Ganz einfach gesagt geht es darum, dass du dein Hauptmotiv in deinem Bild nicht unbedingt in der Mitte platzieren solltest, weil das meistens ziemlich langweilig ist. Um das Ganze zu visualisieren, teile dein Bild einfach in neun gleich große Bereiche. Du ziehst also jeweils zwei waagerechte und zwei senkrechte Linien.

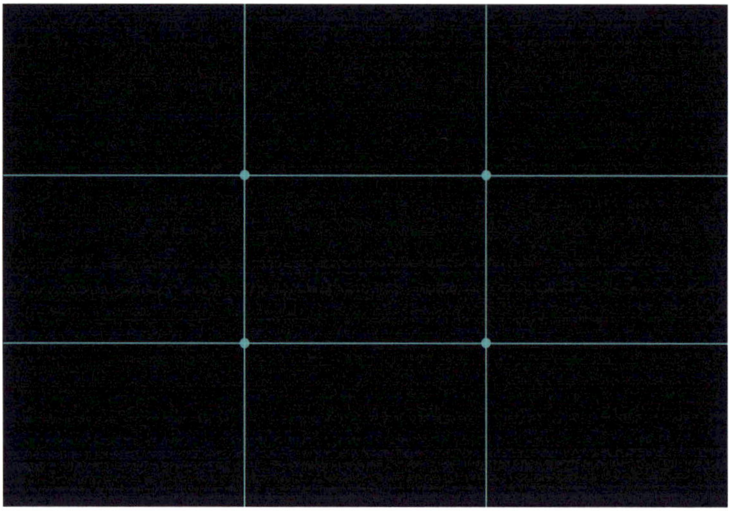

Teile dein Bild in neun gleich große Rechtecke auf.

Was machst du nun mit diesen Linien? Gute Frage. Die Drittelregel besagt, dass deine Bilder am besten wirken, wenn du deine Hauptmotive genau auf diesen Linien platzierst oder noch besser auf einem der vier Schnittpunkte der Linien.

Auf den Punkt gebracht heißt das also: Alle Elemente im Bild, die für dich wichtig sind und die dem Betrachter zuerst ins Auge fallen sollen, platzierst du auf einem der Punkte, an denen sich die Linien kreuzen oder nah an einer der imaginären horizontalen und vertikalen Linien.

Bei Landschaftsfotos, auf denen der Horizont zu sehen ist, wirkt die Anwendung der Drittelregel besonders gut. Sehr deutlich wird das z.B. bei Bildern, auf denen das Meer zu sehen ist. Wenn die Horizontlinie des Meeres direkt in der Mitte platziert wird, wirkt das Bild oft einfach nicht. Viel schöner ist es, den Horizont auf der unteren Drittellinie oder manchmal auch auf der oberen Linie zu platzieren.

Natürlich heißt das nicht, dass du nie wieder Dinge in der Mitte deines Bildes platzieren sollst. Regeln sind ja auch da, um gebrochen zu werden.

UNSER TIPP: RASTER IM DISPLAY ANZEIGEN LASSEN

Bei vielen Kameras kannst du dir das Drittelraster anzeigen lassen. Es wird dann immer angezeigt, wenn du durch den Sucher bzw. auf dein Display schaust, sodass du beim Fotografieren direkt einen Anhaltspunkt hast.

Gleichzeitig hilft das Raster dir auch dabei, deine Kamera gerade auszurichten. Anhand der horizontalen Linien erkennst du direkt, ob dein Bild gerade oder schief wird und kannst das ganz einfach korrigieren.

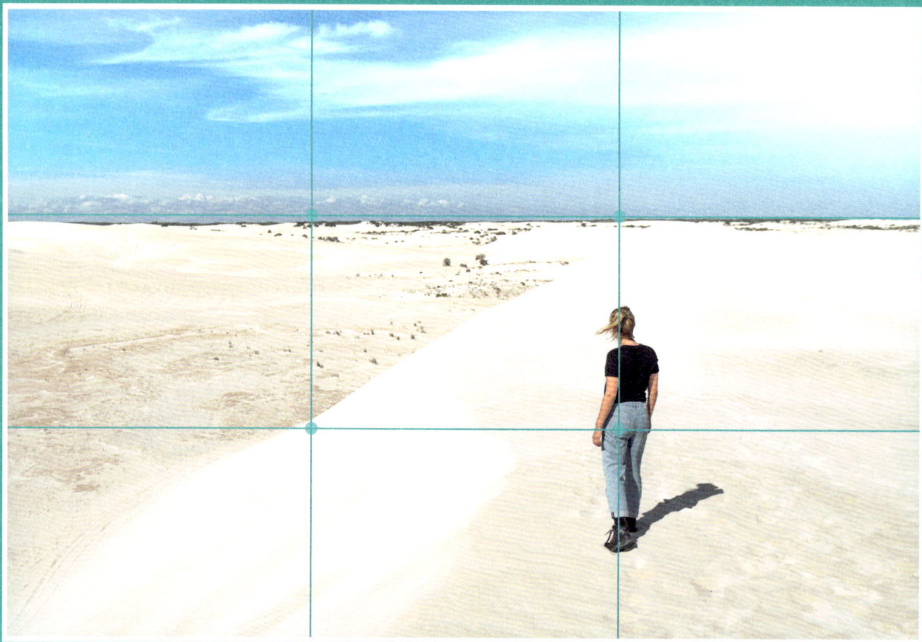

Die Drittelregel ganz klassisch eingesetzt: Den Horizont haben wir im oberen Drittel platziert und Jenny am Schnittpunkt der Linien unten rechts. f/2.8 | 1/3200 s | ISO 100 | 24 mm

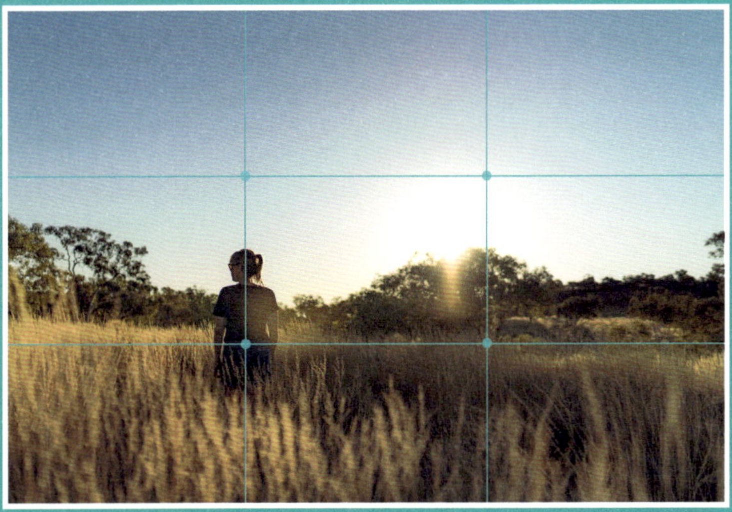

Hier haben wir den Horizont auf der Drittellinie und Jenny auf dem Schnittpunkt unten links platziert. f/1.6 | 1/4000 s | ISO 100 | 35 mm

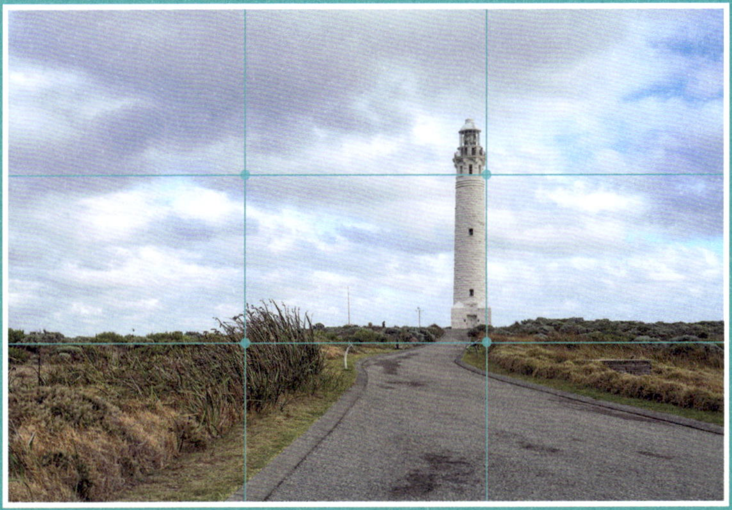

Der Horizont liegt auf der unteren Drittellinie und der Leuchtturm auf der vertikalen Linie rechts. f/6.3 | 1/200 s | ISO 100 | 35 mm

Das Wunder der Symmetrie

Wir lieben symmetrische Fotomotive! Sie wirken meist sehr durchdacht, beruhigend und in gewisser Weise perfekt. Dadurch üben sie auf den Betrachter eine ganz besondere Faszination aus. Wir zeigen dir in diesem Kapitel an verschiedenen Beispielen, wie du Symmetrien für deine Fotos nutzen kannst.

Was bedeutet Symmetrie in der Fotografie überhaupt?

Symmetrie bedeutet grundsätzlich, dass ein Objekt in der Mitte geteilt werden kann und man zwei gleiche Teile erhält. Wenn du z. B. ein Dreieck in der Mitte durchschneidest, erhältst du wiederum zwei neue Dreiecke, die genau gleich aussehen.

Wir gehen mit dem Begriff Symmetrie hier aber etwas lockerer um. Es muss nicht immer die absolut perfekte Symmetrie sein. Bevor wir uns in der Theorie verlieren, schauen wir uns das direkt an verschiedenen Beispielfotos an.

Vielleicht wunderst du dich jetzt, wie Symmetrie zur Drittelregel passt, die wir zuvor erklärt haben. Dort haben wir dir erzählt, dass du dein Hauptmotiv nicht direkt in die Mitte des Bildes setzen solltest, und jetzt sagen wir plötzlich, du sollst Bilder aufnehmen, die du in der Mitte spiegeln kannst.

In der Fotografie gibt es eben kein Richtig und Falsch. Du kannst Gestaltungsregeln nach deinem eigenen Geschmack interpretieren, an das aktuelle Motiv anpassen und auch bewusst brechen.

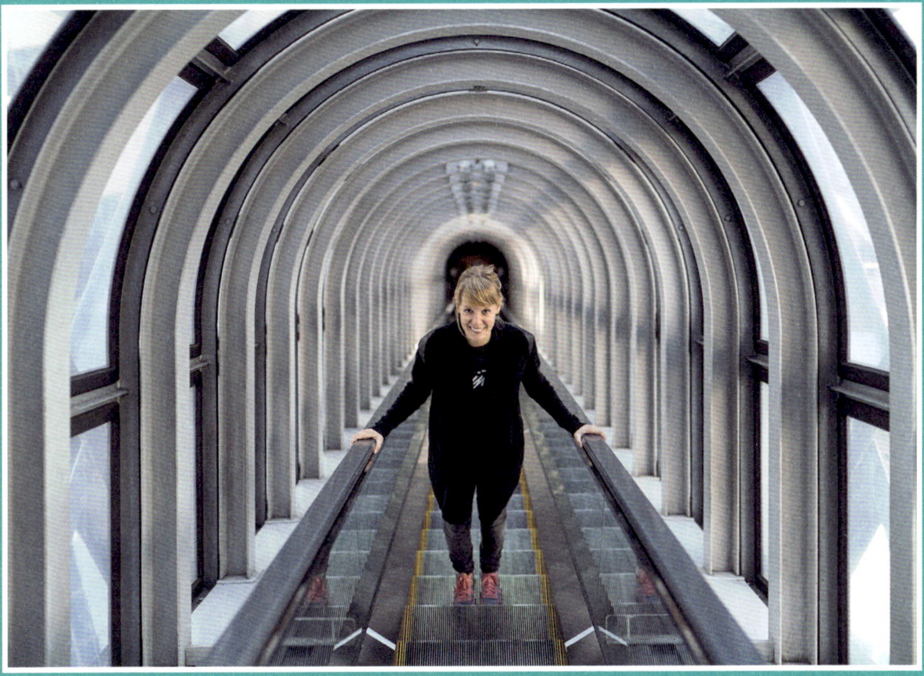

Jennys Gesicht befindet sich fast exakt in der Mitte des Bildes. Die Rolltreppe und auch Jenny selbst sind auf diesem Foto absolut symmetrisch und das Foto bekommt genau dadurch seine Wirkung.

f/1.4 | 1/320 s | ISO 100 | 35 mm

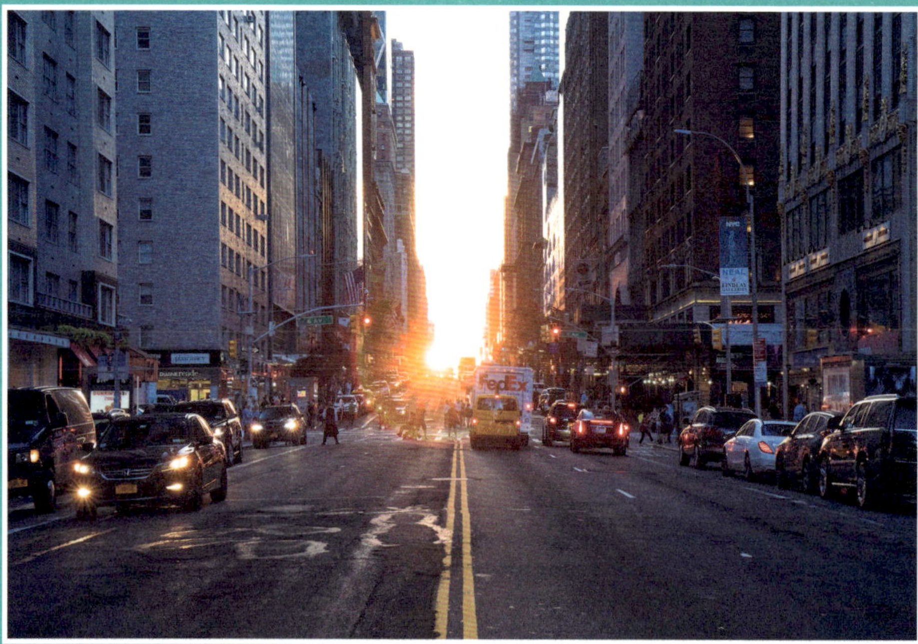

Die schnurgeraden Straßen in Manhattan sind tolle Beispiele für Symmetrie in der Fotografie. Für dieses Foto haben wir uns bewusst direkt in die Mitte der Straße gestellt. Die gelbe Spur teilt das Foto exakt in zwei Hälften, sodass eine gewisse Symmetrie entsteht. Natürlich ist das keine Symmetrie wie aus dem Lehrbuch, denn schließlich sind die Häuser links und rechts der Straße jeweils unterschiedlich. Trotzdem entsteht durch den symmetrischen Bildaufbau sehr viel Tiefe im Bild. f/10 | 1/50 s | ISO 1600 | 70 mm

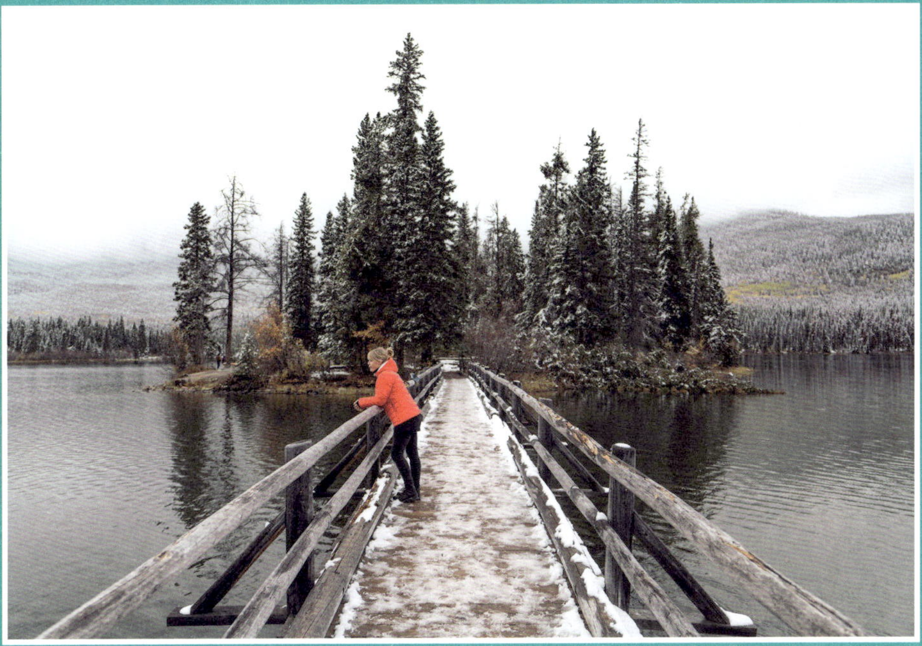

Dieses Bild ist noch symmetrischer als das Foto aus Manhattan. Die kleine Holzbrücke ist tatsächlich fast perfekt symmetrisch und sieht so aus, als könnte man sie theoretisch in der Mitte spiegeln. Der Hintergrund ist jedoch nicht mehr symmetrisch. Die Bäume auf der Insel und auch die Hügel dahinter haben jeweils unterschiedliche Konturen. Dieses Beispiel zeigt sehr gut, dass nicht alles in einem Foto symmetrisch sein muss. Oft reicht auch schon ein einziges Element, wie in diesem Fall die Brücke, um dem Bild das gewisse Etwas zu verleihen. f/2.8 | 1/400 s | ISO 125 | 24 mm

Der optimale Hintergrund: nicht nur Beiwerk

Auf den Hintergrund deines Motivs zu achten klingt zunächst nach einer ganz simplen Weisheit. Ist es eigentlich auch, aber trotzdem sehen wir immer wieder Bilder, bei denen die Fotografen nicht wirklich auf den Hintergrund geachtet haben.

Das führt dann oft dazu, dass eigentlich tolle Motive auf den Fotos nicht perfekt rüberkommen. Der Hintergrund eines Motivs ist mindestens genauso wichtig wie das eigentliche Hauptmotiv.

Wir würden sogar so weit gehen, zu sagen, dass ein unachtsam gewählter Hintergrund ein Foto komplett zerstören kann. Genauso kann aber auch ein sehr gut gewählter Hintergrund aus einem durchschnittlichen Motiv ein herausragendes Foto machen.

Der Hintergrund deines Fotos sollte nicht von deinem Hauptmotiv ablenken. Versuche deshalb immer, einen möglichst harmonischen, ruhigen Hintergrund für deine Motive zu finden, damit sie optimal zur Geltung kommen.

Natürlich hast du nicht immer genug Zeit, um in Ruhe den Hintergrund deines Fotos nach deinen Wünschen auszusuchen; vor allem bei sich bewegenden Motiven ist das eine echte Herausforderung. Es lohnt sich aber, diese anzunehmen und sich bei Motiven, die sich nicht bewegen, etwas Zeit zu nehmen, um den optimalen Hintergrund zu finden.

Das Bild auf der rechten Seite ist ein Beispiel, bei dem der Hintergrund nicht besonders gut gewählt wurde. Das Motiv ist eigentlich sehr schön, aber nicht gut in Szene gesetzt.

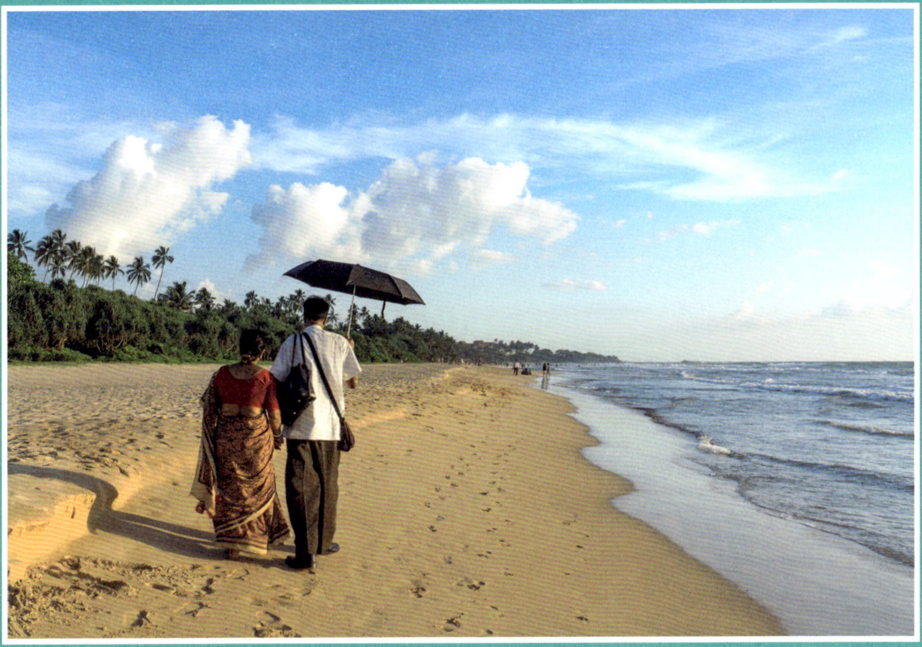

Der Hintergrund hinter den beiden Personen ist nicht harmonisch, da ab Kopf- bzw. Brusthöhe die Palmen beginnen. Deshalb heben sich die beiden nicht so gut ab. Besser wäre es in dieser Situation gewesen, die Position zu wechseln, sodass der Hintergrund entweder komplett aus Sand oder aus Meer bzw. Himmel besteht. f/13 | 1/80 s | ISO 100 | 30 mm

Dass die Wahl des Hintergrunds einer der wichtigsten Schritte auf dem Weg zum perfekten Foto ist, zeigen wir dir an zwei weiteren Beispielbildern.

Bei diesen Bildern ist der Unterschied zwischen einem „guten" und einem „schlechten" Hintergrund sehr deutlich zu erkennen.

Wir haben hier exakt dasselbe Motiv: einen Felsen im Wasser. Auf dem ersten Foto sieht der Felsen zwar ganz okay aus, aber seien wir ehrlich: Er haut uns jetzt nicht unbedingt vom Hocker. Es ist halt ein Stein im Wasser vor dem Festland.

Durch die Wahl des optimalen Hintergrunds wird aber selbst aus einem einfachen Stein ein echter Hingucker, wie du auf dem zweiten Bild erkennen kannst.

Was haben wir gemacht?

Wir haben einfach den Hintergrund gewechselt, indem wir den Stein von der anderen Seite fotografiert haben. Plötzlich wirkt er richtig gut, vor allem im Zusammenspiel der Farben mit dem strahlend blauen Himmel und dem türkisfarbenen Meer. Der Felsen bekommt auf dem zweiten Foto nun die komplette Aufmerksamkeit, da kein Festland vom eigentlichen Motiv ablenkt.

Wenn du Motive fotografierst, die sich nicht bewegen, hast du in der Regel die Zeit, dein Foto in Ruhe zu komponieren. Nimm dir diese Zeit auch, gehe um das Motiv herum und probiere verschiedene Perspektiven und Hintergründe aus. Es lohnt sich, wie du siehst.

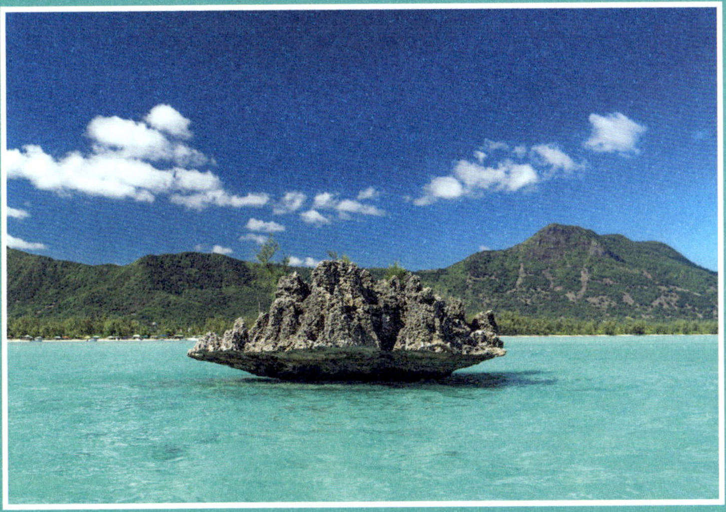

Durch den „schlecht" gewählten Hintergrund wirkt das Motiv nicht so gut, wie es könnte. f/2 | 1/2000 s | ISO 100 | 35 mm

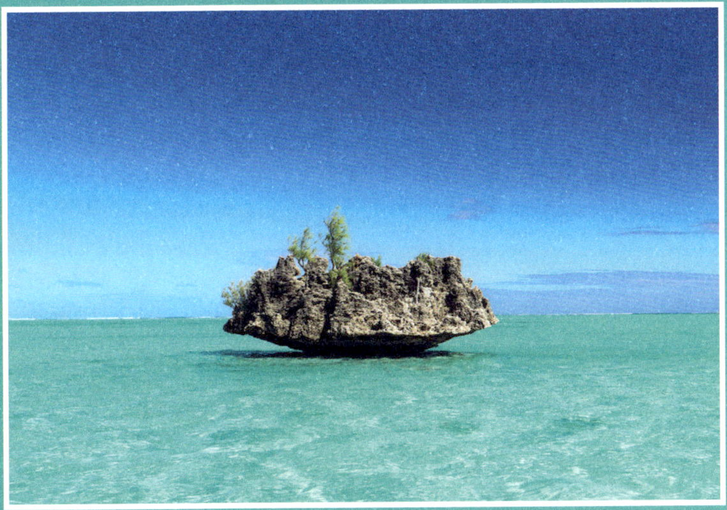

Und so sieht das Motiv vor einem ruhigeren Hintergrund aus. Nicht schlecht, oder? f/10 | 1/100 s | ISO 100 | 35 mm

Der Vordergrund: das gewisse Etwas

Während es beim Hintergrund meistens darum geht, nicht vom Hauptmotiv abzulenken, dient der Vordergrund vor allem dazu, deinem Motiv das gewisse Etwas zu verleihen.

Wir zeigen dir auch hier ein paar ausgewählte Beispiele, wie du den Vordergrund für deine Bilder einsetzen kannst.

Für unser erstes Beispiel haben wir wieder zwei Fotos zum Vergleich mitgebracht. Beide Bilder zeigen das gleiche Motiv; beim ersten Foto haben wir uns ganz auf das Bauwerk konzentriert und fast komplett auf einen Vordergrund verzichtet. Das Foto ist nicht schlecht, trotzdem haben wir nach einem zusätzlichen Vordergrund gesucht, um das Motiv vielleicht doch noch ein kleines Stückchen spannender zu gestalten.

Was haben wir gemacht?

Für das zweite Foto haben wir deshalb unseren Standort verändert, um etwas Vordergrund mit auf das Bild zu bekommen. Vor dem Gebäude war ein großer Park, in dem gerade die typischen japanischen Kirschbäume geblüht haben – der perfekte Vordergrund für unser Motiv.

Der Verzicht auf einen Vordergrund ist also nicht ganz so gravierend wie die Wahl eines unpassenden Hintergrunds. Trotzdem kannst du mit einem interessanten Vordergrund noch mehr aus deinen Bildern herausholen.

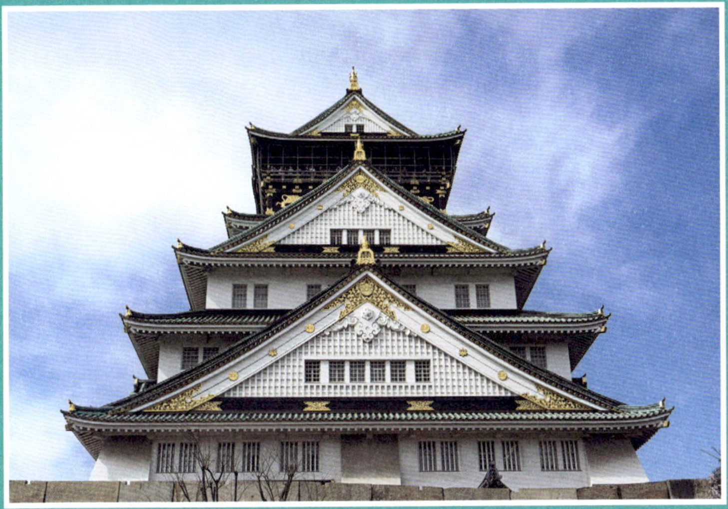

Motiv ohne Vordergrund. f/11 | 1/200 s | ISO 100 | 43 mm

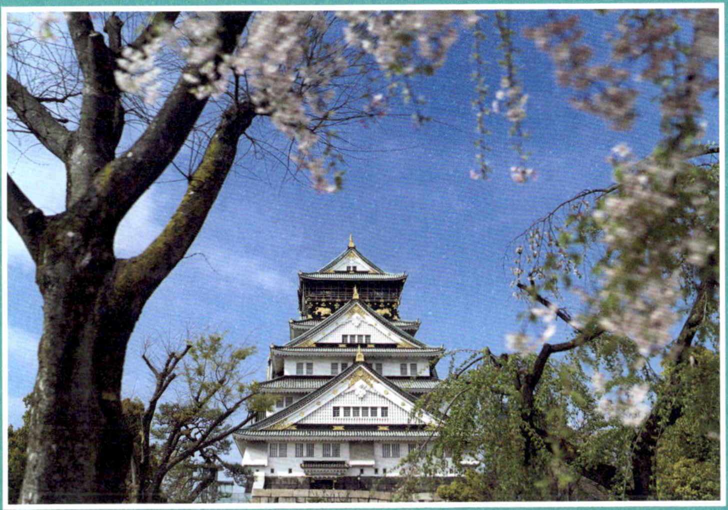

Die Kirschblüten im Vordergrund geben dem Motiv eine besondere Note. f/2 | 1/5000 s | ISO 100 | 35 mm

Das nächste Beispielfoto stammt aus New York. Die Skyline von New York ist mit Sicherheit eines der beliebtesten Fotomotive der Stadt und wurde wohl schon millionenfach fotografiert.

Gerade bei berühmten Sehenswürdigkeiten ist es oft schwierig, ein Foto zu machen, was noch nicht Tausende andere Fotografen gemacht haben. Eine gute Möglichkeit, wie du das hinbekommst, ist die Wahl eines spannenden Vordergrunds.

Das klappt selbst bei einem so geläufigen Motiv wie der New Yorker Skyline!

Was haben wir gemacht?

Für das folgende Foto haben wir bewusst nach einem etwas anderen Vordergrund für die Skyline gesucht und diesen schließlich auch gefunden. Durch die Holzstelen im Wasser bekommt das Foto das gewisse Etwas.

Wir haben in New York bereits sehr viele Fotos der Skyline aus vielen verschiedenen Perspektiven gemacht, aber dieses Bild ist durch seinen interessanten Vordergrund mit Abstand unser Lieblingsfoto dieses Motivs.

Natürlich lebt dieses Foto nicht nur von seinem Vordergrund. Oft ist es eine Vielzahl an Faktoren, die ein tolles Bild ausmacht. Hier haben wir in der Abenddämmerung fotografiert und hatten dadurch eine wunderschöne Lichtstimmung.

Da es schon relativ dunkel war, mussten wir mit einem Stativ relativ lange belichten, wodurch das Wasser und die Wolken sehr schön weichgezeichnet sind.

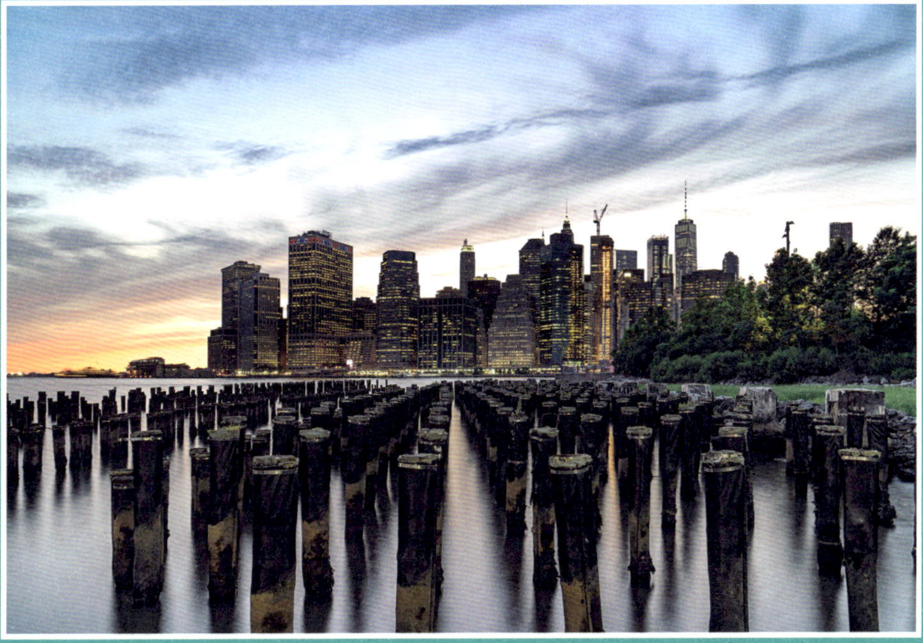

Durch den außergewöhnlichen Vordergrund wirkt dieses Foto der New Yorker Skyline besonders. f/9 | 13 s | ISO 50 | 24 mm

Schärfentiefe und Bokeh

Die Schärfentiefe eines Bildes bestimmt, welche Ebenen deines Fotos scharf dargestellt werden und welche unscharf. Wenn dein Foto komplett scharf ist, spricht man von einer großen Schärfentiefe. Wenn nur dein Hauptmotiv scharf ist und der Hintergrund unscharf, spricht man von einer geringen Schärfentiefe.

Der unscharfe Hintergrund wird übrigens auch als Bokeh bezeichnet. Der Begriff stammt aus dem Japanischen und bedeutet so viel wie „verschwommen".

Wie du die Schärfentiefe an deiner Kamera beeinflusst, haben wir im Kapitel zur Blende ab Seite 26 beschrieben, und welche Faktoren außerdem eine Rolle spielen, erklären wir auf Seite 75. Wenn da noch Fragen offen sind, blättere noch mal kurz zurück.

Jetzt aber zurück zum Bokeh-Effekt. Durch eine geringe Schärfentiefe kannst du das Hauptaugenmerk des Betrachters auf dein Hauptmotiv lenken und alle unwichtigen und ablenkenden Elemente im Hintergrund verschwimmen lassen.

Du kannst die Schärfentiefe auch bewusst stark reduzieren, um einen vielleicht nicht ganz so perfekten Hintergrund auszublenden bzw. den Fokus von diesem Hintergrund zu nehmen.

Wir zeigen dir in diesem Kapitel an mehreren Beispielen, wie wir Fotos mit dem bewussten Einsatz der Schärfentiefe gemacht haben. Da dieses Thema auch eine technische Komponente hat, gehen wir genauer darauf ein, wie wir die Fotos technisch umgesetzt haben.

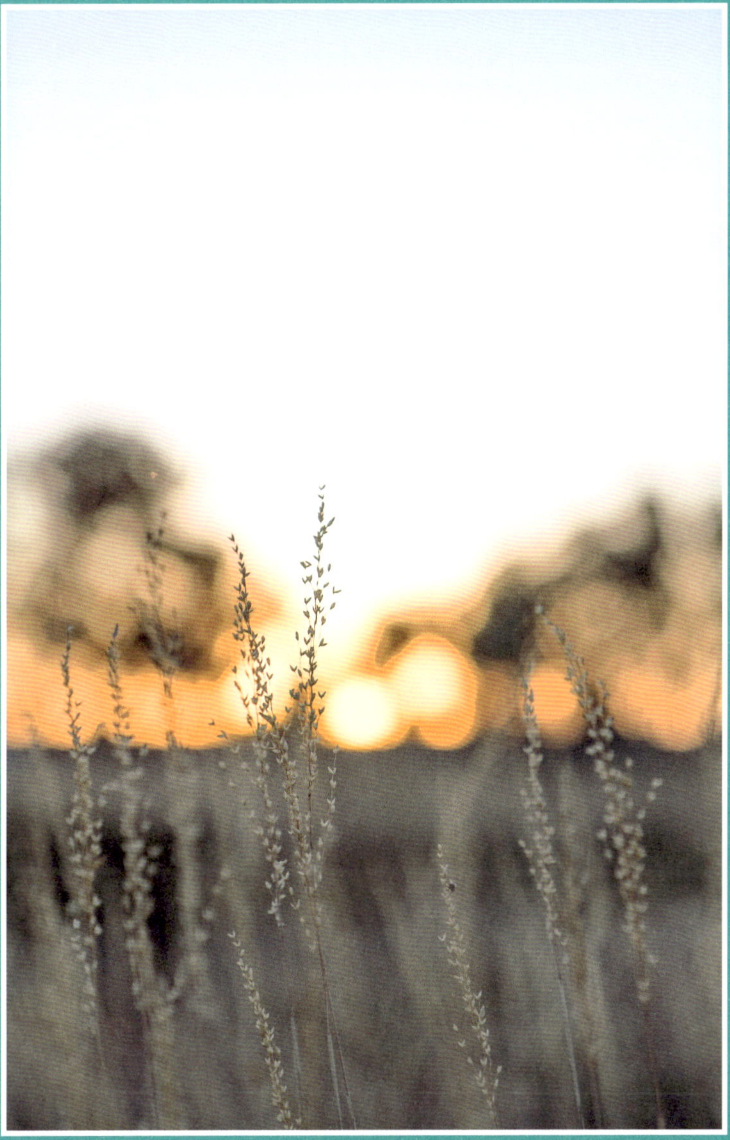

Spiel mit der Schärfentiefe. f/2.8 | 1/320 s | ISO 100 | 70 mm

Bokeh in der Portraitfotografie

Die Portraitfotografie ist eines der häufigsten Einsatzgebiete für den Bokeh-Effekt. Bei Portraits ist es sehr oft erwünscht, dass die volle Aufmerksamkeit des Betrachters auf der abgebildeten Person liegt.

Den Hintergrund bei Portraits unscharf zu stellen ist dafür ein einfaches, aber effektives Mittel. Noch mehr Tipps zur Portraitfotografie findest du ab Seite 220.

Kleines ganz groß durch eine geringe Schärfentiefe

Indem du bewusst eine sehr geringe Schärfentiefe erzeugst, kannst du sehr kleine Motive hervorragend darstellen, die ansonsten fast unscheinbar wären. Das funktioniert beispielsweise bei Blumen oder kleinen Tieren sehr gut.

Unscharfer Vordergrund

Fast immer geht es nur um einen unscharfen Hintergrund, wenn vom Bokeh-Effekt die Rede ist. Dabei kannst du mit der Blende nicht nur den Hintergrund unscharf stellen, sondern auch den Vordergrund deiner Motive beeinflussen.

Wenn du mit einer offenen Blende fotografierst, wird der Bereich scharf dargestellt, auf dem dein Fokus liegt. Was davor und dahinter liegt, wird gleichermaßen unscharf. Bei vielen Bildern ist das nur der Hintergrund, da die meisten Fotos kaum Vordergrund haben.

Gerade deshalb ist ein unscharfer Vordergrund ein spannendes und nicht so oft verwendetes Stilmittel, mit dem du deinen Fotos eine besondere Note verleihen kannst.

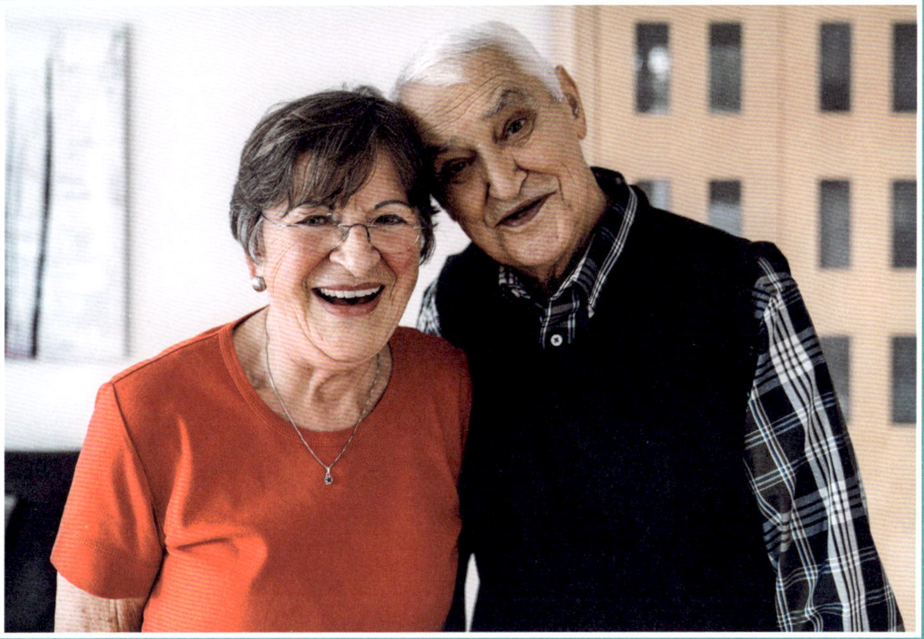

Bei diesem Foto hatten wir nicht die Möglichkeit, einen optimalen Hintergrund zu suchen, da es ohne Vorbereitung ganz spontan entstanden ist. Um trotzdem ein schönes Bild zu machen, haben wir den Hintergrund so unscharf wie möglich dargestellt. Das haben wir durch eine weit geöffnete Blende und den geringen Abstand zwischen Kamera und Motiv erreicht. So liegt trotz des unruhigen Hintergrunds die volle Aufmerksamkeit des Betrachters auf den strahlenden Gesichtern. f/2.8 | 1/60 s | ISO 250 | 36 mm

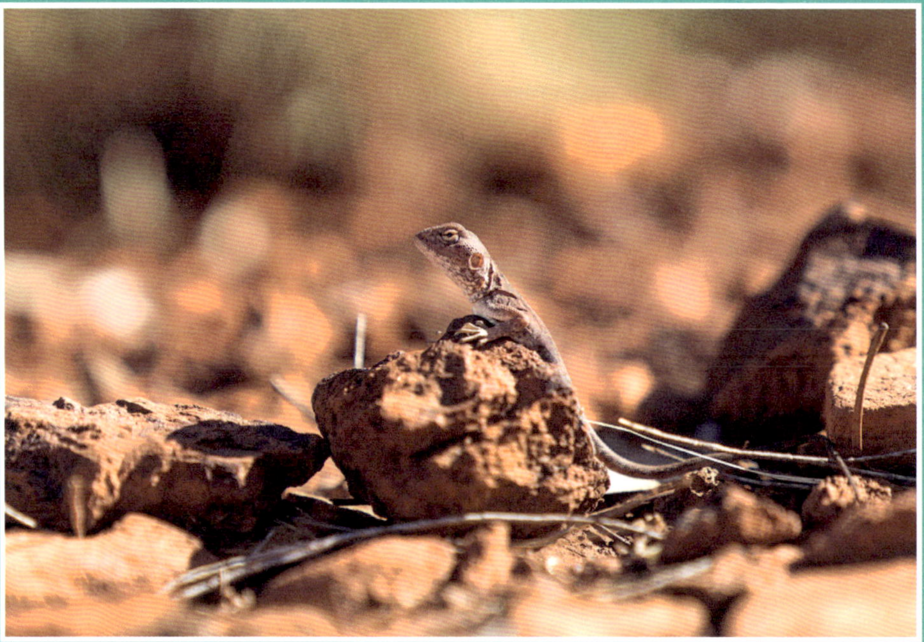

Die Echse war kaum größer als unser kleiner Finger und hat sich außerdem kaum von ihrer Umwelt abgehoben. Perfekte Tarnung eben. Um sie trotzdem auf dem Bild gut in Szene zu setzen, haben wir die Blende so weit wie möglich geöffnet, bei dem hier verwendeten Objektiv war das ein Wert von f/2.8. So haben wir im Zusammenspiel mit der relativ langen Brennweite von 70 mm eine große Tiefenunschärfe erzielt und konnten unseren kleinen Freund trotz des farblich schwierigen und unruhigen Hintergrunds gut ablichten.
f/2.8 | 1/800 s | ISO 100 | 70 mm

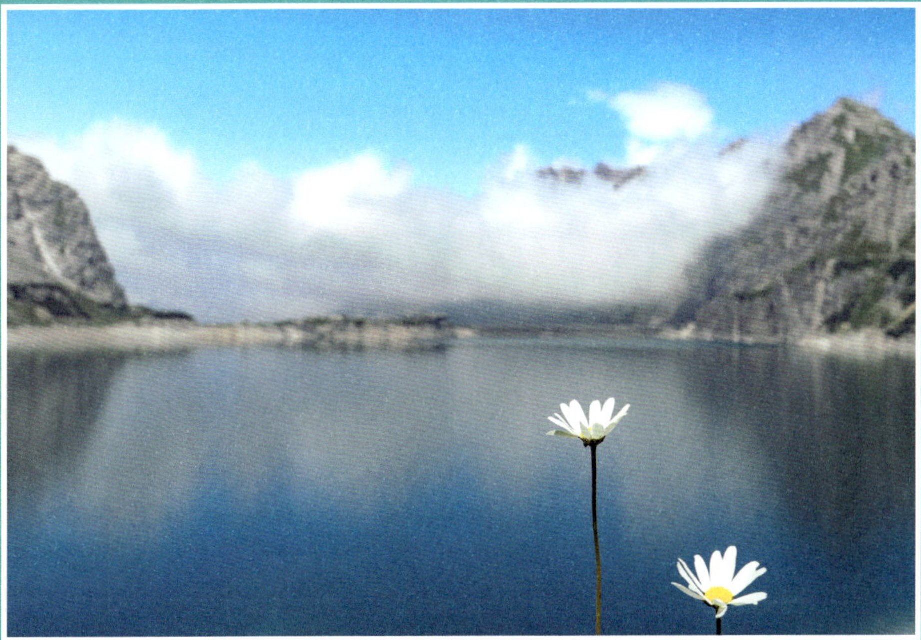

Auch bei diesem Foto haben wir den Fokus wieder auf etwas ganz Kleines gelegt. Die beiden Blümchen am Wegesrand wirken auf diesem Bild vor allem, weil der mächtige Hintergrund aus Bergen und See unscharf ist und den Blumen somit nicht die Show stiehlt. Manchmal sind es eben die kleinen Dinge, die hübsche Fotomotive abgeben. Um die Blümchen vor dem großen Bergpanorama in Szene zu setzen, mussten wir die Blende gar nicht so extrem weit öffnen. Den unscharfen Hintergrund haben wir hauptsächlich dadurch erzielt, dass wir sehr nah an das Hauptmotiv herangegangen sind.
f/5.6 | 1/125 s | ISO 100 | 35 mm

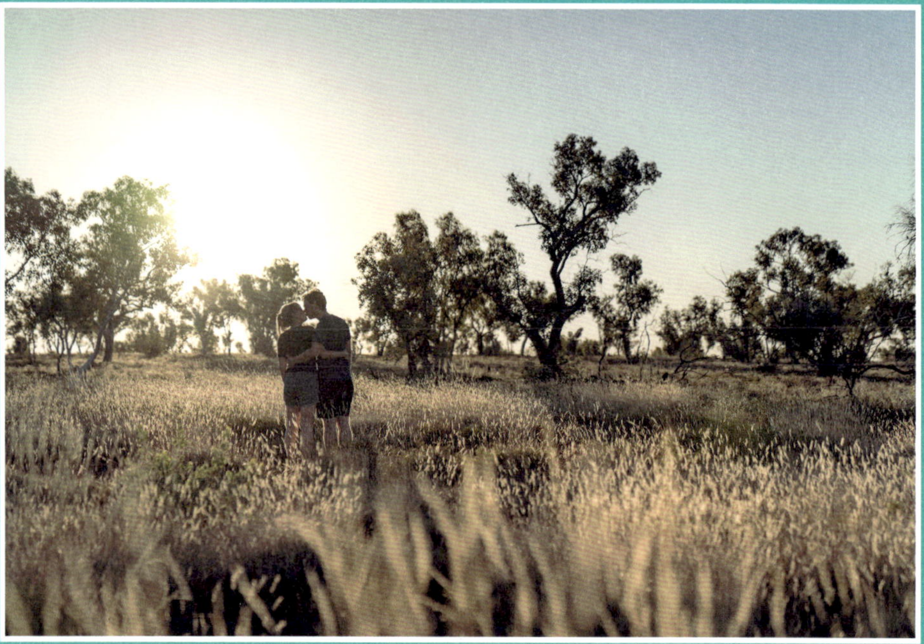

Bei diesem Foto haben wir den Vordergrund ganz bewusst genutzt. Wir haben die Kamera auf einem Stativ ins Gras gestellt und dabei so positioniert, dass noch ein paar Gräser im Vordergrund zu sehen sind. Da wir eine offene Blende gewählt und auf uns selbst fokussiert haben (das Foto ist mit Selbstauslöser entstanden), sind die Gräser im Vordergrund unscharf, was dem Ganzen noch etwas mehr Stimmung verleiht. f/2.8 | 1/2500 s | ISO 100 | 70 mm

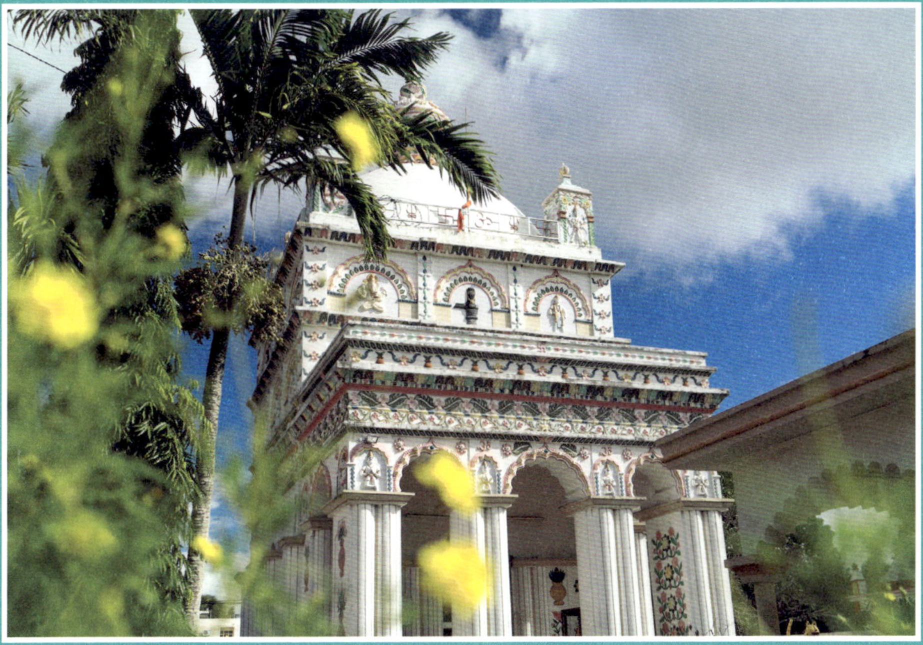

Auch hier haben wir bewusst mit einem unscharfen Vordergrund fotografiert. f/2.5 | 1/1000 s | ISO 100 | 35 mm

Die Faszination der Linien

Linien sind eines der mächtigsten Mittel in der Bildgestaltung. Oft sind Linien in Bildern für uns beim Betrachten selbstverständlich und wir nehmen gar nicht bewusst wahr, wie sie unseren Eindruck beeinflussen.

Wir empfehlen dir, dass du Linien künftig ganz selbstverständlich bei deiner Motivsuche beachtest, und schauen uns deshalb in diesem Kapitel an, welche Arten von Linien es gibt und wie du sie für deine Fotos nutzen kannst.

Horizontale Linien

Horizontale Linien sind die wohl am häufigsten anzutreffenden Linien in der Fotografie und tatsächlich ist es oft der Horizont, der für die horizontale Linie in deinem Bild sorgt. Die horizontale Linie trennt auf vielen Bildern die Erde und den Himmel visuell voneinander. Gerade für Landschaftsbilder ist der Horizont sehr wichtig, da diese Linie oft das Fundament des Bildes ist.

Da wir mit einer horizontalen Linie meist nichts Dramatisches oder Aufregendes verbinden, haben solche Linien eine beruhigende Wirkung. Sie strahlen Stabilität aus und geben deinen Fotos Halt.

Ein ganz klassisches Bildmotiv mit einer horizontalen Linie ist das Meer. Achte aber darauf, dass du deine horizontalen Linien nicht direkt in der Bildmitte platzierst. Das wirkt selten gut (Ausnahmen bestätigen natürlich wie immer die Regel), also ist es in den meisten Fällen besser, bei Horizontlinien mit der Drittelregel zu arbeiten, die wir bereits auf Seite 110 erwähnt haben, und sie an der Grenze zum unteren oder oberen Drittel deines Fotos zu platzieren.

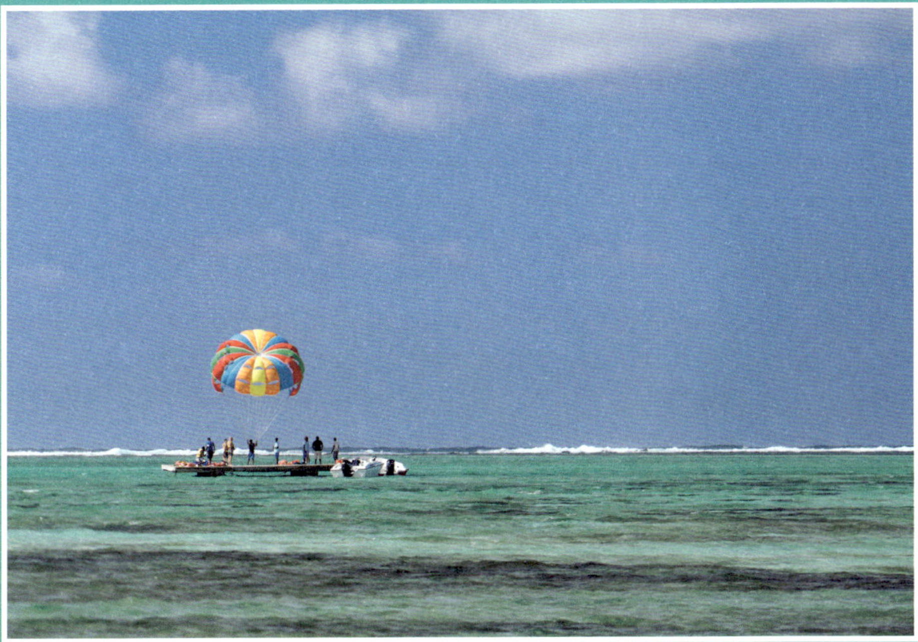

Eine leere horizontale Linie wirkt oft langweilig. Wenn du also nur das Meer fotografierst, kann es durchaus sein, dass dein Bild nicht die gewünschte Wirkung erzielt. Wir empfehlen dir deshalb, möglichst immer einen weiteren Bezugspunkt in dein Foto zu integrieren. Hier haben wir das durch die Menschen mit dem Fallschirm umgesetzt. So wirkt das Bild gleich viel spannender, als wenn wir einfach nur das „leere" Meer fotografiert hätten. f/6.3 | 1/320 s | ISO 100 | 240 mm

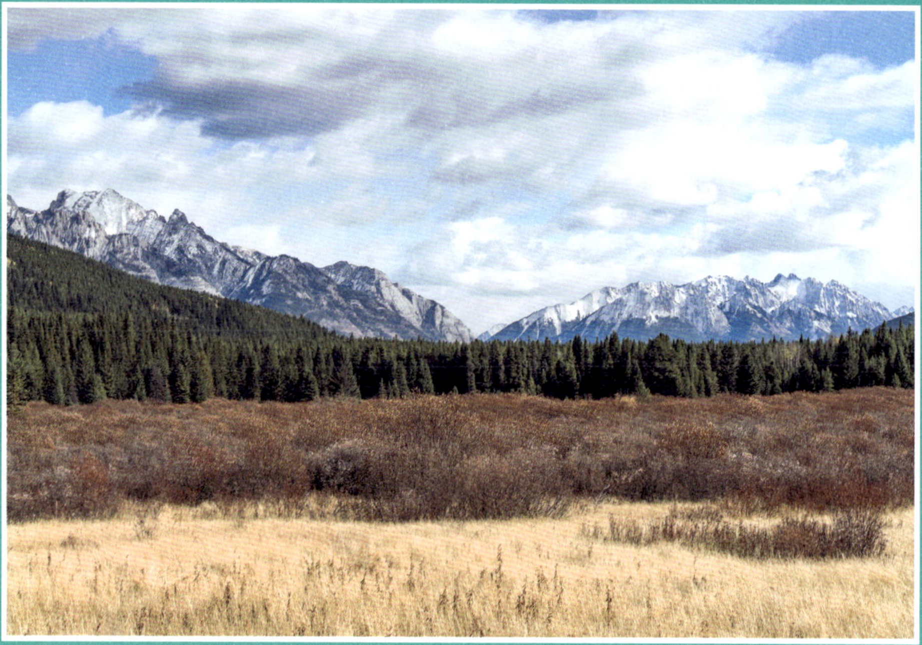

Besonders spannend sind auch Motive, bei denen es mehr als eine horizontale Linie gibt. Sie sind zwar etwas schwieriger zu finden, aber gerade das macht es ja so interessant. Dieses Bild hat gleich drei horizontale Linien. f/14 | 1/200 s | ISO 100 | 72 mm

Dieses Foto besteht nahezu nur aus Linien und wirkt dadurch schon fast grafisch. Die Linien verlaufen horizontal, allerdings nicht vollkommen gerade. f/11 | 1/125 s | ISO 100 | 35 mm

Vertikale Linien

Vertikale Linien verlaufen von unten nach oben oder auch mal von oben nach unten. Sie sind in der Fotografie nicht so häufig anzutreffen wie horizontale Linien, sorgen aber trotzdem für spannende Effekte.

Da wir bei vertikalen Linien meistens von unten nach oben gucken, verleihen diese Linien einem Foto Eigenschaften wie Stärke, Größe, Wachstum und Macht. Vertikale Linien findest du oft in der Pflanzenwelt, z. B. bei Bäumen und Wäldern, aber auch in der Architektur sind sie oft anzutreffen.

Zulaufende Linien

Zulaufende Linien sind ein starkes Gestaltungsmittel in der Fotografie. Es gibt verschiedene Arten von zulaufenden Linien, die alle jeweils eine andere Wirkung entfalten.

Ein sehr schönes Stilmittel sind Linien, die auf die Bildmitte zulaufen. Mit diesen Linien erzeugst du Tiefe in deinen Fotos. Das Auge des Betrachters wird automatisch in Richtung Bildmittelpunkt gelenkt.

Linien müssen aber nicht immer in die Bildmitte verlaufen. Es gibt auch Linien, die aus dem Bild herausführen. Durch diese Linien erzeugst du Weite. Das Auge des Betrachters wird den Linien folgen. Da sie aus dem Bild herausführen, wird suggeriert, dass es hier noch weitergeht, dass nur ein kleiner Ausschnitt des großen Ganzen auf dem Bild zu sehen ist und es noch viel mehr zu entdecken gibt.

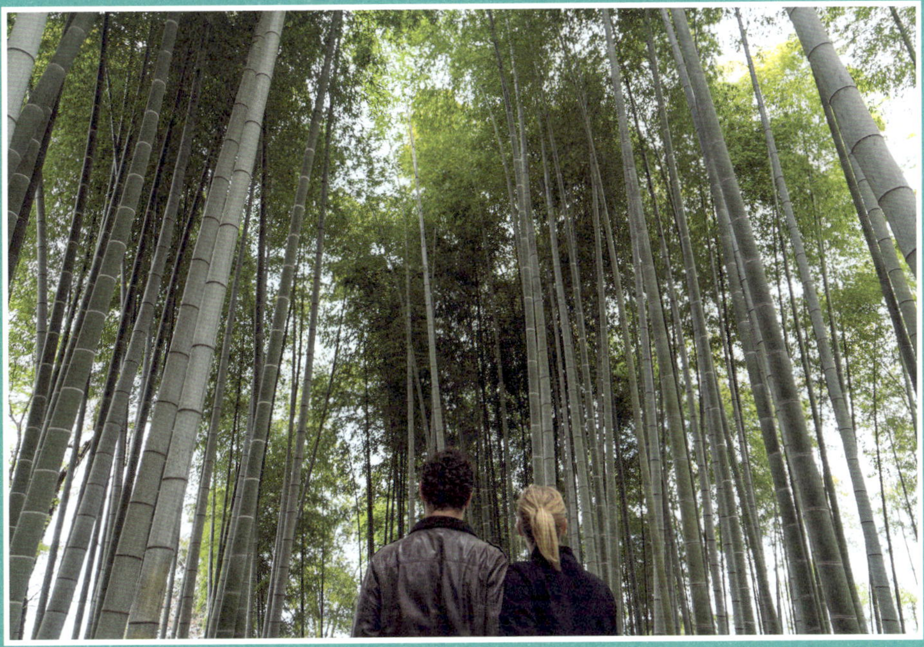

Vertikale Linien vermitteln Stärke, Größe und Wachstum und kommen oft in der Natur vor. f/3.5 | 1/100 s | ISO 100 | 24 mm

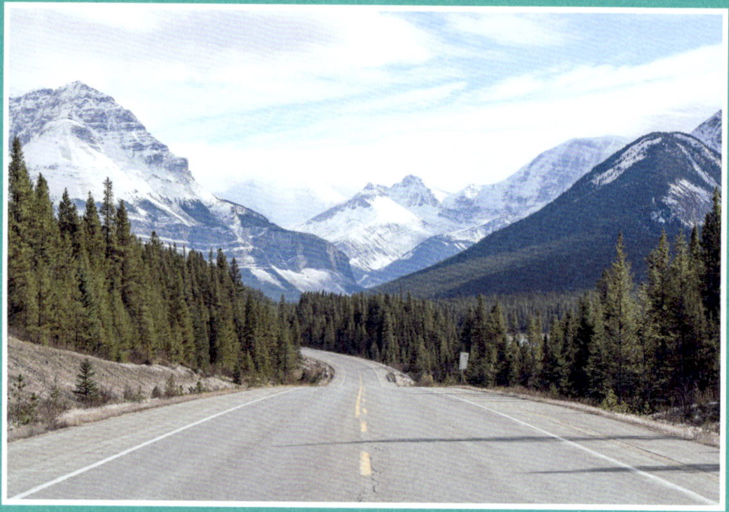

Die Straße läuft in Richtung Bildmitte und verleiht diesem Bild seine Tiefe.
f/9 | 1/250 s | ISO 100 | 72 mm

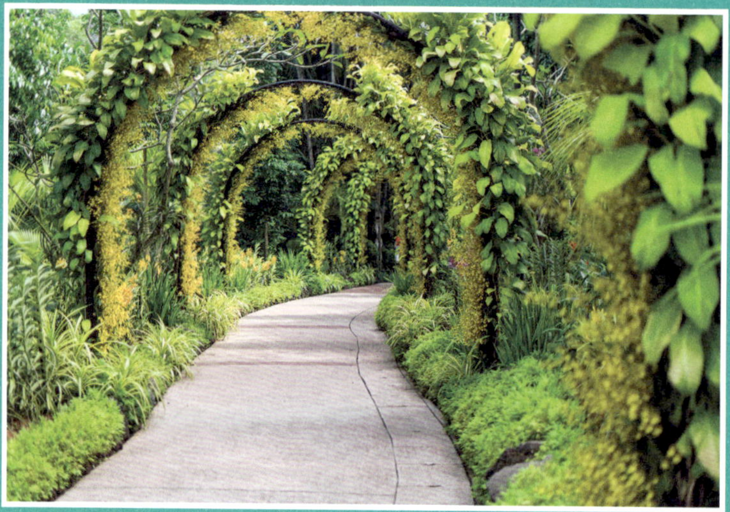

Bei diesem Foto haben wir eine Kombination verschiedener Linien. Eine geschwungene zulaufende Linie führt durch mehrere gebogene Linien hindurch.
f/1.8 | 1/1000 s | ISO 100 | 50 mm

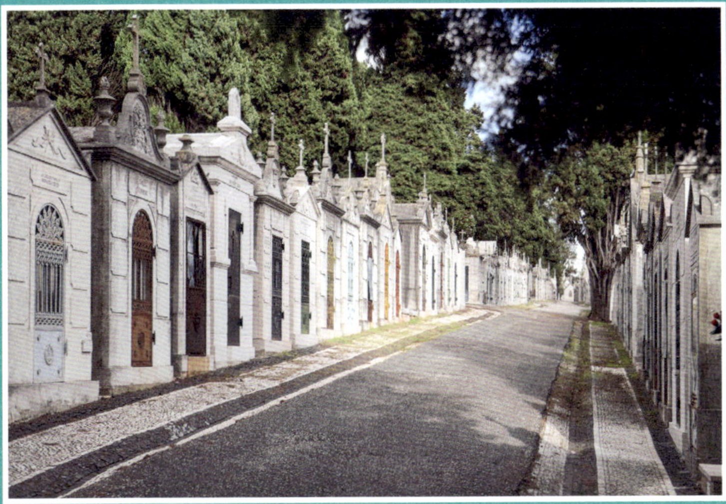

Die Linie ist in diesem Fall der Weg zwischen den Grabstätten und führt aus dem Bild heraus. f/8 | 1/1000 s | ISO 100 | 50 mm

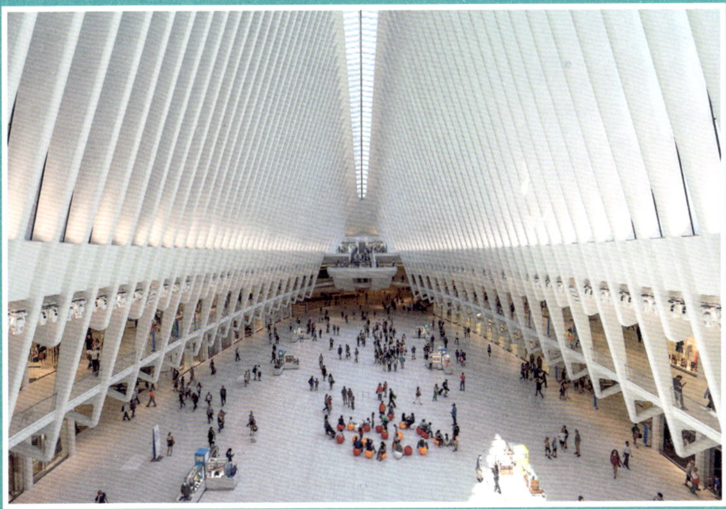

Hier haben wir eine schöne Kombination aus zulaufenden Linien, die dem Motiv Tiefe geben, und vertikalen Linien, die ihm Mächtigkeit verleihen. f/6.3 | 1/80 s | ISO 100 | 16 mm

Diagonale Linien

Diagonale Linien sind aufregender und dynamischer als horizontale und vertikale Linien. Eine diagonale Linie verläuft von unten links nach oben rechts oder von oben links nach unten rechts und gibt einem Foto eine gewisse Energie.

Das Auge des Betrachters wird anhand der Linie geleitet. Diagonale Linien sind oft in der Architektur zu finden, insgesamt sind sie aber deutlich seltener anzutreffen als vertikale oder horizontale Linien.

Linien, die keiner Regel folgen

Nicht jede Linie lässt sich in eine Kategorie stecken. Es gibt da draußen noch so viel mehr Linien, die weder horizontal noch vertikal oder zulaufend sind. Trotzdem oder gerade deshalb sind auch diese Linien für deine Fotos superspannend.

Wenn du einmal bewusst durch die Straßen gehst und auf Linien achtest, wirst du feststellen, wie viele es davon gibt. Es macht auf jeden Fall sehr viel Spaß, nach ihnen zu suchen und sie bewusst in deine Fotos zu integrieren.

ÜBUNG: SUCHE UND FOTOGRAFIERE LINIEN IN DEINER UMGEBUNG

Wir haben nun viel über Linien und ihre Wirkung geschrieben. Wichtig ist jetzt, dass du einen Blick für Linien entwickelst, damit du sie in Zukunft ganz selbstverständlich in deinen Fotos verwenden kannst.

Geh dazu einfach mal mit deiner Kamera los und begib dich auf die Suche nach einer der verschiedenen Linienformen. Konzentriere dich bei einer Tour wirklich nur auf eine Art von Linien und fotografiere diese. Beim nächsten Mal nimmst du dir dann andere Linien vor und machst davon Bilder.

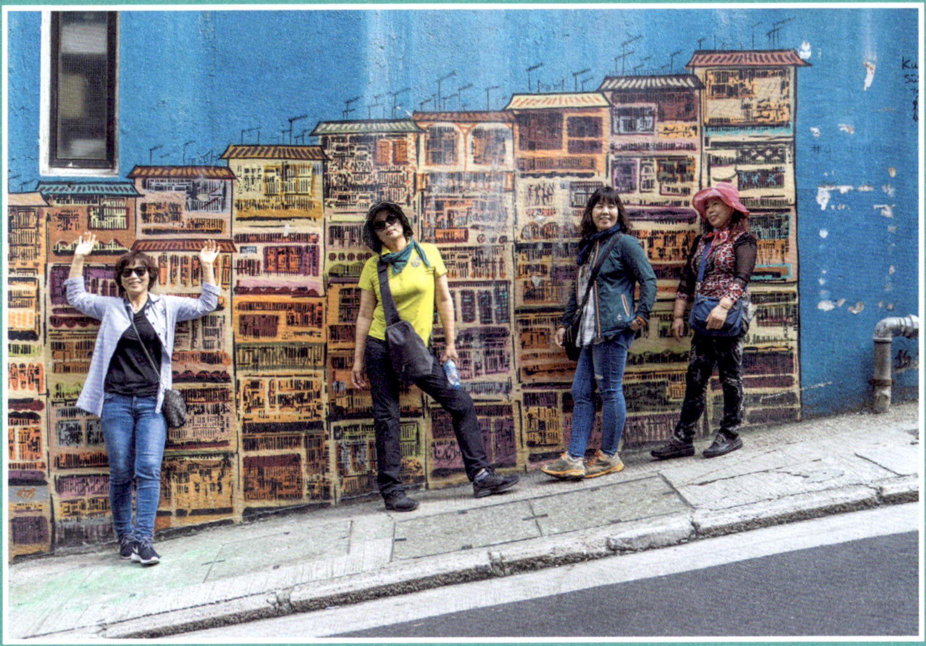

Das Foto wirkt vor allem dadurch, dass die Straße als diagonale Linie verläuft. Würde sie an dieser Stelle gerade verlaufen, wäre das Bild weniger spannend. f/2.8 | 1/60 s | ISO 125 | 38 mm

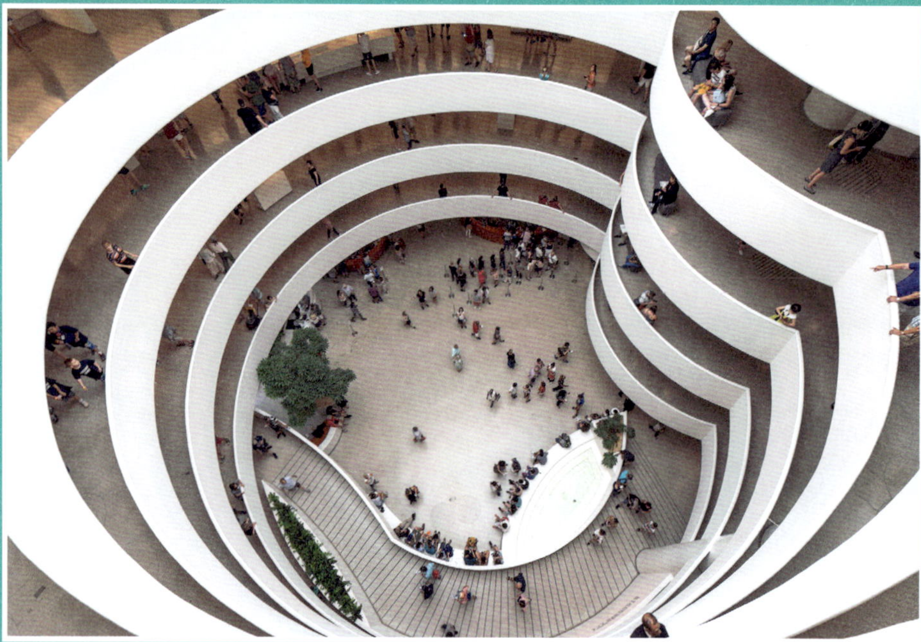

Spiralförmig angeordnete Linien, aufgenommen aus der Vogelperspektive. f/2.8 | 1/60 s | ISO 100 | 16 mm

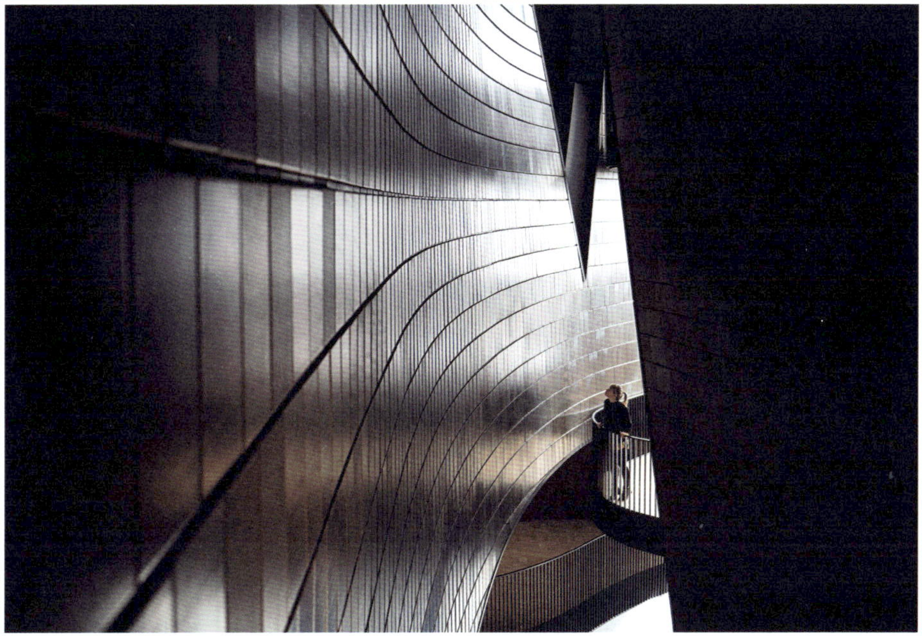

Diese Linien folgen überhaupt keiner Regel. Teilweise führen sie aus dem Bild heraus, dann werden sie geschnitten und von vertikalen Linien gebrochen. Trotzdem oder gerade deshalb haben wir hier ein spannendes Fotomotiv. f/2.8 | 1/60 s | ISO 250 | 22 mm

Rahme deine Motive ein

Rahmen sind ein tolles Mittel in der Bildgestaltung, um einem Motiv eine ganz besondere Betonung zu geben.

Dabei geht es nicht darum, deine Fotos zu Hause in einem Bilderrahmen an die Wand zu hängen, sondern darum, natürliche Rahmen zu entdecken und diese auf dem Foto mit deinem Motiv zu verbinden. Da das jetzt ziemlich abstrakt klingt, schauen wir uns das direkt wieder an ein paar Bildbeispielen an.

Nachfolgend siehst du unter anderem ein Foto der Moschee in Abu Dhabi, die definitiv ein traumhaftes Fotomotiv ist. Aber wie das bei berühmten Sehenswürdigkeiten so ist, sehen viele Fotos sehr ähnlich aus und die meisten zeigen immer dieselben Bildausschnitte.

Wir haben uns zum Ziel gesetzt, dort auch mal ein paar andere Motive zu finden, die nicht schon tausendfach abgelichtet wurden, und so ist dieses Foto entstanden.

Hier haben wir einen Rahmen zur Bildgestaltung genutzt. Der Rahmen bestand in diesem Fall aus zwei Säulen, die den Bildausschnitt verengen. Es wirkt, als nehme man eine heimliche Beobachterposition ein, fast ein bisschen wie der Blick durch ein Schlüsselloch. Am Ende war dieses Motiv unser Lieblingsmotiv von unserer kleinen Fototour an diesem Bauwerk.

ÜBUNG: FOTOGRAFIERE MOTIVE MIT UND OHNE RAHMEN

Begib dich einmal bewusst auf die Suche nach Motiven, die du mit einem natürlichen Rahmen fotografieren kannst. Mache ein Foto mit und eines ohne Rahmen und vergleiche die Wirkung der beiden Bilder.

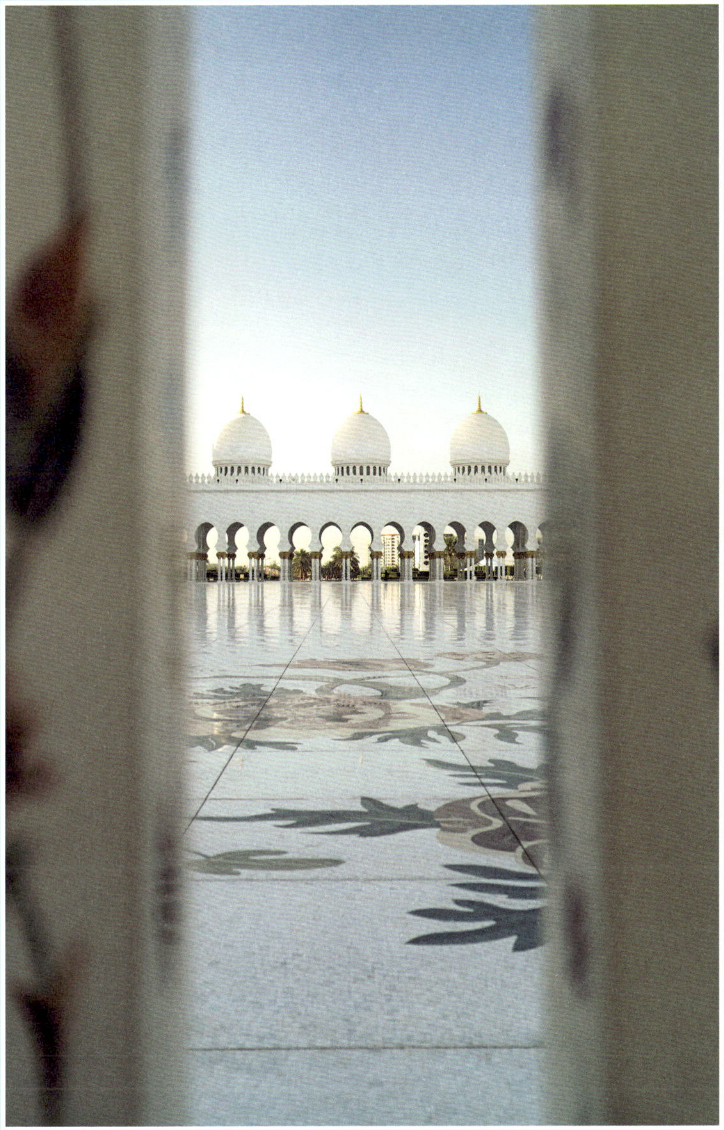

Ein gut gewählter Rahmen kann deinem Motiv einen ganz besonderen Ausdruck verleihen. f/1.4 | 1/2500 s | ISO 100 | 35 mm

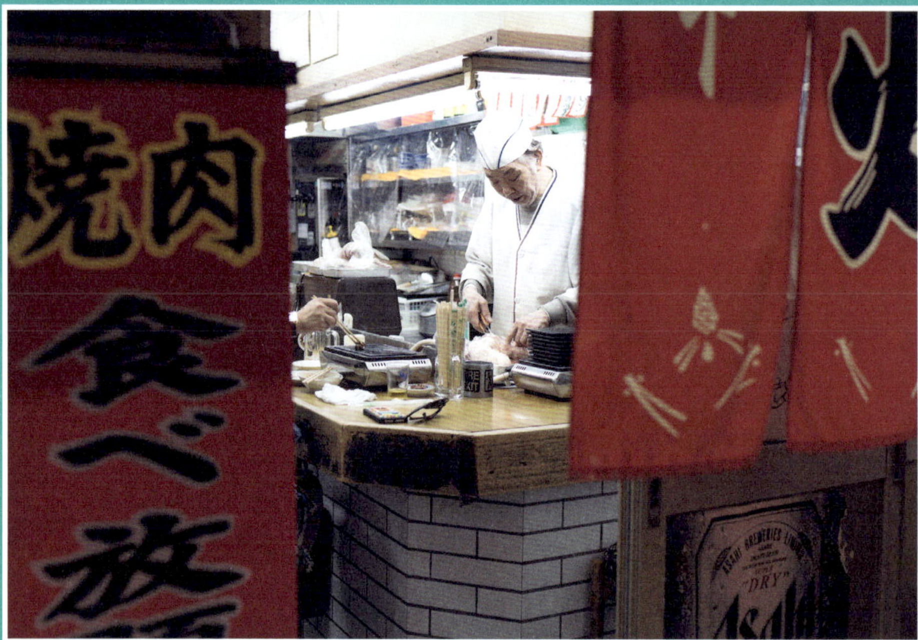

Dieses Foto lebt vor allem dadurch, dass wir hier durch einen Rahmen auf die Person schauen. Man fühlt sich so als Betrachter noch mehr in der Beobachterrolle. f/2.2 | 1/60 s | ISO 100 | 35 mm

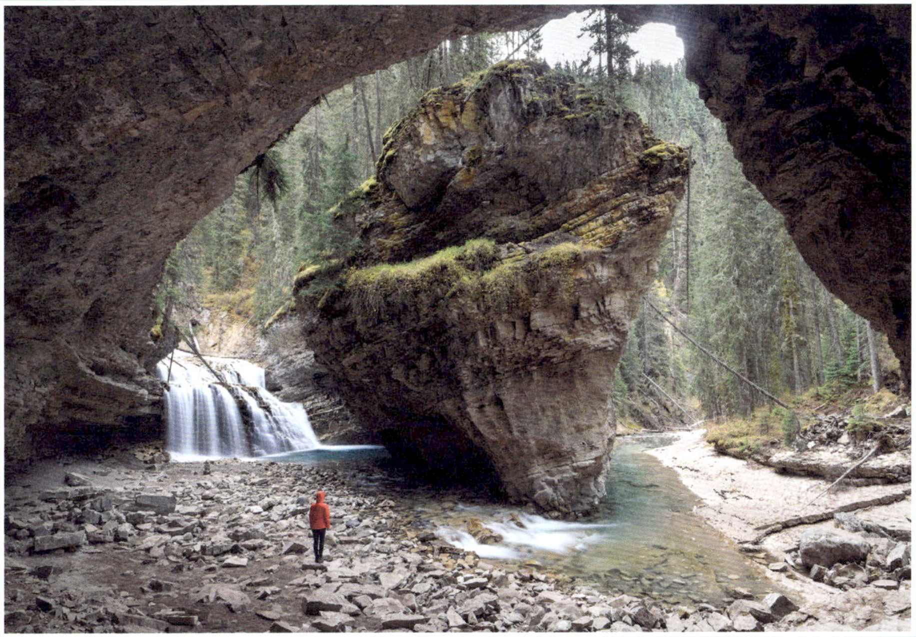

Auch in der Natur kommen immer wieder Rahmen vor. Diese Szenerie wirkt vor allem deshalb, weil wir den Felsen unter einem Felsvorsprung heraus fotografiert haben. Hätten wir dieses Foto von einer anderen Seite aufgenommen, würde das Motiv bei Weitem nicht so gut wirken. f/13 | 1/2 s | ISO 50 | 20 mm

Entdecke Muster und Strukturen

Muster und Strukturen findest du überall und das Tolle daran ist: Sie sind super Fotomotive!

Besonders beeindruckend sind solche Fotos, wenn sie komplett mit einem Muster oder einer Struktur ausgefüllt sind. Vor allem bei Architektur kannst du viele Strukturen entdecken und diese formatfüllend auf deine Bilder bringen.

Wenn du Muster fotografierst, ist es besonders wichtig, diese möglichst gerade auf deinen Fotos festzuhalten. Achte also beim Fotografieren von Mustern ganz penibel darauf, dass du nicht schräg vor dem Motiv stehst und alle Linien und Strukturen möglichst gerade sind.

Noch etwas herausfordernder ist es, wenn du verschiedene Muster und Strukturen zu einem Bild komponierst oder Muster und Strukturen mit einem anderen Motiv kombinierst.

Die Möglichkeiten sind hier wirklich vielfältig und wenn du mit offenen Augen durch die Straßen gehst, wirst du überall spannende Motive zu diesem Thema entdecken.

ÜBUNG: FOTOGRAFIERE ZEHN MUSTER UND STRUKTUREN

Nimm jetzt direkt deine Kamera oder auch einfach dein Smartphone zur Hand und fotografiere Muster und Strukturen in deiner Umgebung.

Du wirst sehen, sie sind wirklich überall. Glaubst du nicht? Dann schau dir mal deine Wände, Möbel, Teppiche, Vorhänge, Kissen, Decken, Zimmerpflanzen oder einfach deine Kleidung an. Na, was gefunden?

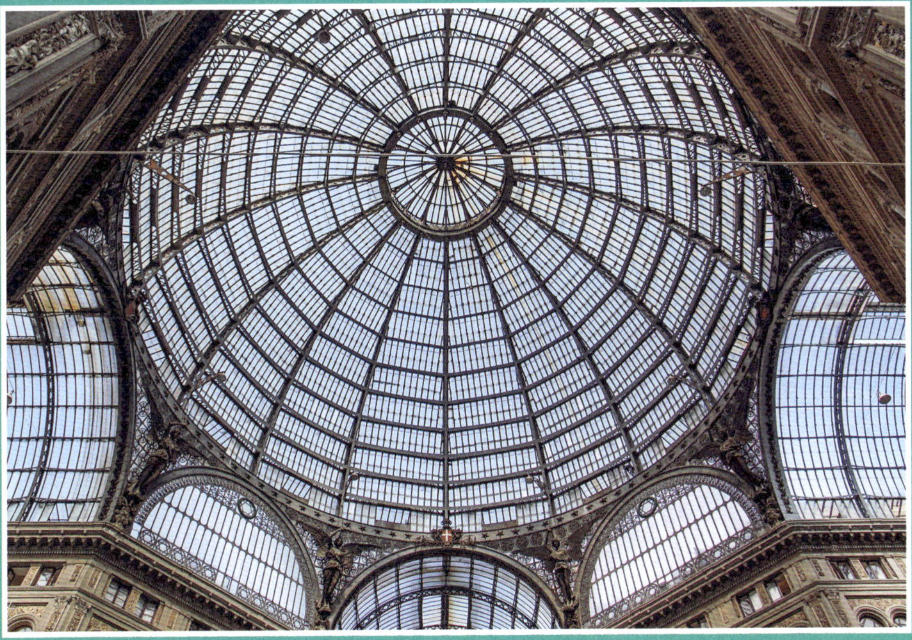

Dachkonstruktion einer Markthalle mit einer sehr fotogenen Struktur. Hier haben wir die Struktur einfach formatfüllend auf einem Foto abgebildet, und fertig war das Bild. f/9 | 1/320 s | ISO 200 | 25 mm

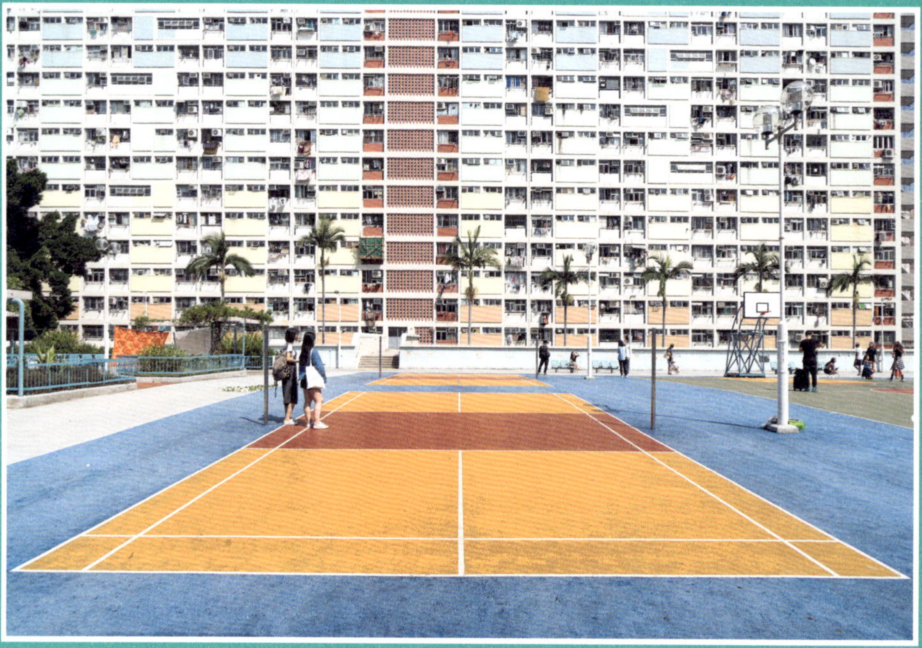

Dies ist eines unserer absoluten Lieblingsfotos zum Thema Muster und Struktur. Das ganze Bild besteht aus verschiedenen Strukturen und Mustern, alles wirkt stimmig und interessant. Tatsächlich ist es bei diesem Motiv so, dass die Strukturen auf einem Foto viel interessanter wirken, als sie es in der Realität sind. Als wir vor diesem Gebäude standen, sah es im ersten Moment wenig spektakulär aus. Eben ein Hochhaus mit einem Sportplatz davor. Erst auf dem Foto kam durch die Wahl des Bildausschnitts die ganze „Schönheit" des Ortes zum Vorschein. f/13 | 1/250 s | ISO 100 | 24 mm

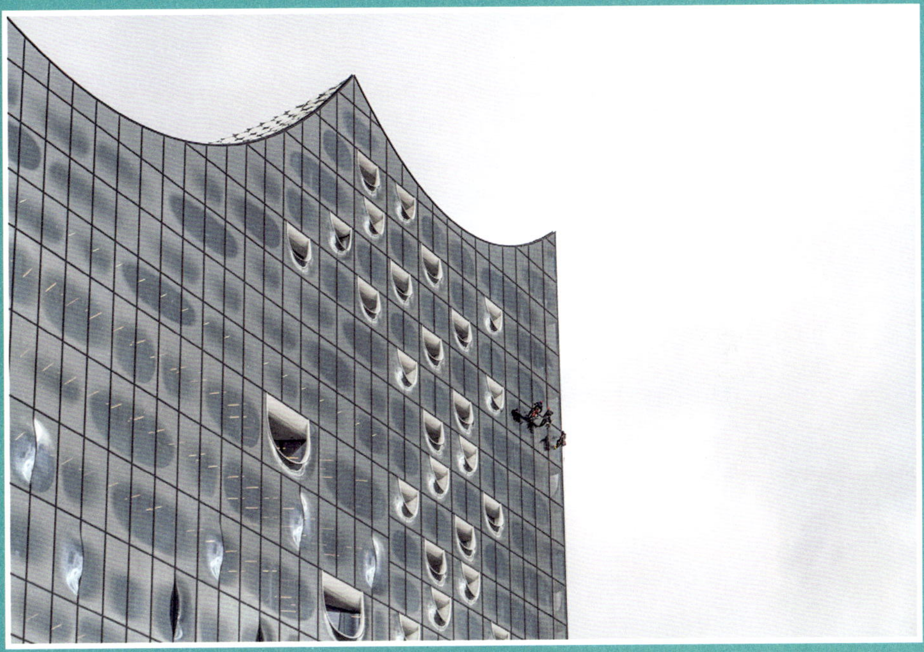

Bei diesem Foto der Elbphilharmonie haben wir uns ganz bewusst auf die Strukturen der Glaskonstruktion konzentriert. Die Fensterputzer fügen sich perfekt ins Motiv ein. f/2.8 | 1/400 s | ISO 100 | 70 mm

Die Macht der Farben

Bislang haben wir uns vor allem mit Formen (Linien, Strukturen, Rahmen) beschäftigt, aber es gibt noch ein weiteres großartiges Stilmittel, das du für deine Fotos nutzen kannst: Farben.

Indem du auf deinen Fotos Farben einsetzt oder bewusst weglässt, kannst du ganz bestimmte Bildwirkungen erzielen. Zunächst einmal ist da die grundsätzliche Bildwirkung. Ein knallig buntes Bild vermittelt eher eine fröhliche Stimmung, während ein Schwarz-Weiß-Foto oft das Gegenteil bewirkt.

Je nachdem, welche Farben auf einem Bild dominieren, hat ein Foto eine andere Wirkung. Blautöne wirken eher kalt, während Rot und Gelb eher Wärme ausstrahlen.

Mit knalligen Farben kannst du deine Fotos zu echten Hinguckern machen, ungesättigte Farben und Pastelltöne strahlen hingegen eher Sanftheit aus und wirken beruhigend. Mit der Wahl der Farben in deinem Motiv kannst du also direkten Einfluss darauf nehmen, welche Stimmung das Foto am Ende ausstrahlt.

Ein toller Ort, um farbenfrohe Motive abzubilden, sind Märkte. Egal ob Obst, Gemüse oder Blumen – auf Märkten findest du immer viele Farben.

Farben können aber auch bewusst genutzt werden, um ein Bild durch einen Akzent aufzuwerten. Ein einzelner Farbtupfer wirkt auf Fotos immer sehr gut, ebenso wie großflächige, farbige Bereiche.

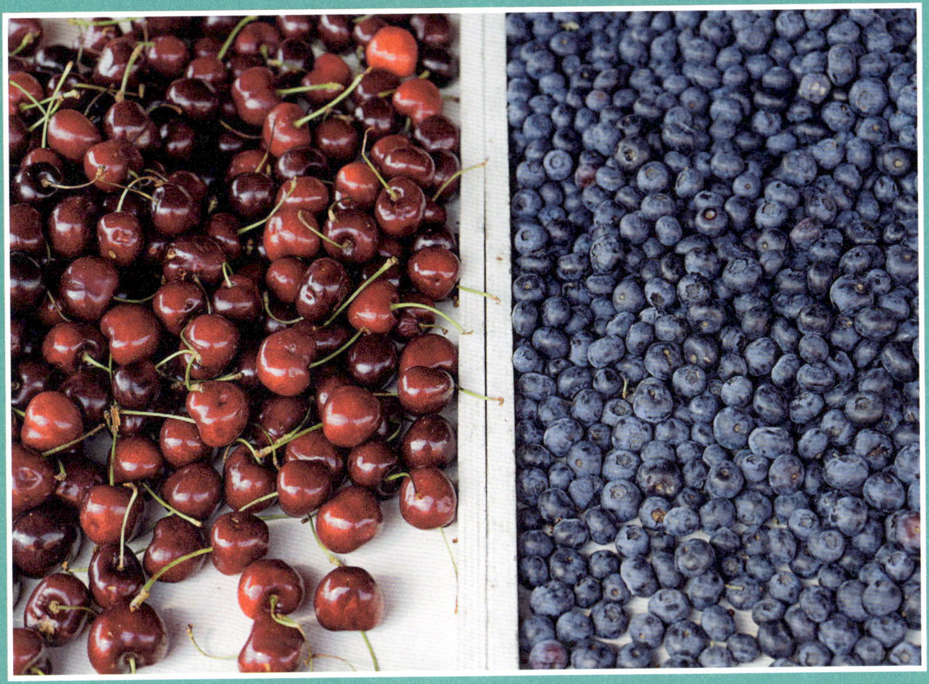

Märkte eignen sich hervorragend, um farbenfrohe Motive zu entdecken. f/5 | 1/60 s | ISO 125 | 55 mm

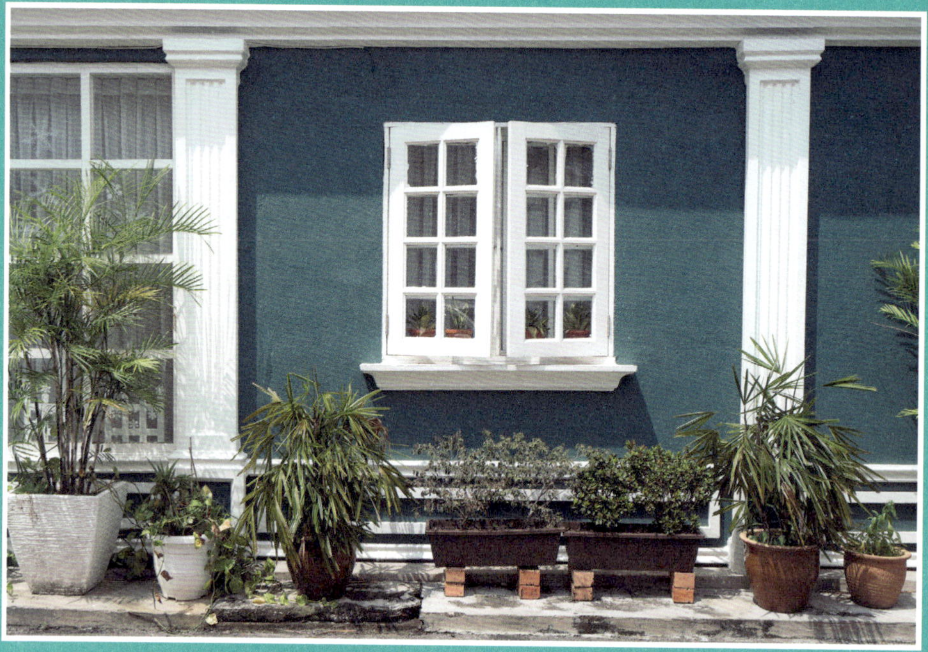

Auch farbenfrohe Häuserfassaden können ein echter Hingucker sein.
f/10 | 1/200 s | ISO 100 | 33 mm

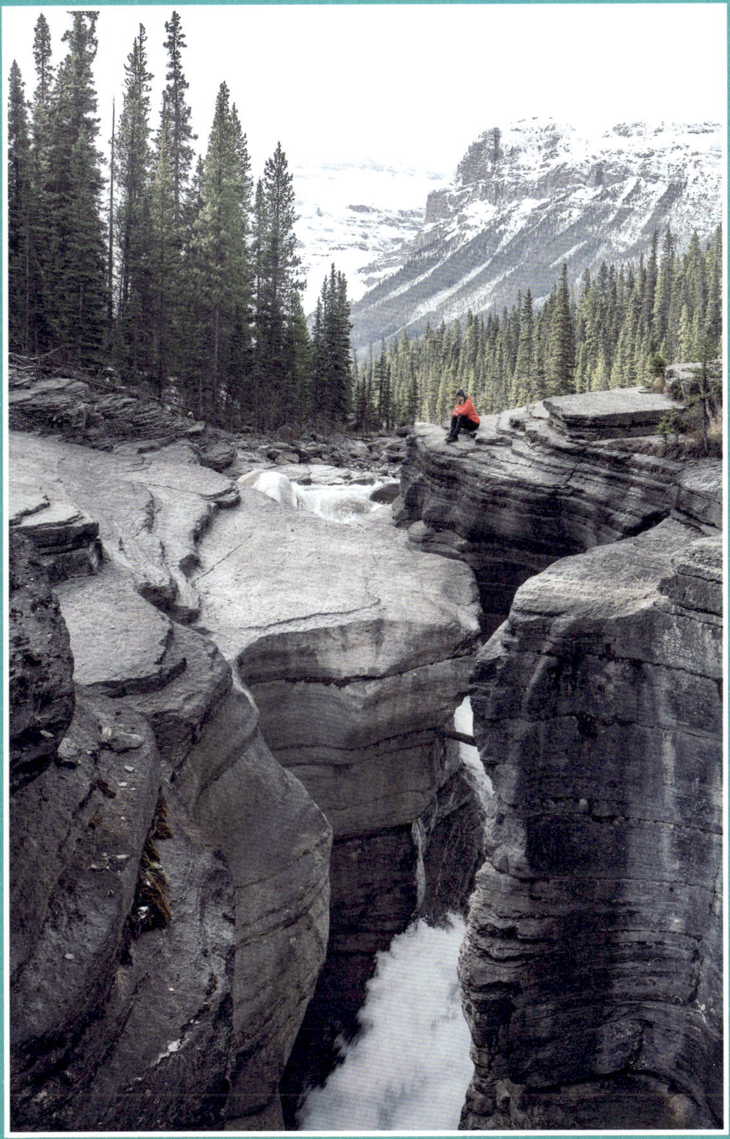

Durch einen Farbtupfer kannst du den Blick des Betrachters steuern. Obwohl Jenny hier nur ganz klein zu sehen ist, sticht sie durch ihre orangene Jacke sofort ins Auge. f/7.1 | 1/60 s | ISO 320 | 26 mm

Der Zauber von Schwarz-Weiß-Fotos

Es müssen aber nicht immer knallige Farben sein; manchmal ist auch das genaue Gegenteil sehr schön: Schwarz-Weiß-Fotos haben eine ganz besondere Faszination und wir können dich nur ermutigen, es unbedingt selbst einmal auszuprobieren.

Nicht alle Fotos wirken in schwarz-weiß besser oder genauso gut wie in Farbe. Es gibt einige Punkte, die du beachten solltest, wenn du tiefer in die Schwarz-Weiß-Fotografie eintauchen möchtest:

1. Starke Kontraste
Besonders gut in schwarz-weiß wirken Fotos mit hohen Kontrasten. Wenn du also in einem Foto z.B. sehr helle und sehr dunkle Flächen hast, sieht das in schwarz-weiß oft deutlich besser aus als in Farbe.

2. Deutliche Strukturen
Ebenso wirken Bilder mit deutlichen Strukturen in schwarz-weiß oft sehr gut. Indem du die Farbe aus den Fotos nimmst, werden die Strukturen noch verstärkt und wirken dadurch intensiver.

3. Keine Angst vor hohen ISO-Werten
Normalerweise ist Bildrauschen durch einen hohen ISO eine unerwünschte Nebenwirkung in der Fotografie, du kannst es aber durchaus auch als Gestaltungselement verwenden.

Vor allem bei Schwarz-Weiß-Fotos wirkt die Körnung des Bildrauschens als Gestaltungsmittel sehr gut. Sie gibt den Fotos eine ganz eigene Charakteristik und einen Touch von Analogfotografie.

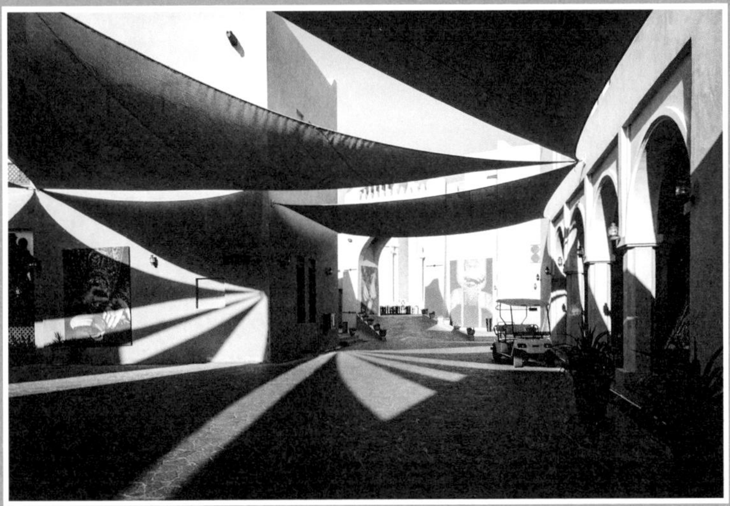

Durch die hohen Kontraste wirkt das Foto in schwarz-weiß sehr gut.
f/11 | 1/100 s | ISO 100 | 16 mm

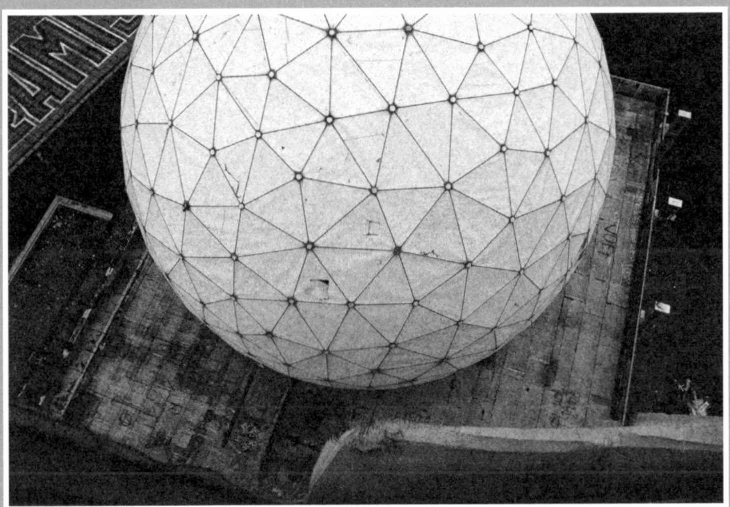

Das starke Bildrauschen gibt diesem Schwarz-Weiß-Foto einen besonderen Effekt. f/14 | 1/320 s | ISO 800 | 27 mm

Bilder am Computer umwandeln

Bei den meisten Kameras kannst du im Menü einstellen, dass deine Bilder direkt in schwarz-weiß gespeichert werden sollen. Das ist zwar ganz praktisch, um das mal zu üben, aber grundsätzlich würden wir dir das nicht empfehlen.

Im Nachhinein ist es dann nämlich nicht mehr möglich, die Fotos wieder farbig zu machen. Deshalb empfehlen wir dir, deine Fotos ganz normal aufzunehmen und sie hinterher am Computer in schwarz-weiß umzuwandeln. Das ist mit jedem einfachen Bildbearbeitungsprogramm mit ein paar Klicks gemacht.

ÜBUNG: SUCHE PASSENDE BILDER

Welche Fotos in schwarz-weiß sehr gut wirken, weißt du nun. Du musst jetzt aber nicht direkt mit deiner Kamera losgehen und nach passenden Motiven suchen.

Wir empfehlen dir, einfach mal ganz in Ruhe deine bislang gemachten Fotos durchzusehen und gezielt danach zu schauen, welche von ihnen in schwarz-weiß gut oder vielleicht sogar besser wirken als in Farbe. Achte besonders auf Fotos mit großen Kontrastunterschieden und Strukturen. Wenn du bereits ein Bildbearbeitungsprogramm hast, kannst du die Bilder direkt umwandeln.

Wir haben das auch einmal gemacht und zeigen dir auf den folgenden drei Seiten eine Auswahl an Fotos, die uns in schwarz-weiß sehr gut gefallen. Zum Vergleich haben wir jeweils auch das Bild in Farbe hinzugefügt.

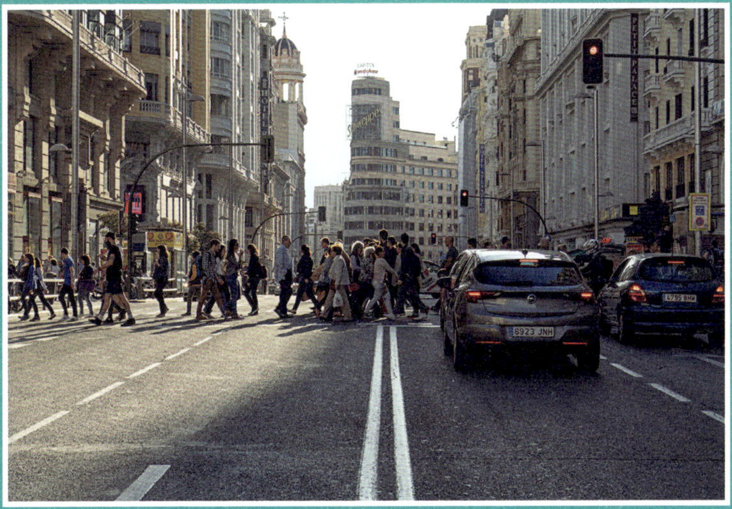

f/11 | 1/80 s | ISO 200 | 70 mm

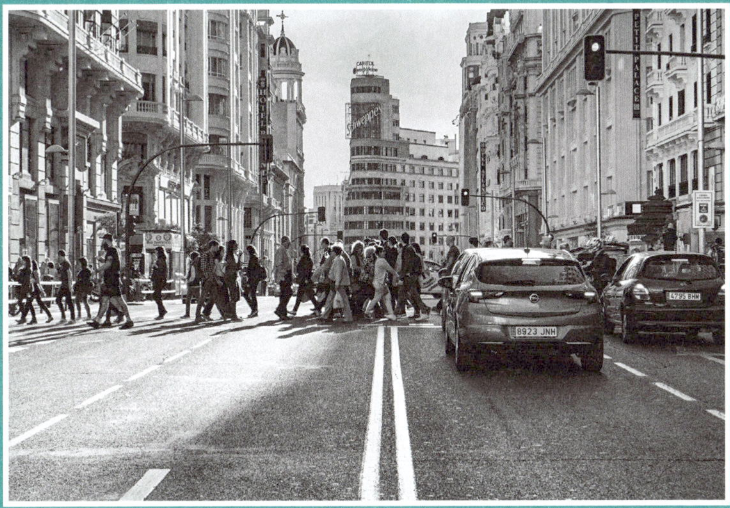

Das gleiche Foto, umgewandelt in schwarz-weiß.

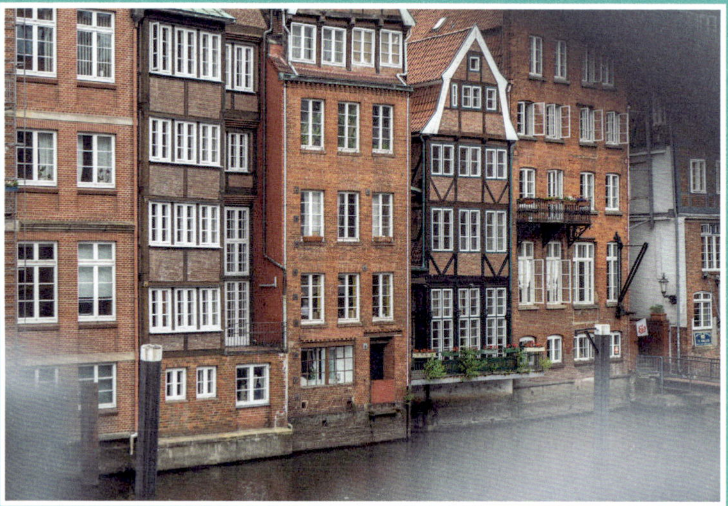

f/2.8 | 1/100 s | ISO 100 | 70 mm

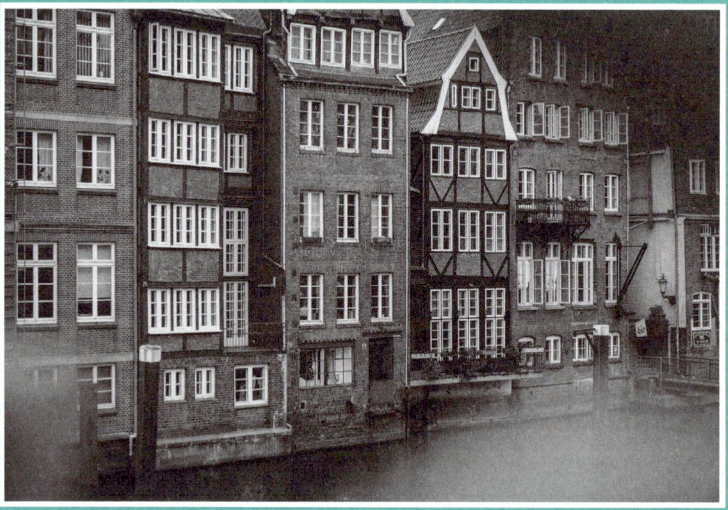

Das gleiche Foto, umgewandelt in schwarz-weiß.

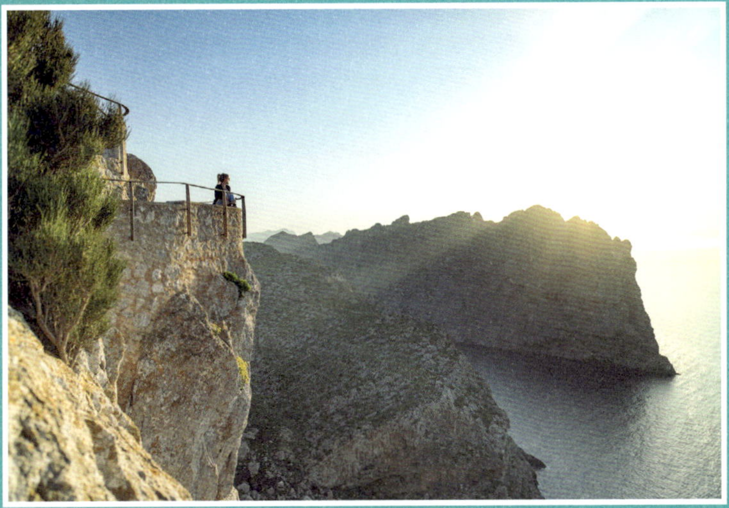

f/2.8 | 1/800 s | ISO 100 | 24 mm

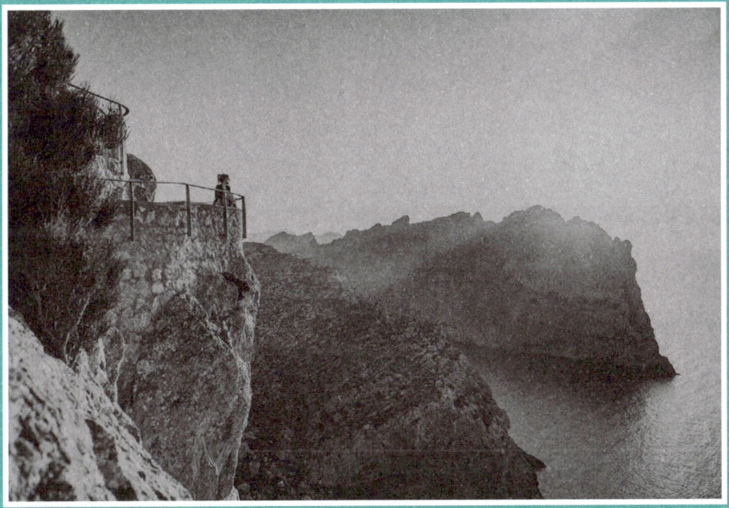

Das gleiche Foto, umgewandelt in schwarz-weiß.

Negativer Raum

Der negative Raum ist eine besondere Spielart der Bildgestaltung und beschreibt den „leeren" Hintergrund in einem Bild, der dein Hauptmotiv umgibt. Er beschreibt also den Raum im Bild, der für sich allein keinen Zweck erfüllt.

Wir sagen ja immer wieder, dass es bei der Bildgestaltung kein Richtig und Falsch gibt und dass Regeln nie in Stein gemeißelt sind. So ist das natürlich auch beim negativen Raum. Klassische Beispiele sind blauer Himmel, Schnee, Sand, einfarbige Wände – eben jeder Hintergrund, der keine oder kaum Kontraste besitzt.

Das schränkt die Möglichkeiten natürlich doch relativ stark ein. Halte also auch Ausschau nach Motiven, die nicht ganz dem klassischen negativen Raum entsprechen, aber sehr stark in diese Richtung gehen, wie etwa auf unserem zweiten Beispielfoto.

Du kannst negativen Raum sehr kreativ einsetzen: Indem du ein Element mit viel „Nichts" drum herum fotografierst, wird das Auge des Betrachters sofort auf den positiven Raum, also die relevanten Elemente, gerichtet. Du kannst so dein Hauptmotiv sehr stark hervorheben.

Je nach Motiv können Fotos mit negativem Raum sehr ruhig und bedächtig wirken. Teilweise kann es sogar so weit gehen, dass ein solches Foto Einsamkeit ausstrahlt, da das Hauptmotiv von einer großen Leere umgeben ist.

Motive mit negativem Raum zu finden ist nicht ganz so einfach wie Linien, Strukturen oder Rahmen zu entdecken. Es wird aber leichter, wenn du mit einer langen Brennweite fotografierst, da du dann einen begrenzteren Bildausschnitt fotografieren kannst und nicht so viel störendes Beiwerk auf deinem Foto hast.

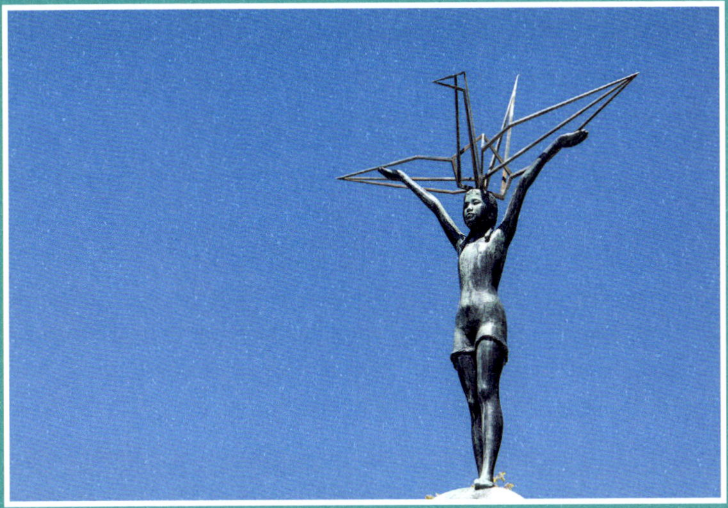

Die Statue ist das Hauptmotiv, der blaue Himmel ist der negative Raum.
f/9 | 1/250 s | ISO 100 | 89 mm

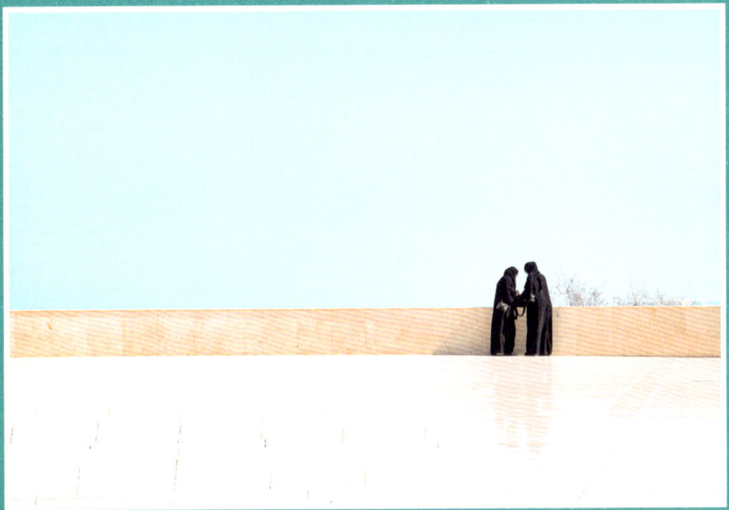

Anders als beim ersten Beispielbild ist der negative Raum hier nicht ganz leer, trotzdem ist der Hintergrund sehr kontrastarm.
f/11 | 1/200 s | ISO 100 | 78 mm

Die Magie des Lichts

Eine weise Person sagte mal: „Fotografieren ist wie Malen mit Licht." Wir finden, dass das eine sehr gute Beschreibung ist, und wollen uns deshalb auf den folgenden Seiten dem Thema Licht genauer widmen. Wir zeigen dir, wie du aus verschiedenen Lichtsituationen das Beste für deine Fotos herausholst.

Wenn wir fotografieren, müssen wir mit den Lichtverhältnissen arbeiten, die wir vorfinden. In einem gewissen Rahmen können wir das beeinflussen, indem wir bestimmte Tageszeiten zum Fotografieren vermeiden oder bewusst auswählen.

Trotzdem oder gerade deshalb ist es wichtig, dass du die Vor- und Nachteile verschiedener Lichtsituationen kennst und mit ihnen arbeiten kannst.

Es gibt ja dieses Sprichwort „Es gibt kein schlechtes Wetter, nur schlechte Kleidung". Genau so ist es auch mit dem Licht und der Fotografie: Es gibt kein schlechtes Licht, man muss sich nur richtig auf das Licht einstellen.

Deshalb befassen wir uns auf den folgenden Seiten ausschließlich mit natürlichem Licht. Selbstverständlich hat auch die Fotografie mit Kunstlicht und Blitz ihre absolute Berechtigung, aber das ist schon sehr speziell und unserer Meinung nach für die meisten Hobbyfotografen nicht relevant.

Wir zeigen dir, welche Arten von Licht es im Tagesverlauf gibt und wie diese sich auf deine Fotos auswirken. Wir geben dir Tipps, wie du Motive bei bestimmten Lichtverhältnissen optimal in Szene setzt und zeigen dir außerdem, wie du Licht bewusst kreativ einsetzen kannst, um ganz besondere Fotos zu schießen.

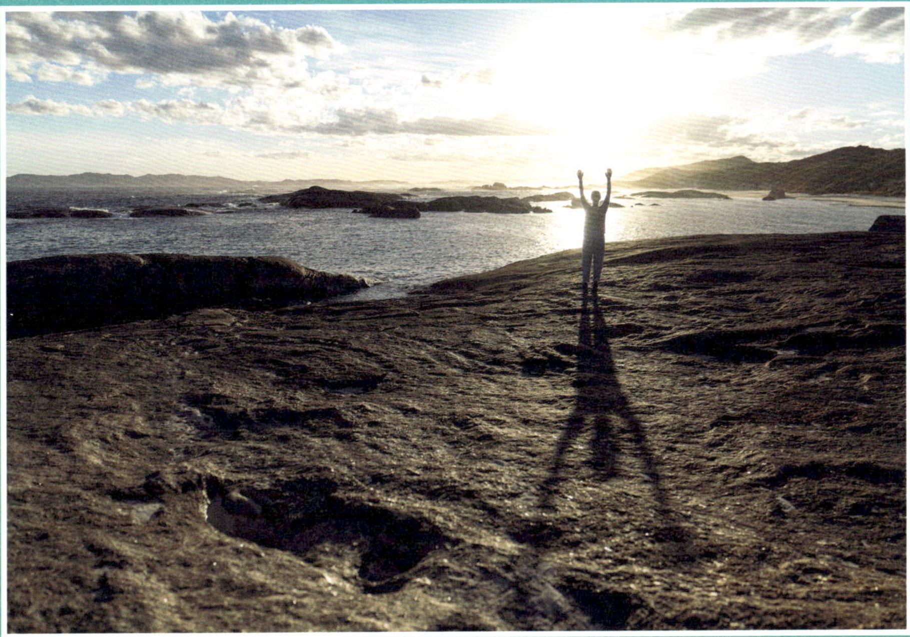

Licht ist unser Freund. Die tief stehende Sonne zaubert hier nicht nur eine wunderbare Lichtstimmung, sondern ermöglicht auch tolle Schatten. f/2.8 | 1/1000 s | ISO 100 | 24 mm

Licht zur Mittagszeit

Die Mittagssonne ist bei vielen Fotografen die wahrscheinlich unbeliebteste Zeit des Tages.

In den Mittagsstunden hast du mit vielen negativen Begleiterscheinungen zu kämpfen: Die senkrecht stehende Sonne erzeugt ein sehr hartes Licht, Farben kommen in dieser Zeit nicht so gut zur Geltung.

Viele in der Mittagszeit entstandene Fotos wirken deshalb relativ blass. Außerdem treten oft sehr große Helligkeitsunterschiede auf, wenn Teile deines Motivs sich im Schatten befinden und andere nicht. Und zu allem Überfluss erzeugt Mittagssonne auch noch unschöne Schatten unter den Augen, wenn du eine Person fotografierst.

Was kannst du nun tun zur Mittagszeit? Einfach nicht fotografieren? Nein, das ist natürlich nicht die Lösung. Mittagssonne ist nicht grundsätzlich schlecht. Du solltest dir einfach darüber im Klaren sein, dass sie dich in gewisser Weise einschränkt.

Sehr gut kannst du in der Mittagszeit zum Beispiel Detailaufnahmen machen. Solche Bilder sind deutlich weniger von störenden Schatten und hartem Licht betroffen als beispielsweise Landschaftsaufnahmen. Teilweise wirken solche Motive im Mittagslicht sogar noch besser, weil Strukturen durch die hoch stehende Sonne gut zur Geltung kommen.

Falls du in der Mittagszeit Portraitfotos machst, solltest du unbedingt darauf achten, dass die Person im Schatten steht. In der prallen Sonne wirst du sehr wahrscheinlich keine zufriedenstellenden Ergebnisse erzielen.

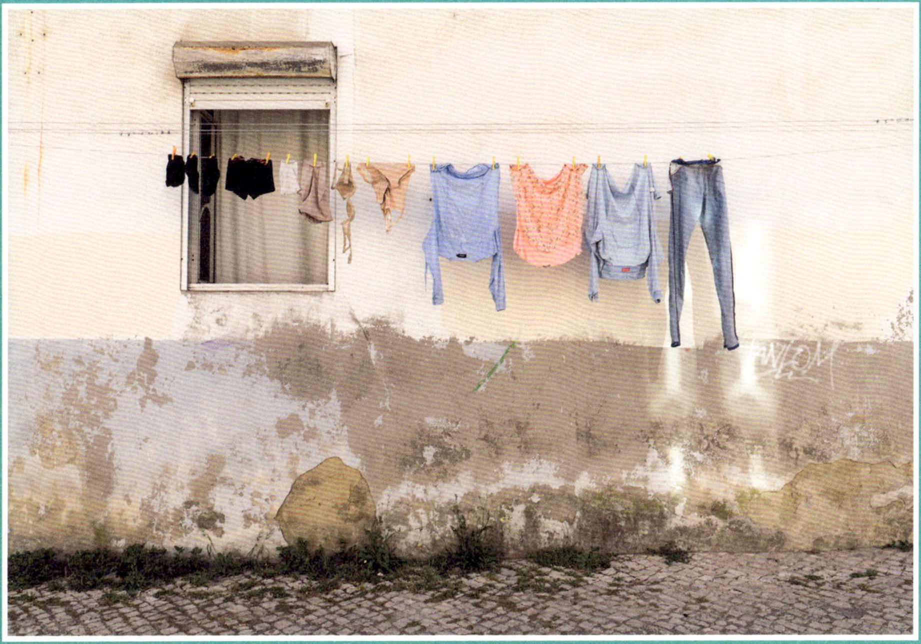

Dieses Foto ist in der prallen Mittagssonne entstanden. Aufnahmen von ganzen Gebäuden oder Straßenzügen sahen zu diesem Zeitpunkt einfach nicht gut aus, sodass wir uns auf Details konzentriert haben. f/11 | 1/60 s | ISO 160 | 28 mm

Diffuses Licht

Diffus ist eigentlich kein besonders positives Wort. Es beschreibt Situationen, in denen etwas unklar oder nicht zielgerichtet ist, und genau so ist das auch mit dem Licht – wobei diese Technik für uns in der Fotografie durchaus positiv ist.

Diffuses Licht ist das Gegenteil von hartem Licht, welches wir zum Beispiel in der Mittagssonne haben. Diffuse Lichtsituationen entstehen auf ganz natürlichem Wege, zum Beispiel wenn der Himmel bewölkt ist. Die Sonnenstrahlen gelangen dann nicht mehr zielgerichtet in unsere Richtung, sondern werden von den Wolken gestreut.

Was bedeutet das für uns? Diffuses Licht ist weich. Bilder in diffusen Lichtsituationen wirken oft flacher und weniger kontrastreich, es entstehen kaum Schatten.

Sehr gut eignet sich diffuses Licht deshalb für Portraitfotos. Das Licht wirkt dann wie ein natürlicher Weichzeichner, Schatten und starke Kontraste sind im Gesicht nicht zu sehen und das weiche Licht lässt kleine Fältchen und Unebenheiten ganz elegant verschwinden.

Auch wenn du von Aussichtspunkten aus fotografierst, ist diffuses Licht relativ praktisch. Es gibt dann keine störenden Schatten, was zu sehr homogen wirkenden Aufnahmen führt.

Deshalb sind wir eigentlich auch nie traurig, wenn mal kein blauer Himmel draußen ist. Oftmals ist es sogar viel stimmungsvoller, wenn der Himmel bedeckt und das Licht weich ist.

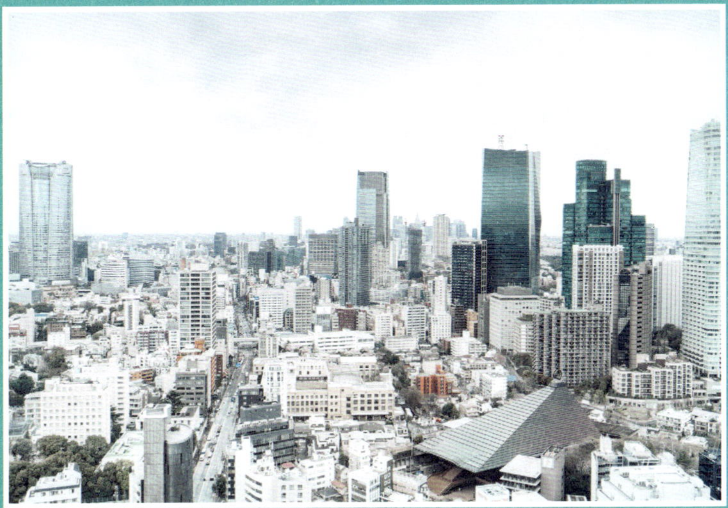

Dieses Foto haben wir bei natürlichem, diffusem Licht gemacht.
f/1.4 | 1/2500 s | ISO 100 | 35 mm

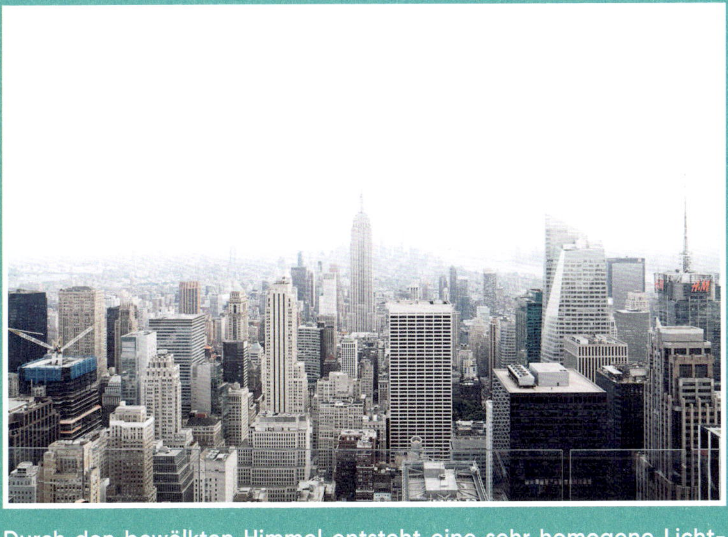

Durch den bewölkten Himmel entsteht eine sehr homogene Lichtstimmung.
f/6.3 | 1/60 s | ISO 320 | 24 mm

Die goldene Stunde

Goldene Stunde – das klingt magisch, oder? Die Fotos, die zu dieser Zeit des Tages entstehen, haben wirklich einen ganz besonderen Charme. Das ist der Moment, in dem wir mit offenem Mund die Schönheit dieser Welt bestaunen können.

Die goldene Stunde ist die Zeit direkt nach Sonnenaufgang und direkt vor Sonnenuntergang. Das Licht zur goldenen Stunde ist wahrscheinlich das schönste Licht für uns Fotografen.

Selten hast du durch natürliches Licht solch eine Dramatik im Bild. Und das Beste daran: Du musst dafür nicht mehr tun, als zur richtigen Zeit am richtigen Ort zu sein.

Das Licht während der goldenen Stunde lässt alle Farben intensiver, lebhafter und kräftiger wirken. Alles, worauf das Licht zu dieser Stunde trifft, bekommt einen intensiven rot-orangen Touch (wenn die Sonne noch/schon sehr tief über dem Horizont steht) bis hin zu einer gelblichen Färbung (wenn die Sonne etwas höher steht).

Zur goldenen Stunde hast du außerdem fast immer genügend Licht, um die Verschlusszeiten so kurz zu halten, dass du aus der Hand fotografieren kannst.

Das Besondere an der goldenen Stunde ist auch, dass sich das Licht quasi mit jeder Minute ändert. Koste diese Zeit also voll aus und fotografiere ein Motiv auch mal häufiger. Es kann schließlich zehn Minuten später schon völlig anders wirken als zuvor.

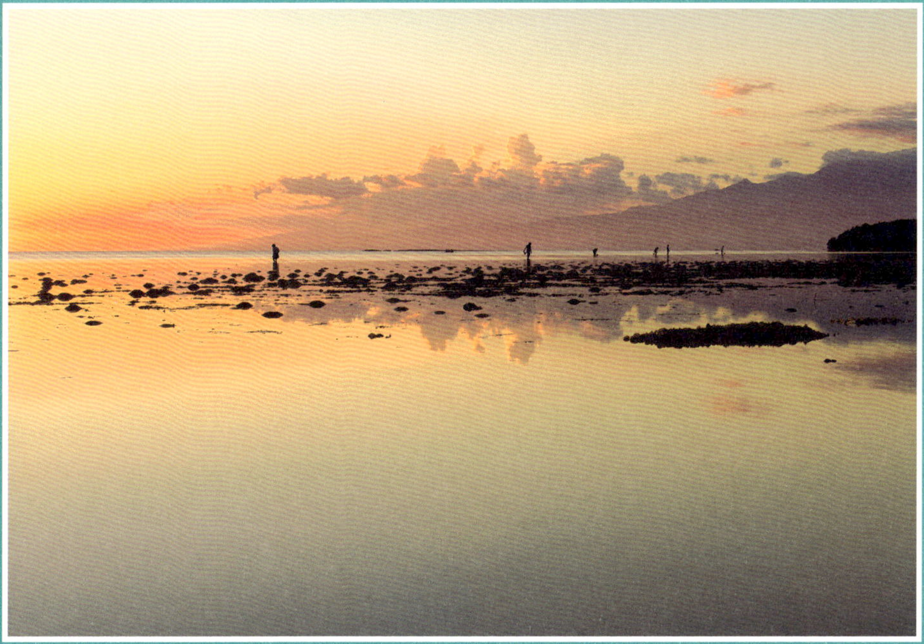

Dieses Bild zeigt deutlich, woher die goldene Stunde ihren Namen hat. f/10 | 1/40 s | ISO 100 | 50 mm

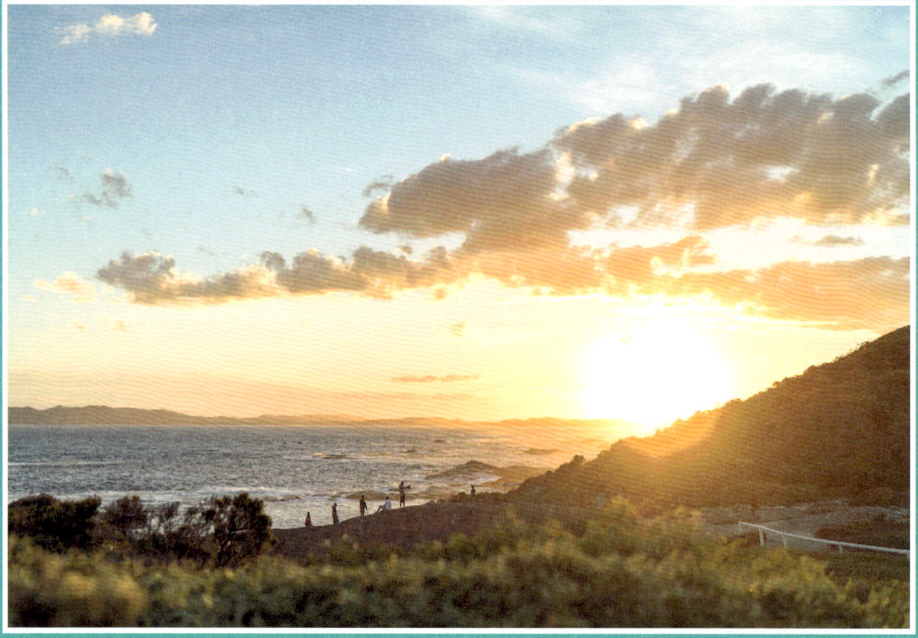

Kurz vor Sonnenuntergang beginnt die goldene Stunde mit ihrem wunderbaren Licht. f/1.6 | 1/800 s | ISO 100 | 35 mm

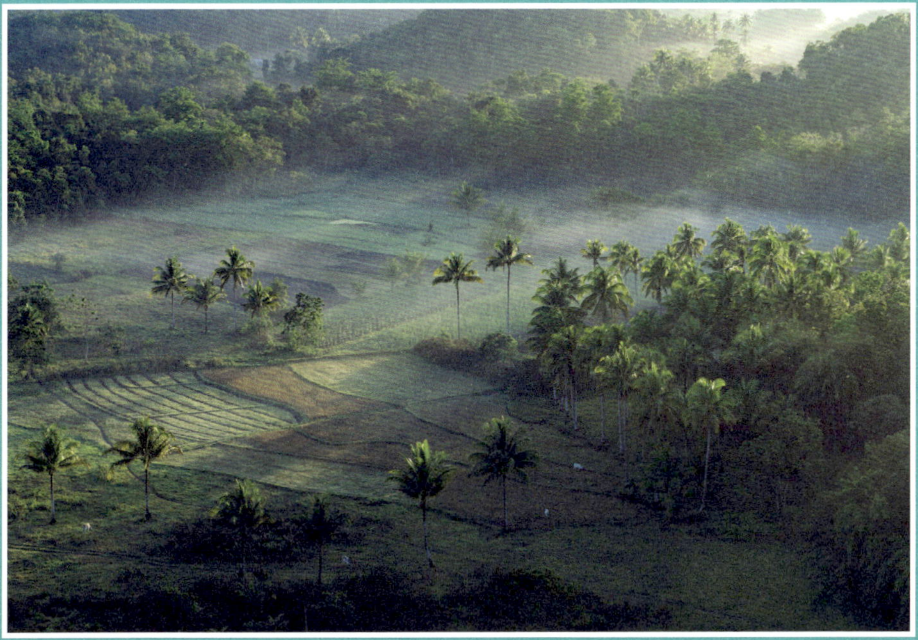

Dieses Bild ist ganz früh morgens entstanden, kurz nachdem die Sonne aufgegangen ist. Auch dann hast du eine wunderbare Lichtstimmung und zusätzlich oft noch den Vorteil, ganz allein unterwegs zu sein. f/10 | 1/40 s | ISO 100 | 82 mm

Die blaue Stunde

Nach der goldenen Stunde folgt direkt die nächste zauberhafte Zeit des Tages: die blaue Stunde.

Das ist die Zeit nach Sonnenuntergang bis zur völligen Dunkelheit. Der Begriff blaue Stunde ist etwas irreführend, denn meistens dauert diese Zeit nur etwa 30 bis 40 Minuten. In dieser Zeitspanne verändert sich das Licht regelmäßig, da es immer dunkler wird. Wie bei der goldenen Stunde solltest du auch hier jede Minute auskosten und deine Motive immer wieder in neuem Licht einfangen.

Zu Beginn der blauen Stunde ist die Sonne gerade erst untergegangen und demnach noch relativ nah am Horizont. In diesen Minuten sind Details noch gut erkennbar. Meistens kannst du in dieser Phase ohne Stativ fotografieren und tolle Aufnahmen mit weichem Licht machen.

Du wirst allerdings schnell feststellen, dass es immer schwieriger wird, aus der Hand zu fotografieren. Da es immer dunkler wird, musst du im Verlauf der blauen Stunde zunehmend mit offener Blende fotografieren und den ISO-Wert hochsetzen. Mit zunehmender Dauer wirst du zudem irgendwann nicht mehr um ein Stativ herumkommen.

Für Frühaufsteher gibt es übrigens auch am Morgen eine blaue Stunde, und zwar in der Zeit vor dem Sonnenaufgang. Vor allem im Sommer musst du dafür aber sehr früh aufstehen, da die blaue Stunde dann teilweise schon deutlich vor 5 Uhr morgens beginnt. Der Verlauf der blauen Stunde ist am Morgen genau umgekehrt als abends, es wird also mit der Zeit immer heller.

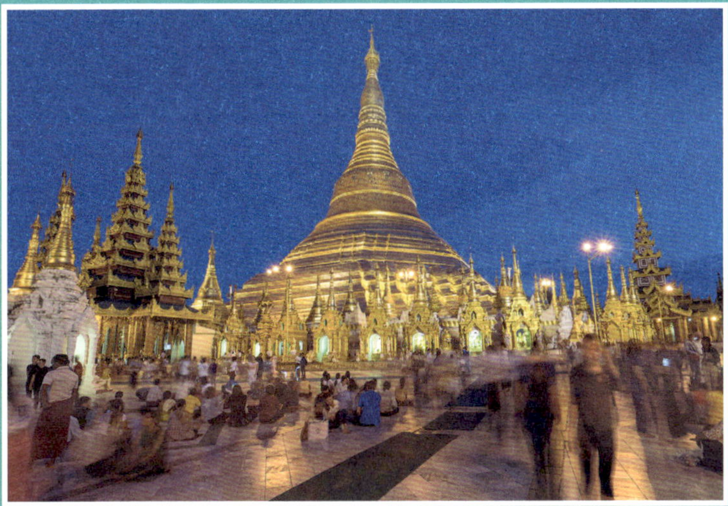

f/8 | 4 s | ISO 50 | 16 mm

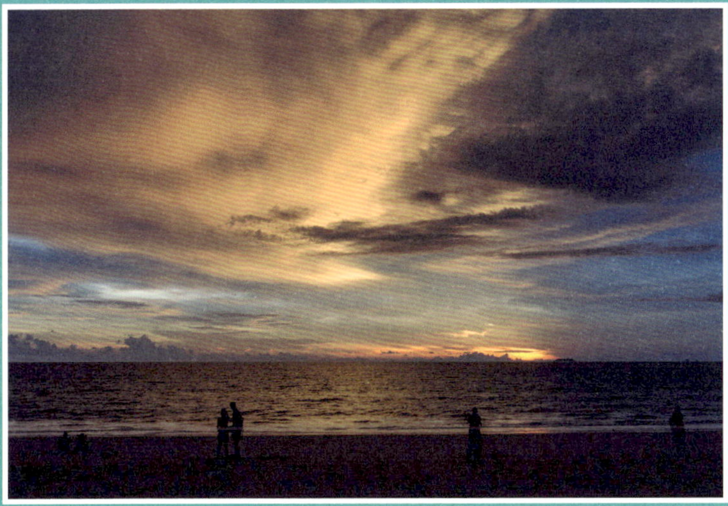

f/6.3 | 1/20 s | ISO 100 | 22 mm

Licht und Schatten

Mit Licht kannst du natürlich auch sehr kreative Dinge anstellen und deine Fotos ganz bewusst anhand der Lichtverhältnisse inszenieren.

Das Spiel mit Licht und Schatten ist ein schönes Beispiel dafür. Oft werden Schatten auf Fotos als störend empfunden, aber du kannst den Spieß auch umdrehen und Schatten ganz bewusst in deine Fotos integrieren.

Um Schatten zu fotografieren, solltest du die Mittagszeit meiden. Dann steht die Sonne fast senkrecht am Himmel und es entstehen kaum Schatten. Am Morgen und nachmittags hast du hingegen deutlich bessere Chancen, tolle Schatten zu entdecken.

Wolken sind natürlich auch eher hinderlich, denn wie wir alle wissen, gibt es bei bewölktem Himmel keine Schatten.

Um hübsche Schatten zu entdecken, brauchst du vor allem ein gutes Auge und etwas Geduld. Besonders reizvoll sind Schatten, die von Menschen geworfen werden. Achte dabei darauf, dass du sie nicht abschneidest. Bilder wirken oft besser, wenn die Schatten in voller Pracht zu sehen sind.

Denke bei Schatten aber nicht nur an solche Schatten, die wir selbst als Menschen machen, sondern auch an alles andere: Bäume, Säulen, Fußballtornetze, Geländer, Straßenlaternen und viele andere Objekte werfen Schatten, die du auf Fotos festhalten kannst. Geh einfach mal an einem Nachmittag los und achte ganz bewusst auf Schatten, die du fotografieren kannst.

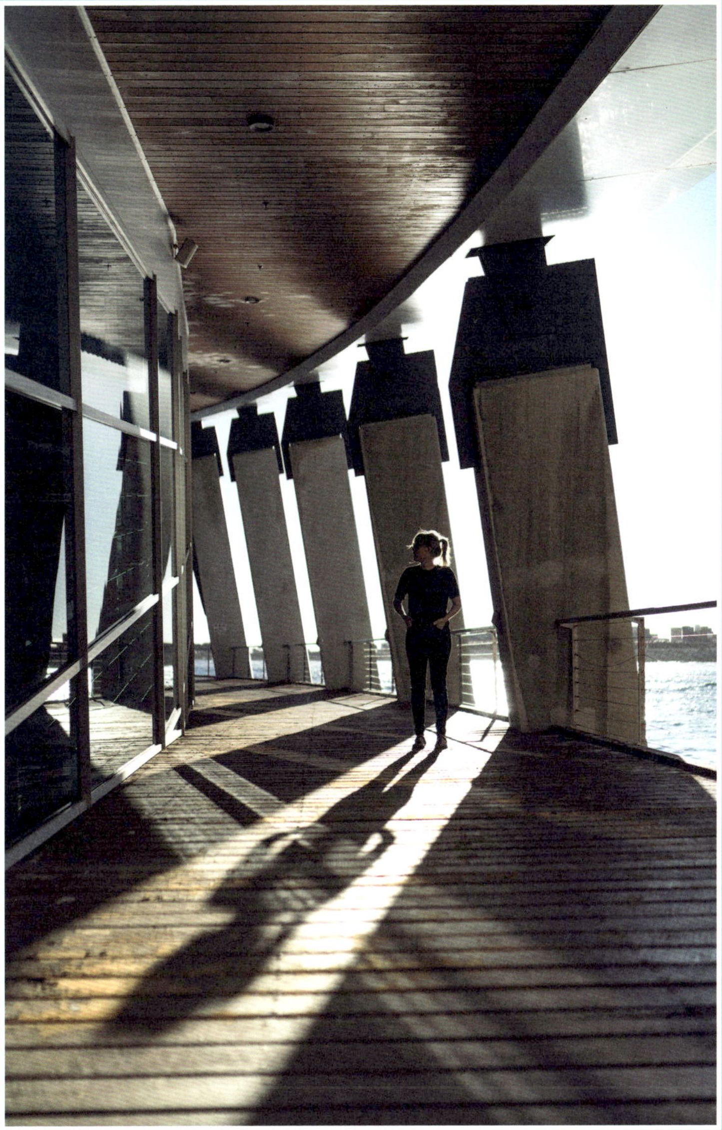

Für dieses Foto hat sich Jenny so positioniert, dass sie zwischen den Säulen einen Schatten wirft. f/1.4 | 1/5000 s | ISO 100 | 35 mm

Silhouetten in Szene setzen

Ein weiteres Ausdrucksmittel in der Fotografie sind Silhouetten.

Sie entstehen immer dann, wenn du gegen eine Lichtquelle fotografierst. Von deinem Motiv sind dann nur noch die Konturen zu erkennen, aber keinerlei Details mehr.

Besonders gut funktioniert das, wenn deine Motive klar umrissene Strukturen haben. Menschen sind dafür gut geeignet, aber auch markante Bauwerke sowie Landschaftsformen wie Hügel, große Steine oder Bäume.

Fotos mit Silhouetten funktionieren sehr gut in der Abenddämmerung oder wenn du in einem geschlossenen Raum in Richtung Fenster fotografierst und eine Person davor positionierst.

Silhouetten zu fotografieren gehört zu den anspruchsvolleren Übungen in der Fotografie. Wenn du einfach im Modus A oder S fotografierst und deiner Kamera die Belichtung somit teilweise überlässt, ist die Wahrscheinlichkeit relativ hoch, dass deine Bilder überbelichtet werden.

Wir erinnern uns: Die Kamera versucht immer ein optimal belichtetes Foto zu machen. Eine dunkle Silhouette passt da nicht ins Konzept. Du musst also die volle Kontrolle übernehmen und über die Belichtungskorrektur das Foto manuell unterbelichten.

Wenn auch das nicht ausreicht, kannst du immer noch in den manuellen Modus M wechseln und alle Einstellungen selbst vornehmen. Falls es nicht beim ersten Mal klappt, lass dich nicht entmutigen und probiere es einfach weiter.

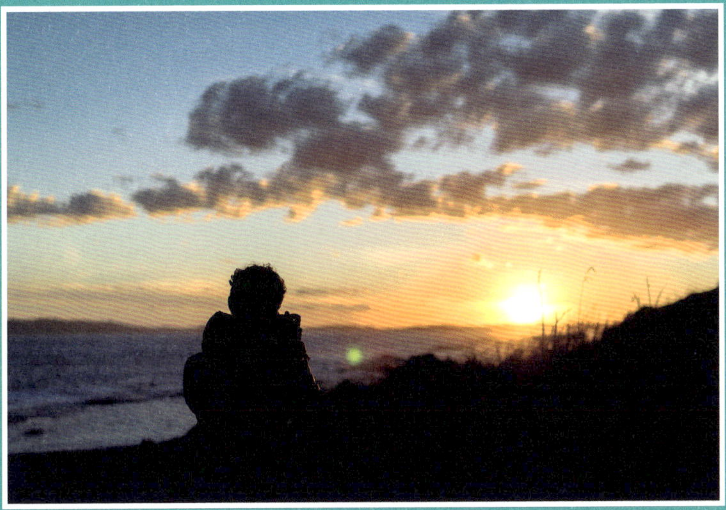

f/1.6 | 1/1000 s | ISO 100 | 35 mm

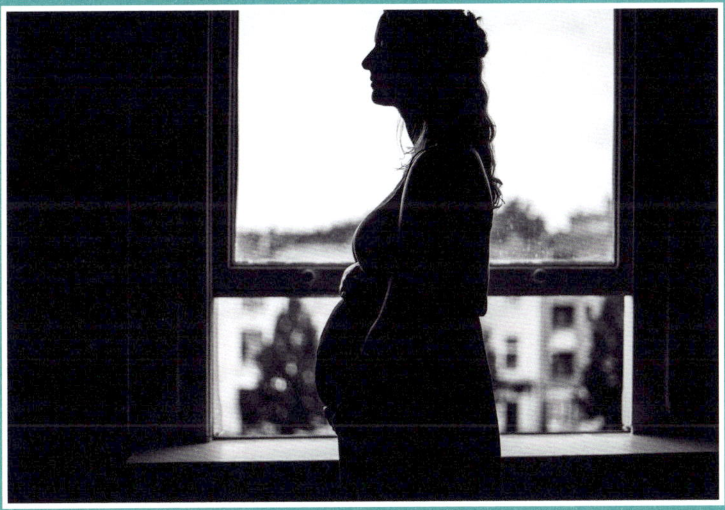

f/1.8 | 1/60 s | ISO 125 | 50 mm

MIT DIESEN ÜBUNGEN TRAINIERST DU DEIN FOTOGRAFISCHES AUGE

Ein Blick für gute Fotomotive ist die Grundlage toller Bilder. Zum Glück kann man das fotografische Auge trainieren. Wir stellen dir in diesem Kapitel die besten Übungen vor, mit denen du in kürzester Zeit Fortschritte machen wirst. Los geht's!

Trockenübungen

Bevor es richtig praktisch wird, starten wir mit ein paar kleinen Trockenübungen. Für diese Aufgaben brauchst du noch nicht deine Kamera, sondern nur die Fotos, die du bislang gemacht hast.

Das Betrachten und Analysieren bereits gemachter Fotos ist ein sehr guter Einstieg, um dein fotografisches Auge zu trainieren. Schau dir dazu z. B. deine Fotos vom letzten Urlaub ganz in Ruhe an und betrachte sie mit dem Wissen, das du in den vorherigen Kapiteln zur Bildgestaltung erworben hast.

Die folgenden Übungen kannst du in Zukunft auch immer mal wiederholen. Auch wenn du schon fortgeschritten bist, kannst du dich dadurch weiter verbessern und außerdem machen sie einfach Spaß.

Muster, Strukturen und Linien entdecken

Wahrscheinlich hast du beim Fotografieren früher gar nicht groß auf Muster, Strukturen und Linien geachtet. Wir sind uns aber sicher, dass du trotzdem welche fotografiert hast, egal ob bewusst oder unbewusst.

Untersuche deine Fotos mal nach genau diesem Gesichtspunkt. Verbergen sich irgendwo Muster, Strukturen oder Linien?

Indem du bewusst auf deinen alten Fotos danach suchst, schärfst du deinen Blick fürs nächste Mal, wenn du mit der Kamera unterwegs bist.

Wenn du ein Bildbearbeitungsprogramm hast, kannst du auch Folgendes machen: Stelle spannende Strukturen in deinen Fotos frei, sodass nur noch die Struktur und nichts anderes mehr zu sehen ist. Auf diese Weise kannst du aus den Motiven vielleicht sogar noch mehr herausholen. Probier es einfach mal aus.

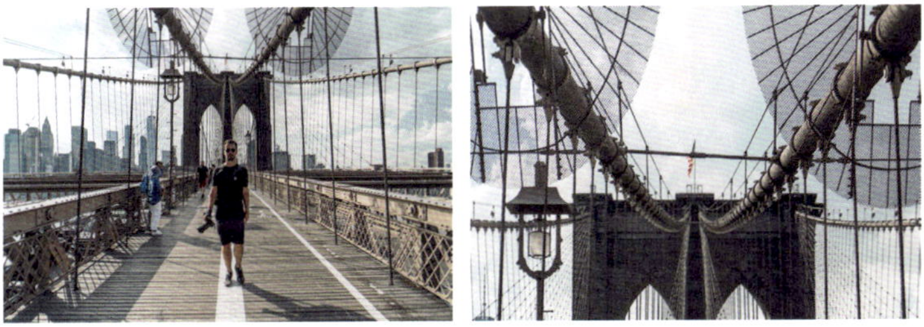

Im linken Foto verbirgt sich eine spannende Struktur. Diese haben wir beim rechten Bild freigestellt. Das sieht doch gleich richtig cool aus, oder? **f/2.8 | 1/1250 s | ISO 100 | 24 mm**

Welche Fotos wirken?

Bei dieser Übung suchst du Fotos heraus, bei denen du hängen bleibst. Ein wirklich gutes Foto zeichnet sich dadurch aus, dass man als Betrachter länger hinschaut. Fotos, die du einfach weiterklickst oder zur Seite legst, lösen in dir als Betrachter wahrscheinlich nichts aus. Sie erzählen keine Geschichte, ihnen fehlt eine Aussage.

Schau dir anschließend die Fotos genauer an, die du ausgewählt hast. Was macht diese Fotos so besonders? Was hebt sie von der Masse ab? Warum sind genau diese Fotos ein Hingucker und die anderen nicht? Diese kleine Übung hilft dir dabei, zu verstehen, was „gute" und „schlechte" Fotos ausmacht.

Du kannst auch noch einen Schritt weiter gehen: Schau dir einmal bewusst die Fotos an, die beim Betrachten keine große Wirkung erzielen. Was fehlt diesen Bildern? Warum berühren sie dich nicht beim Anschauen? Was hättest du besser machen können?

Wenn du ein Bildbearbeitungsprogramm hast, versuche auch einmal, diese Fotos zuzuschneiden. Oft wirkt ein Foto durch eine kleine Veränderung des Ausschnitts oder der Perspektive gleich viel besser.

Grundsätzlich ist das eine Übung, die du auch in Zukunft immer wieder machen solltest. Schau dir nach einer Fototour bewusst alle Fotos am Computer an und prüfe, ob sie wirken. Wenn sie das nicht tun, finde heraus, was ihnen fehlt.

Diese kleine Übung hilft dir, Schritt für Schritt ein immer besseres Gefühl für gute Fotos zu bekommen. Dadurch kannst du in Zukunft gleich beim Fotografieren darauf achten und hast dann deutlich weniger Fotos dabei, die du hinterher aussortieren musst.

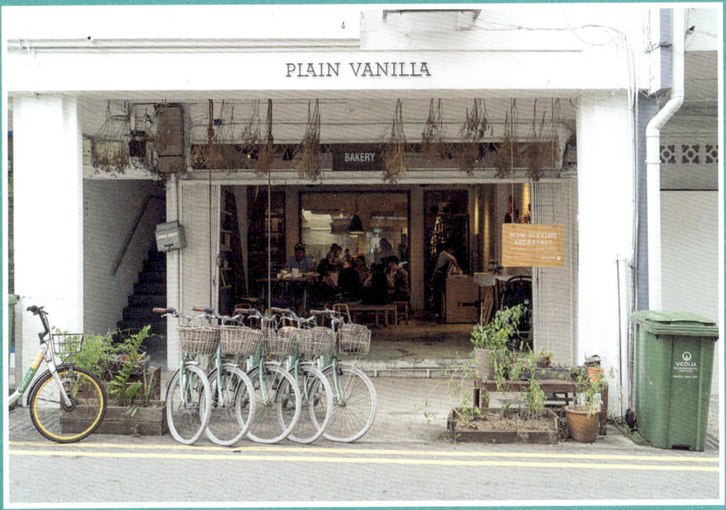

Der kleine Laden ist eigentlich ein hübsches Motiv. Der Ausschnitt ist aber nicht optimal, vor allem die Mülltonne rechts stört extrem.
f/8 | 1/60 s | ISO 320 | 35 mm

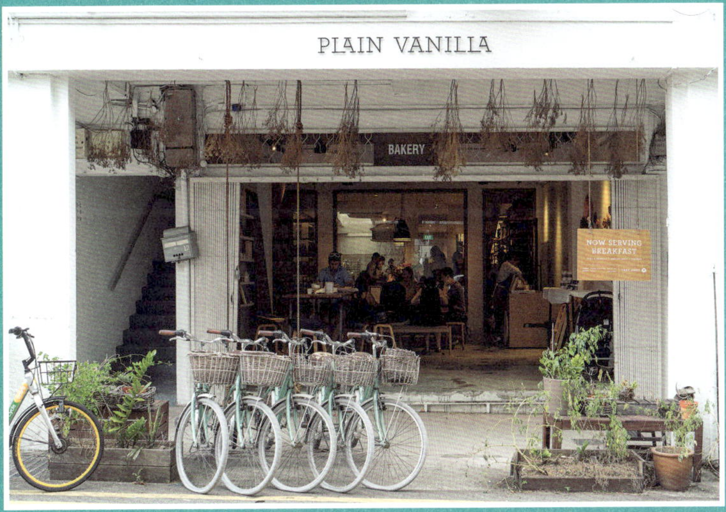

Das gleiche Foto zugeschnitten – sieht doch direkt viel besser aus!

Übungen mit der Kamera

Genug der Trockenübungen, jetzt wird fotografiert! Du darfst deine Kamera zur Hand nehmen und direkt loslegen. Viele der Übungen kannst du direkt zu Hause machen, denn da verbergen sich tatsächlich eine ganze Menge Motive.

Du kannst diese Aufgaben aber auch draußen machen, und vor allem kannst du sie an verschiedenen Orten immer wieder machen. Sie werden nicht langweilig und durch häufiges Üben werden deine Bilder immer besser.

Sieh dich um

Die erste Übung ist ganz einfach: Sieh dich um und suche nach Mustern, Linien und Strukturen. Das klingt jetzt vielleicht sehr banal, aber genau so funktioniert die Suche nach Motiven: mit offenen Augen die Umgebung wahrnehmen und Dinge entdecken.

Auch wenn jetzt in deiner direkten Umgebung wahrscheinlich nicht das absolute Wahnsinnsmotiv auf dich wartet, sind wir uns trotzdem sicher, dass es einige Muster und Strukturen zu entdecken gibt. Wenn wir uns bei uns umsehen, entdecken wir z. B. folgende interessante Motive: ein Bücherregal, unseren Holzboden mit Maserungen, sich wellende Vorhänge, einen gemusterten Teppich, Lampenschirme mit Strukturen.

Fotografiere einfach mal alle Strukturen und Muster, die du um dich herum findest, und halte sie formatfüllend fest.

Wenn du alle Zimmer deiner Wohnung durchsucht und fotografiert hast, kannst du diese Übung auch nach draußen verlagern. Dort warten noch viel mehr Linien, Muster und Strukturen auf dich.

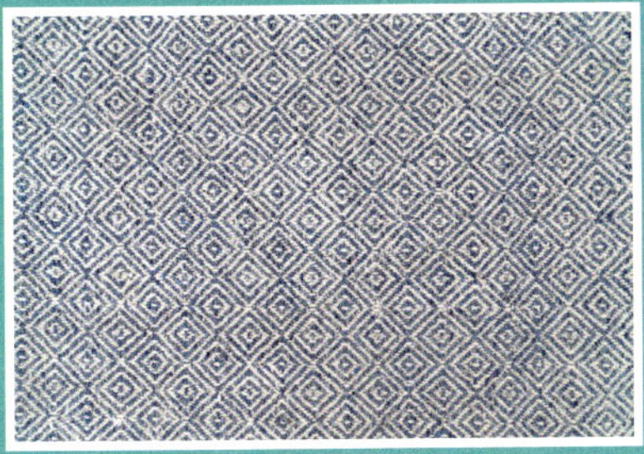

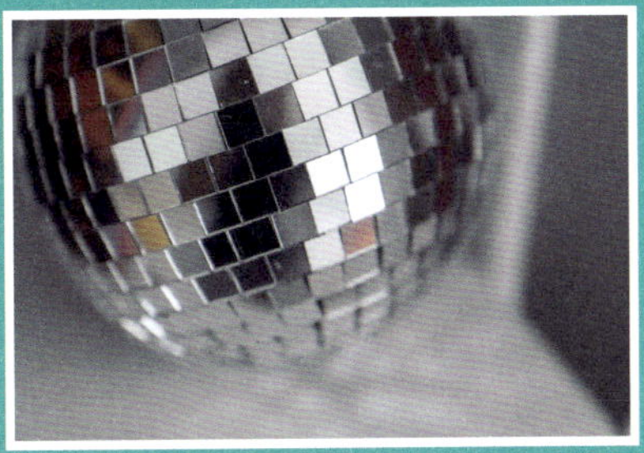

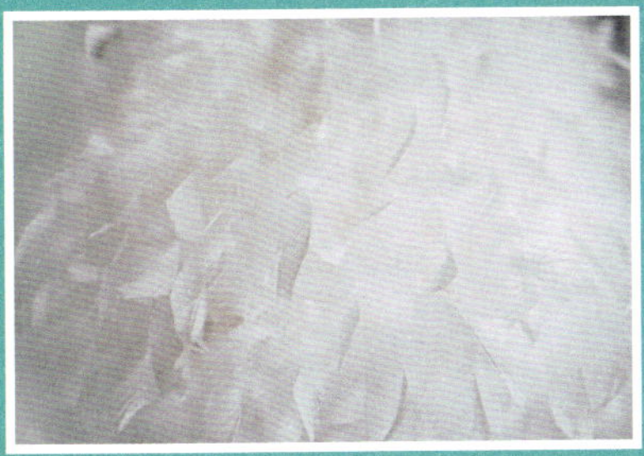

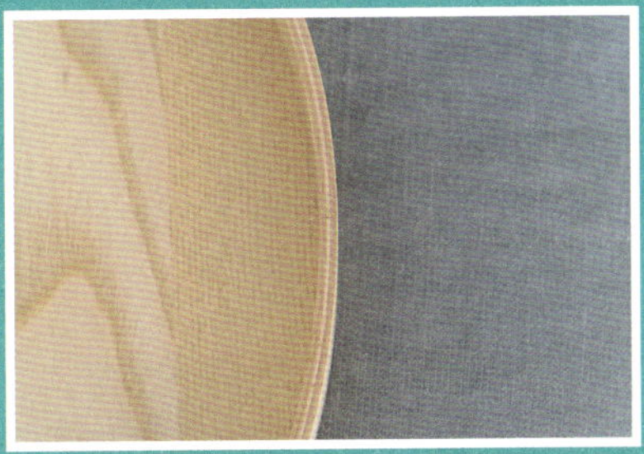

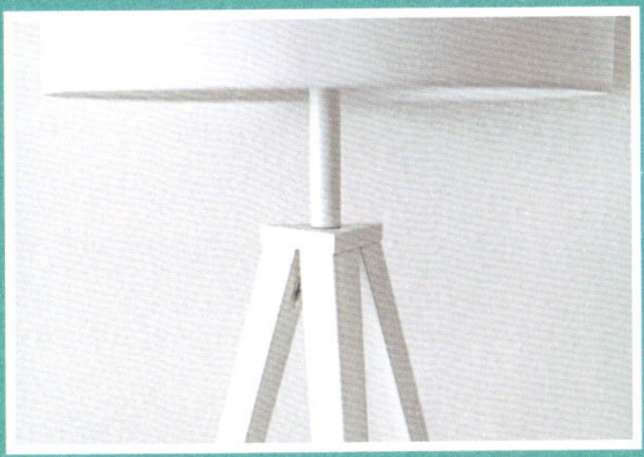

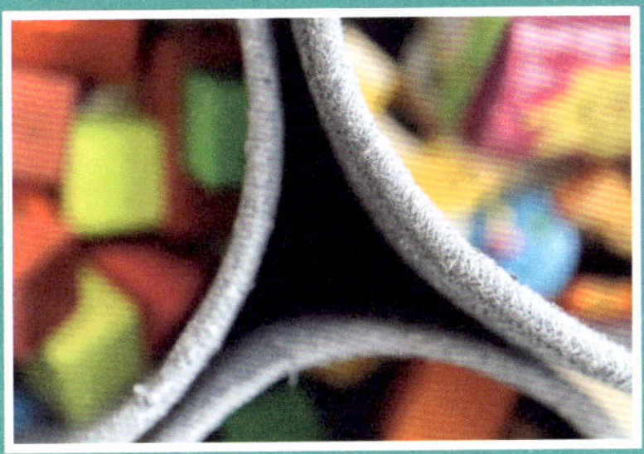

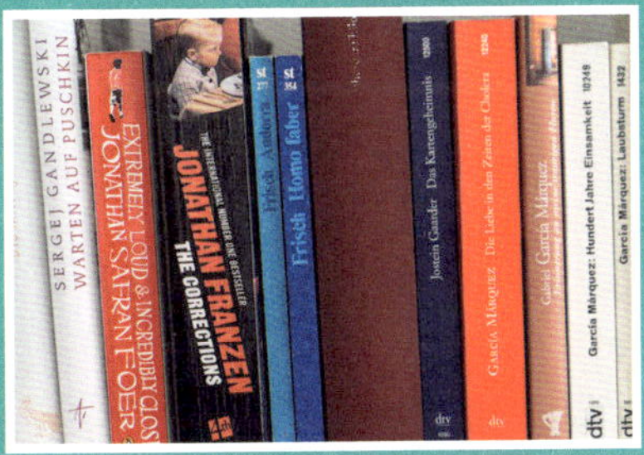
SERGEJ GANDLEWSKI
WARTEN AUF PUSCHKIN
EXTREMELY LOUD & INCREDIBLY CLOS
JONATHAN SAFRAN FOER
JONATHAN FRANZEN
THE CORRECTIONS
Frisch Homo faber
Jostein Gaarder Das Kartengeheimnis
García Márquez: Hundert Jahre Einsamkeit
García Márquez: Laubsturm

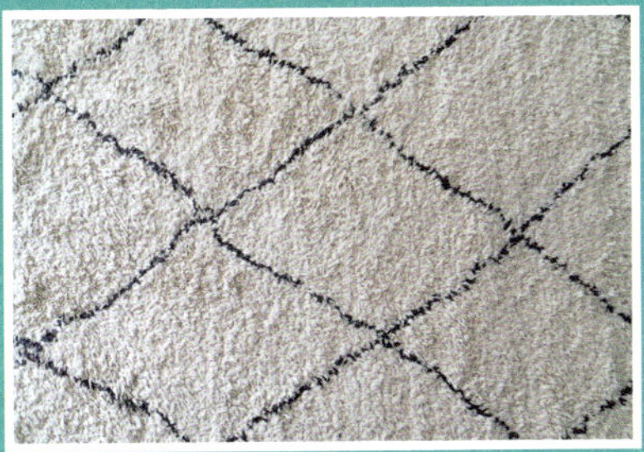

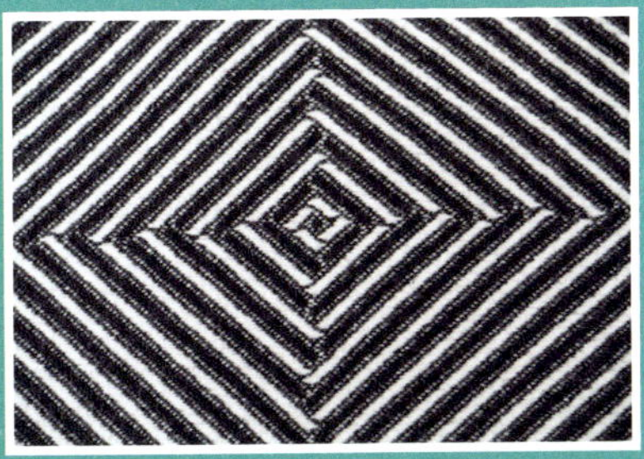

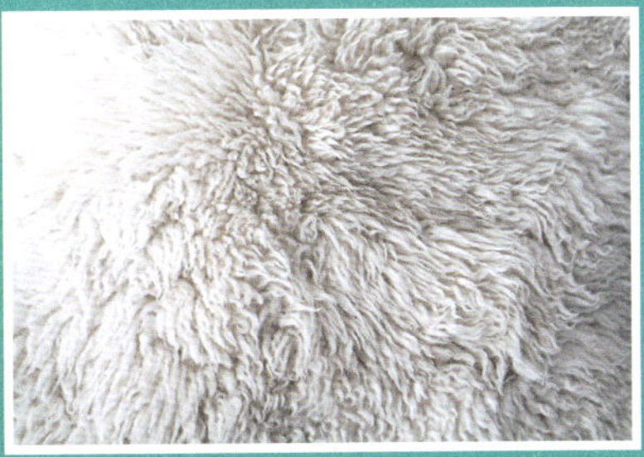

Suche zehn Motive an einer Stelle

Diese Aufgabe ist einfach, aber unglaublich effektiv: Begib dich an eine beliebige Stelle und finde dort zehn Motive, die du in Szene setzt.

Wenn du die Übung in deiner Wohnung machst, nimm dir einen Raum nach dem anderen vor und fotografiere in jedem Raum zehn Motive. Am einfachsten ist es in der Küche, denn dort warten meistens sehr viele, spannende Dinge auf dich.

Aber auch in den anderen Räumen solltest du keine Probleme haben, Inspiration zu finden. Oft verbergen sich hinter den alltäglichsten Gegenständen tolle Fotomotive. Du musst sie nur entdecken und spannend in Szene setzen.

Apropos in Szene setzen: Denke auch bei einer so simplen Übung immer daran: Fotografieren ist wie Knipsen, nur krasser. Mach dir also Gedanken darüber, wie genau du die Motive ablichtest. Erinnere dich an die Kapitel zur Bildgestaltung und nutze die Drittelregel, arbeite mit Symmetrien und variiere die Schärfentiefe.

Hast du zehn Motive in einem Raum fotografiert? Dann kannst du die Übung direkt in einem anderen Zimmer wiederholen. Wenn du mit deiner Wohnung durch bist, kannst du das Ganze auch draußen versuchen.

Suche dir dazu einen beliebigen Ort aus und mache alle Fotos in einem Radius von zehn Schritten von diesem Standpunkt aus. Das ist herausfordernd, aber diese Übung schult den fotografischen Blick wie kaum eine andere.

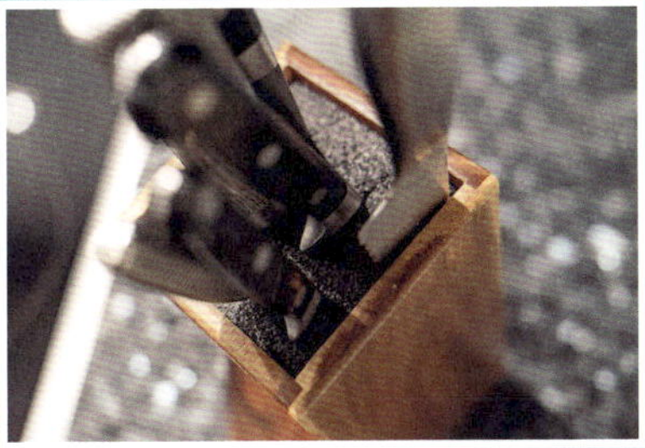
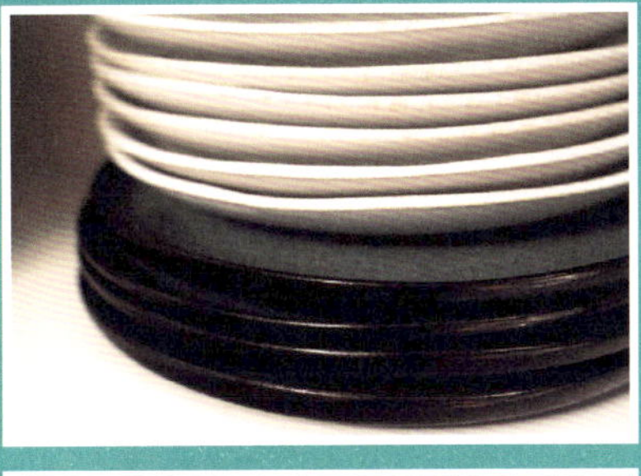
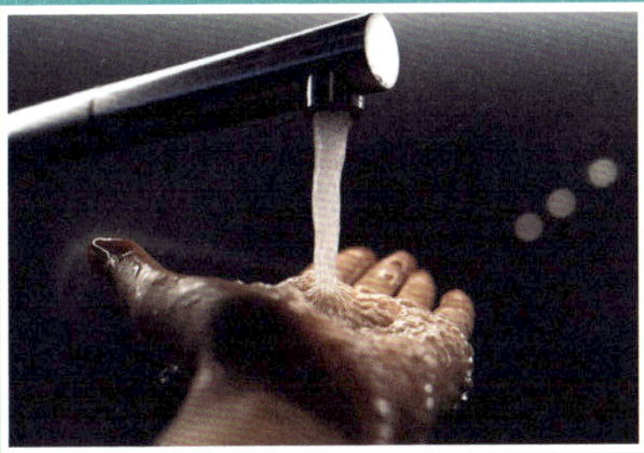
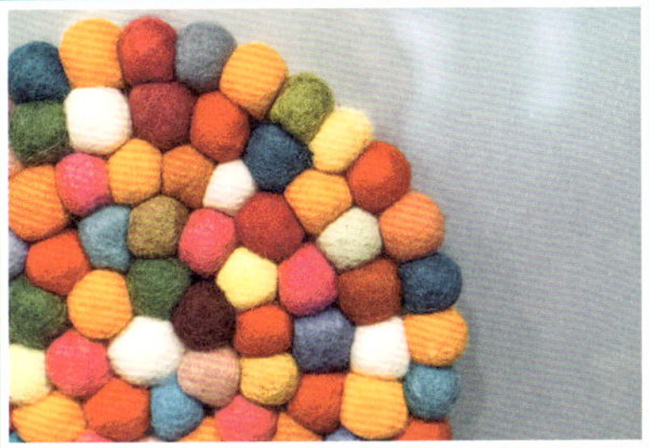
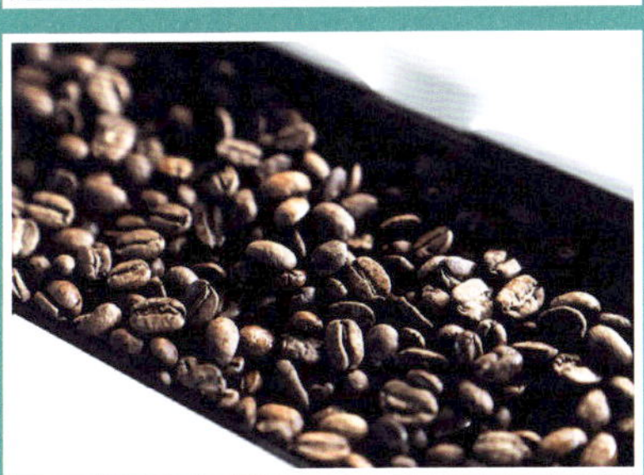
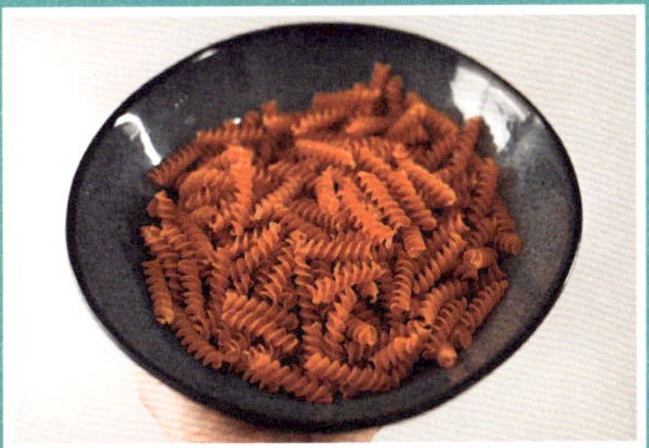
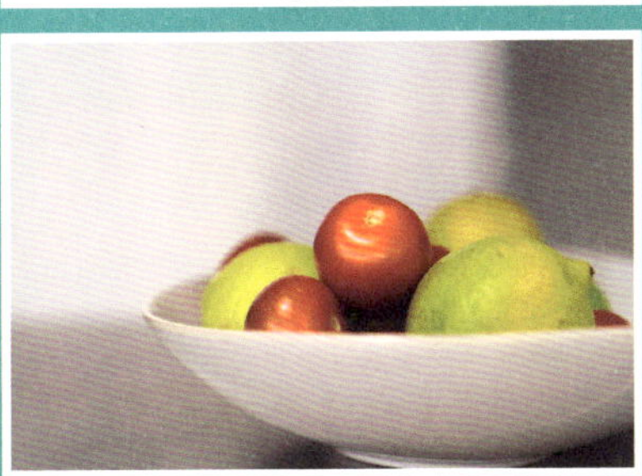
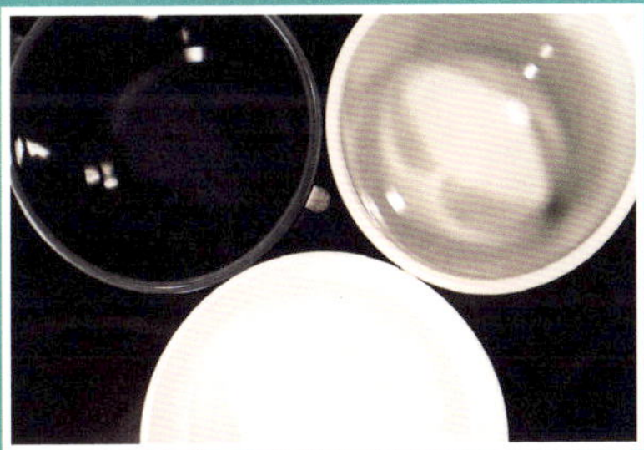
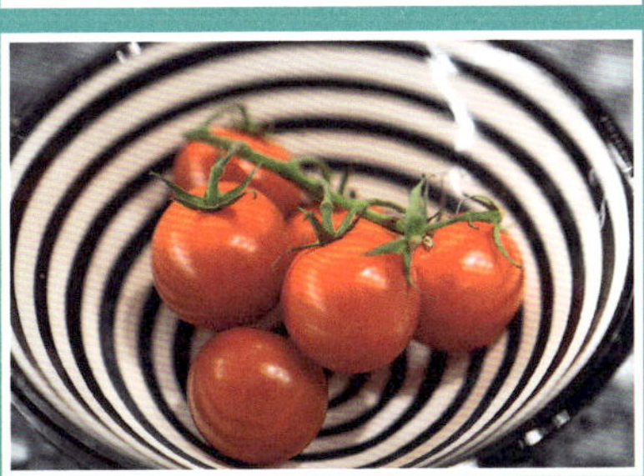
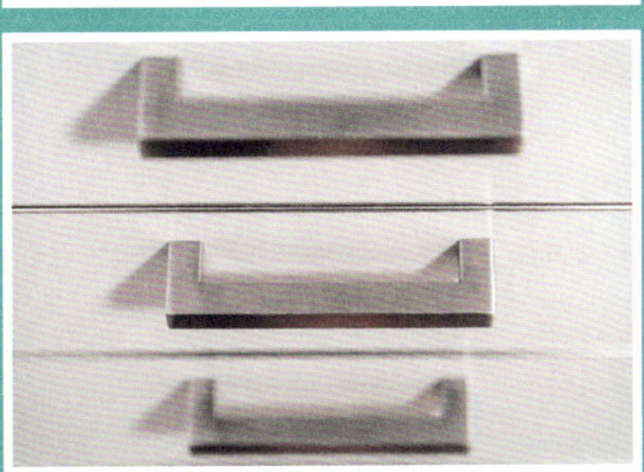

Mache zehn Fotos von einem Motiv

Die nächste Übung kannst du direkt im Anschluss machen. Hast du von zehn verschiedenen Motiven jeweils ein Foto gemacht? Dann erweitern wir jetzt den Schwierigkeitsgrad etwas: Mach nun von diesen Motiven jeweils zehn unterschiedliche Fotos.

Klingt kompliziert? Ist es nicht! Es gibt so viele Möglichkeiten: Wechsel die Perspektive und fotografiere dein Motiv von oben, von unten, von der Seite. Du kannst es auch mit einem anderen Gegenstand kombinieren oder mit Licht und Schatten experimentieren.

Diese Aufgabe schult nicht nur dein fotografisches Auge, sondern auch deine Kreativität.

Motive von A bis Z

Diese Übung ist immer wieder ein netter Zeitvertreib. Du kannst sie wunderbar zu Hause machen, aber auch unterwegs: Fotografiere 26 Motive – für jeden Buchstaben des Alphabets eines (z. B. A wie Apfel, B wie Buch, C wie Creme usw.).

Für jeden Buchstaben gibt es mehr Motive als du denkst, sodass du diese Übung immer wieder wiederholen kannst. Nur bei Q und X gehen uns oft die Ideen aus. Aber kreatives Schummeln ist natürlich erlaubt.

Diese Übung kannst du auch beliebig abwandeln. Statt Motive von A bis Z zu fotografieren, kannst du beispielsweise jeweils ein Motiv in verschiedenen Farben fotografieren (blau, rot, gelb usw.) oder dir Motive mit verschiedenen Formen suchen (quadratisch, rund, dreieckig usw.).

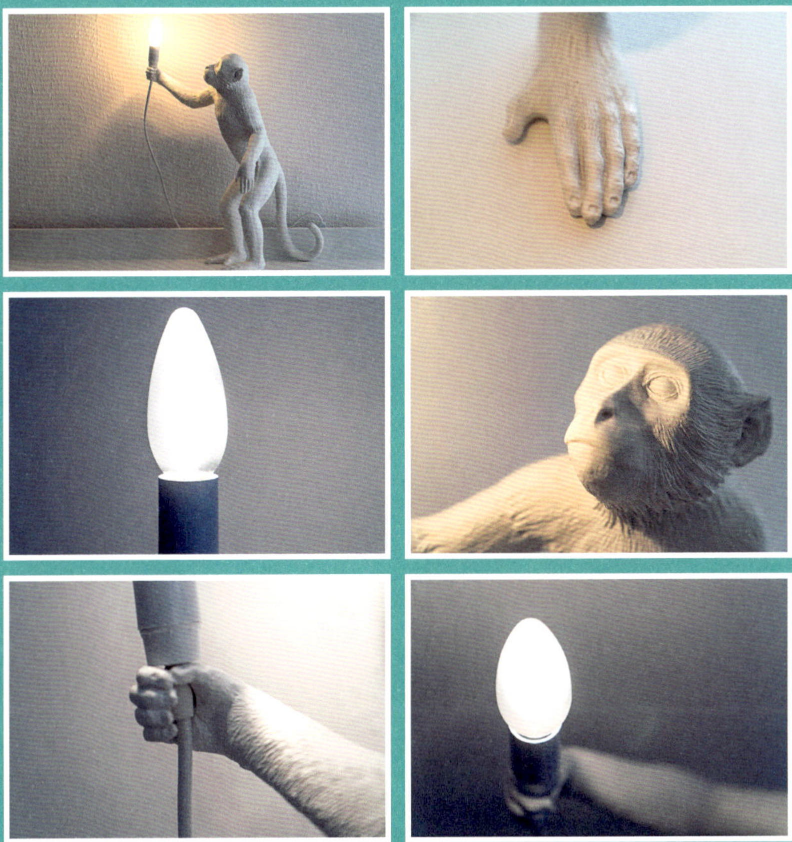

Entdecke die Fotografie ganz neu – mit einer Festbrennweite

Einer unserer absoluten Lieblingstipps für Fotografieeinsteiger: Fotografiere mit einer Festbrennweite!

Im Kapitel zur Brennweite ab Seite 65 haben wir bereits angesprochen, dass es Objektive mit Zoom gibt und Objektive mit einer Festbrennweite. Bei diesen Objektiven kannst du dein Motiv nicht heranzoomen oder weiter weg darstellen, du bist immer auf ein und dieselbe Brennweite festgelegt. Vielleicht fragst du dich jetzt, warum genau das denn so toll sein soll. Diese Frage ist durchaus berechtigt, aber wir wollen deine Zweifel ganz schnell zerstreuen.

Mit einer Festbrennweite fotografierst du bewusster

Mit einem Zoomobjektiv ist alles relativ einfach: Du stehst irgendwo und zoomst dein Motiv heran, wie du es eben gerade brauchst. Mit einer Festbrennweite hingegen musst du deine Beine benutzen, um den gewünschten Bildausschnitt zu fotografieren.

Du musst auf dein Motiv zugehen, vielleicht sogar die Straßenseite wechseln oder dir eine neue Perspektive suchen. Dadurch denkst du viel intensiver über die Bildgestaltung deines Fotos nach.

Du machst dir viel mehr Gedanken über das Motiv und drückst nicht mehr so schnell einfach auf den Auslöser. Das Resultat: bessere Fotos! Die Lernkurve ist wirklich enorm.

Deine Fotos werden dadurch nicht nur insgesamt durchdachter, es macht auch noch richtig viel Spaß, mit einer Festbrennweite unterwegs zu sein.

Welche Brennweite soll es denn sein?

Wir empfehlen zum Einstieg eine Festbrennweite von 35 mm oder 50 mm. Diese beiden Brennweiten sind sehr universell einsetzbar und ermöglichen in vielen Situationen einen sehr guten Bildausschnitt.

Je nachdem, welche Kamera du hast, ist die genaue Brennweite etwas unterschiedlich. Nähere Informationen dazu findest du im Kasten auf Seite 68. Je nach Kamerasensor musst du beim Objektivkauf deshalb eine andere Brennweite wählen. Die folgende Tabelle gibt dir einen Überblick:

Vollformat	APS-C	MFT
35 mm	23 mm	18 mm
50 mm	35 mm	25 mm

UNSER TIPP: ERST TESTEN, DANN KAUFEN

Du musst jetzt natürlich nicht direkt loslaufen und dir eine Festbrennweite kaufen. Probiere es doch erst einmal aus. Dazu stellst du an deinem Zoomobjektiv eine Brennweite ein (z. B. 35 mm oder 50 mm). Dann fixierst du dein Objektiv mit etwas Klebeband, sodass du nicht mehr zoomen kannst, und gehst auf einen Fotospaziergang. So kannst du das Fotografieren mit Festbrennweite ganz einfach simulieren.

Festbrennweiten sind unheimlich lichtstark

Ein weiterer Vorteil von Festbrennweiten ist, dass sie oftmals sehr lichtstark sind. Das bedeutet, dass du bei einer Festbrennweite die Blende weiter öffnen kannst als bei einem Zoomobjektiv.

Viele Zoomobjektive erlauben eine maximale Blendenöffnung von f/3.5 oder f/2.8. Bei Festbrennweiten sind hingegen Blendenöffnungen von f/1.8 oder sogar f/1.4 keine Seltenheit.

Das hat den Vorteil, dass du mit einer Festbrennweite bei schlechten Lichtverhältnissen mehr Möglichkeiten hast und zudem viel mehr mit einem unscharfen Hintergrund spielen kannst. Gerade für Portraitfotos nutzen wir aus diesem Grund fast ausschließlich Objektive mit einer festen Brennweite.

Festbrennweiten liefern eine bessere Bildqualität

Neben der höheren Lichtstärke sind Objektive mit einer festen Brennweite oftmals qualitativ besser als preislich vergleichbare Zoomobjektive.

Das liegt daran, dass bei einer Festbrennweite die gesamte Technik für diese eine Brennweite optimiert wird, während bei einem Zoomobjektiv immer Kompromisse eingegangen werden müssen.

Natürlich bedeutet das nicht, dass ein Zoomobjektiv grundsätzlich keine gute Bildqualität liefert. Wir reden hier eher über Nuancen. Du musst jetzt also nicht direkt loslaufen und dir eine Festbrennweite kaufen, aber behalte es auf jeden Fall im Hinterkopf.

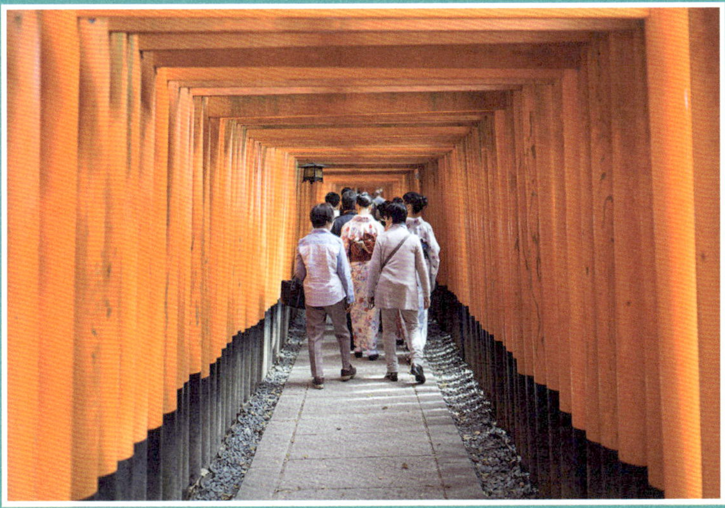

Fotografiert mit einer 35-mm-Festbrennweite – unserer Lieblingsbrennweite. f/1.4 | 1/200 s | ISO 100 | 35 mm

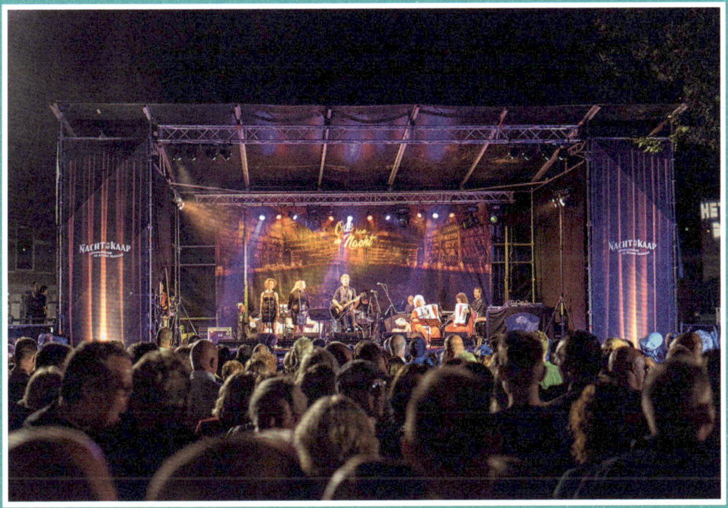

Fotografiert mit einer 50-mm-Festbrennweite – bei schlechten Lichtverhältnissen sind Festbrennweiten mit großer Blendenöffnung besonders hilfreich. f/1.8 | 1/40 s | ISO 3200 | 50 mm

SO VERMEIDEST DU HÄUFIGE FEHLER

Fehler sind dafür da, um gemacht zu werden. Noch besser ist es aber, Missgeschicke zu erkennen und in Zukunft zu vermeiden. In der Fotografie kommen bestimmte Fehler immer wieder vor, und wir zeigen dir, welche das sind. So musst du sie nicht erst selbst machen. Das ist doch ein guter Deal, oder?

Bevor wir loslegen, hier noch eine kleine Aufmunterung: Fehler sind erlaubt, Fehler sind sogar gut! Es ist zwar eine ziemlich abgedroschene Phrase, dass man aus Fehlern lernt, aber es stimmt halt einfach. Niemand ist direkt ein perfekter Fotograf oder eine perfekte Fotografin. Wir alle machen immer wieder Fehler. Ja, auch wir machen Fehler, und das obwohl wir hier so klug daherschreiben. Wir machen sogar manchmal selbst noch genau die Fehler, die wir gleich beschreiben. Nobody is perfect.

Wenn deine Fotos also zu Beginn nicht das Nonplusultra sind, stecke nicht gleich den Kopf in den Sand. Sieh es als Chance an, aus dem Fehler etwas für deine Fotografie mitzunehmen. Durch jedes erkannte Missgeschick werden deine zukünftigen Bilder besser.

Das Motiv kippt nach hinten

Ein sehr häufiger Fehler in der Fotografie sind Motive, die nach hinten wegkippen. Oft sind es Bauwerke, die einfach zu groß sind, um komplett aufs Bild zu passen. Wenn du deine Kamera beim Fotografieren eines Bauwerks nach oben richtest, werden die Linien nicht mehr gerade sein. Man nennt diesen Effekt auch stürzende Linien.

Auf den folgenden beiden Seiten siehst du den Effekt an jeweils zwei Beispielbildern sehr gut. Die beiden Fotos links haben wir von der gleichen Stelle aus aufgenommen. Beim ersten Bild haben wir die Kamera nach oben gerichtet, beim zweiten haben wir sie ganz gerade auf das Gebäude gerichtet. Achte vor allem auf die Regenrinnen links und rechts am Gebäude. Daran erkennst du auf dem ersten Bild sehr gut, wie schief die Linien werden, wenn man die Kamera nach oben hält.

Nicht immer lassen sich stürzende Linien vermeiden. Manche Bauwerke sind schlicht und einfach zu groß, um sie wirklich gerade zu fotografieren.

Die große Moschee in Abu Dhabi ist so ein typischer Fall. Das Bauwerk ist so mächtig, dass wir es einfach nicht komplett aufs Bild bekommen haben, ohne die Kamera nach oben zu richten. Wir konnten nicht weiter nach hinten gehen und hatten auch kein Objektiv mit noch mehr Weitwinkel zur Verfügung.

An den beiden Minaretten links und rechts siehst du sehr schön den Effekt, den wir meinen. Das Gebäude kippt nach hinten und dadurch geht ihm die Symmetrie verloren.

Wir wollten aber trotzdem ein Bild haben, auf dem die Moschee gerade abgebildet ist, und haben uns dann entschieden, für das zweite Bild einfach die Türmchen links und rechts wegzulassen. So konnten wir das Bauwerk gerade abbilden.

Beide Fotos sind nicht schlecht, für uns wirkt die zweite Variante ohne stürzende Linien aber insgesamt harmonischer.

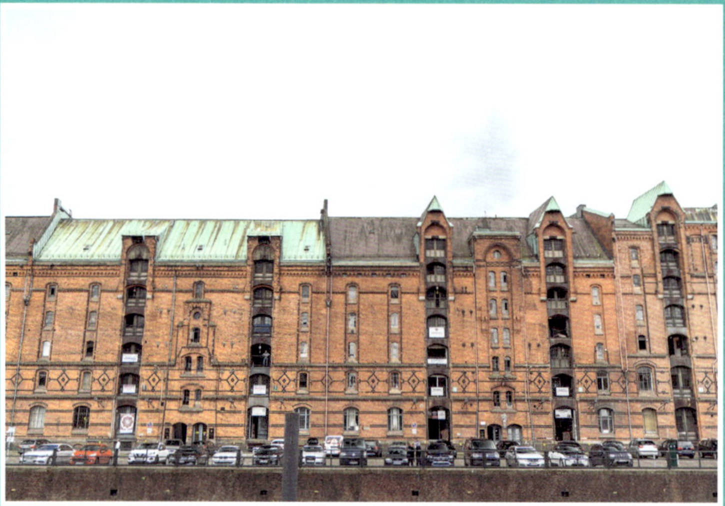

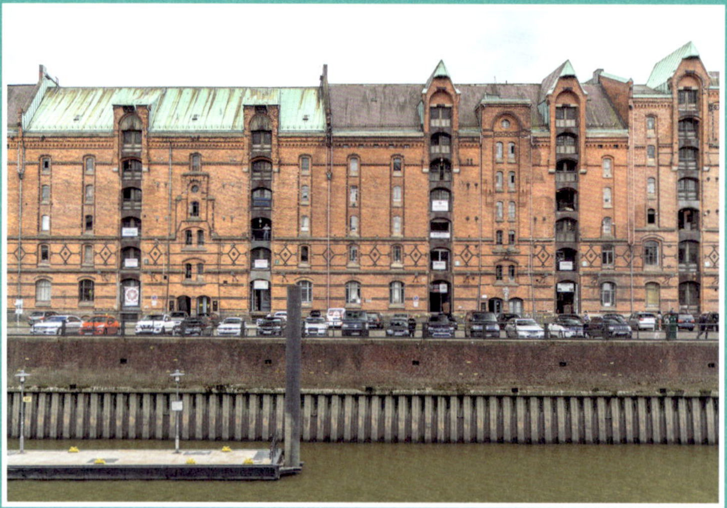

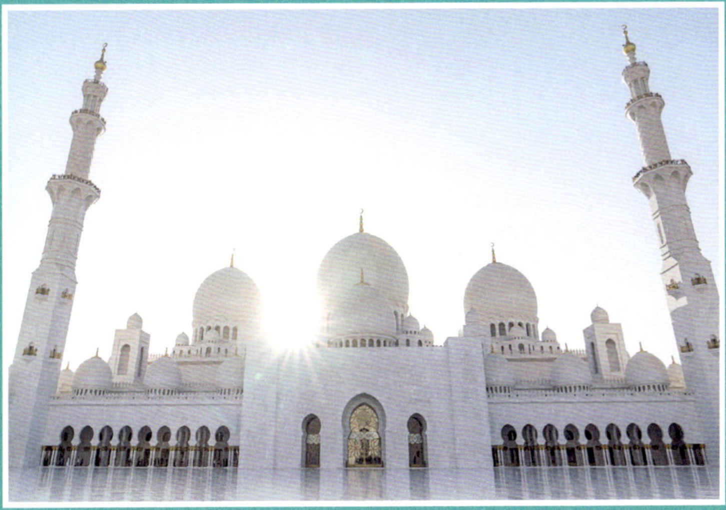

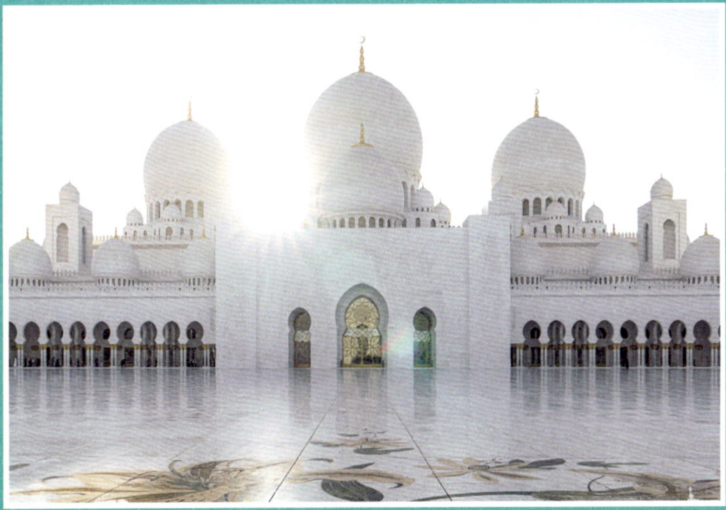

Die falsche Position zum Motiv

Wir kommen direkt zu einem weiteren Fehler, der uns immer wieder begegnet. Vielleicht ist es sogar der häufigste Fehler überhaupt, der von Fotografieeinsteigern gemacht wird: Die Position des Fotografen zum Motiv ist nicht optimal. Dieser Fehler hat viel damit zu tun, dass oft einfach geknipst und nicht bewusst fotografiert wird.

Das erste Beispiel zeigt das gleiche Bauwerk wie im vorherigen Kapitel. Beim ersten Foto haben wir das Gebäude schräg fotografiert. Im Vergleich zu dem geraden Foto wirkt das Bild viel weniger.

Noch deutlicher wird es beim zweiten Beispiel: Der Schriftzug auf den Mosaiksteinen ist durchaus fotogen, aber eben nur, wenn er auch richtig fotografiert wird.

Der Schriftzug war etwas über Augenhöhe und so haben wir beim ersten Bild einfach drauflosgeknipst. Wir haben das Foto von rechts unten aufgenommen und siehe da: Das Ergebnis ist nicht gerade berauschend. Ein eigentlich sehr hübsches Motiv wurde zu einem belanglosen Foto.

Beim zweiten Versuch haben wir es dann besser gemacht: Wir haben uns bewusst ganz gerade und mittig vor den Schriftzug gestellt, sind noch ein paar Schritte zurückgegangen und haben erneut abgedrückt.

Das Ergebnis ist viel besser als beim ersten Foto. Die Struktur der Mosaiksteine kommt vernünftig zur Geltung und auch der Schriftzug selbst wirkt viel harmonischer.

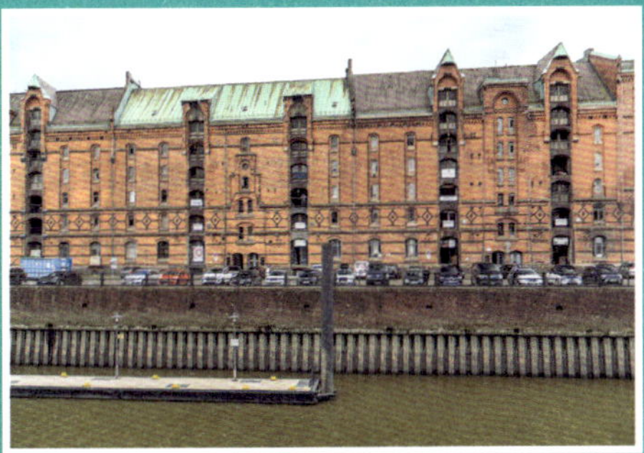

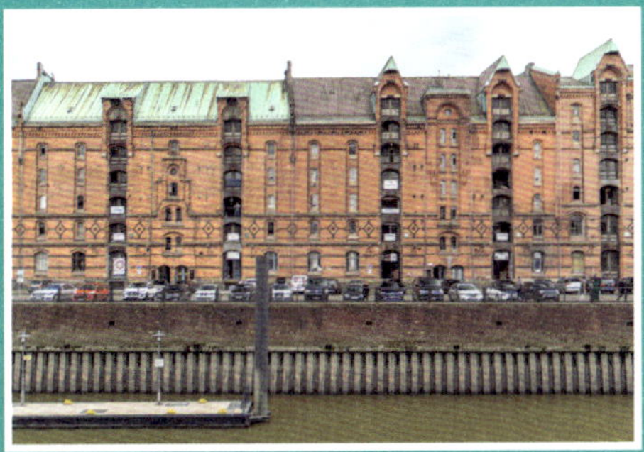

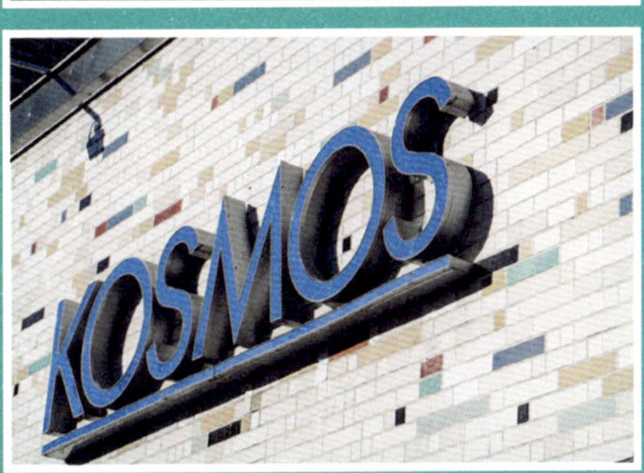
KOSMOS

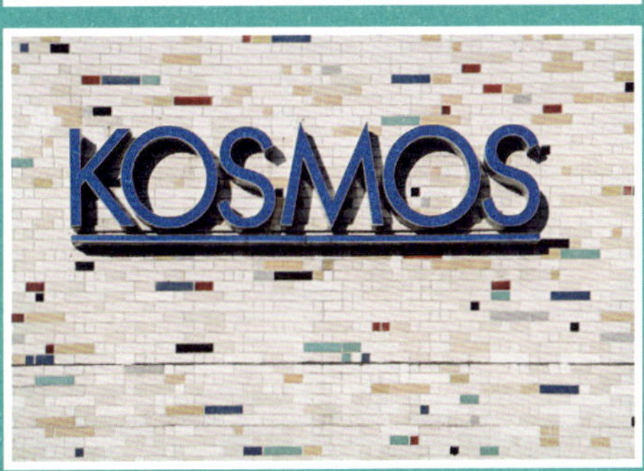
KOSMOS

Das Meer läuft aus

Es gibt eine Sache, die uns ehrlich gesagt immer wieder laut seufzen lässt: ein schiefer Horizont.

Wir sehen so oft Fotos, bei denen einfach die Kamera nicht gerade gehalten wurde. Besonders auffällig ist das bei Bildern, auf denen das Meer abgebildet ist. Es sieht dann so aus, als würde das Meer nach links oder rechts auslaufen, und das ist wirklich schade.

Warum macht uns dieser Fehler so ärgerlich, obwohl wir eigentlich sehr ausgeglichene Menschen sind? Weil er so einfach zu vermeiden ist. Ehrlich! Einfach die Kamera gerade halten und fertig. Falls doch mal ein Foto schief wird, siehst du das direkt auf dem Display und kannst es noch einmal versuchen.

Also versprich uns bitte, dass du darauf achtest. Das würde uns sehr glücklich machen.

UNSER TIPP: HOL DIR UNTERSTÜTZUNG VON DEINER KAMERA

Viele Kameras bieten für das Problem des schiefen Horizonts eine sehr gute Funktion. Du kannst in deinem Sucher eine Art Wasserwaage anzeigen lassen, damit du immer ganz genau siehst, ob du deine Kamera gerade hältst oder nicht. Alternativ ist auch das Gitternetz sehr hilfreich, das du dir bei vielen Kameras zur Anwendung der Drittelregel anzeigen lassen kannst. An den Linien kannst du sehr gut abschätzen, ob dein Bild gerade ist oder nicht. Und wenn dein Foto doch mal etwas schief wird, kannst du es am Computer immer noch begradigen.

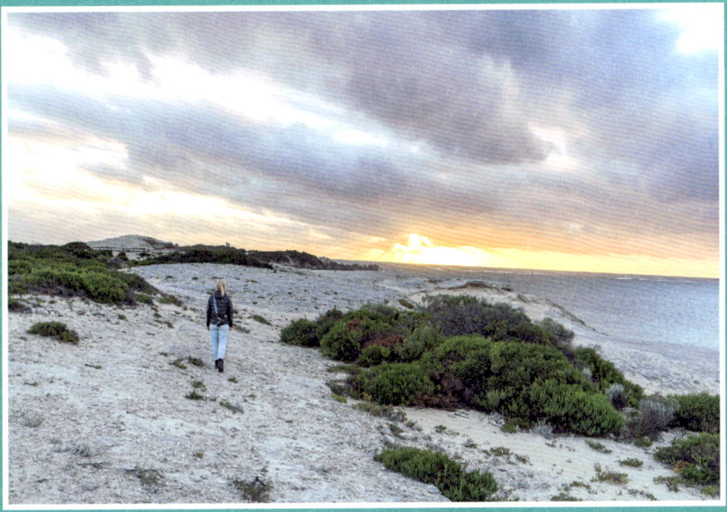

Ein klassischer Fehler: Der Horizont ist schief.

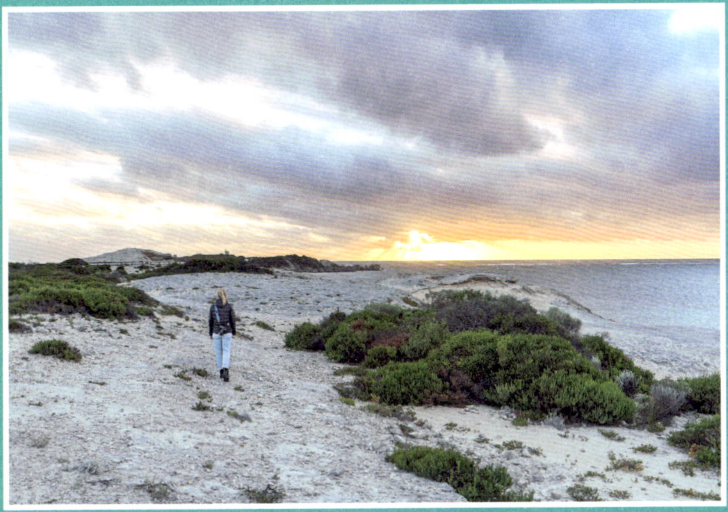

So ist es besser!

Störende Elemente in deinen Fotos

Ein sehr ärgerlicher Fehler, der leider nicht ganz so leicht zu vermeiden ist wie ein schiefer Horizont, sind störende Elemente auf einem Foto. Vielleicht kennst du das auch: Du betrachtest ein Foto, das du gemacht hast, aber irgendwie ist es nicht perfekt. Etwas stört und sorgt dafür, dass dein Bild nicht so richtig rund wirkt.

Oft ist der Grund dafür ein unerwünschtes Beiwerk, das sich in dein Foto geschlichen hat: ein Mülleimer, ein Verkehrsschild, eine Person, ein Auto – die Liste lässt sich unendlich erweitern. Wenn es richtig schlimm ist, versaut dir so etwas das komplette Bild. Der Blick des Betrachters wandert dann als Erstes zu dem störenden Element, weil es einfach so präsent ist, dass man es gar nicht ignorieren kann.

Ein Geheimrezept, um das zu vermeiden, gibt es leider nicht. Wir können dich nur dazu ermuntern, speziell auf so etwas zu achten. Oft hilft es, die Position zu wechseln, um das störende Element aus dem Bild zu bekommen. Manchmal hilft auch Warten, wenn z. B. ein Mensch mit einer knallbunten Jacke im Weg steht. Und manchmal kannst du das störende Element auch einfach zur Seite schieben oder wegstellen.

Beim linken Bild fällt sofort das Boot ins Auge, das direkt vor Jennys Gesicht langfährt. Es lenkt zu sehr vom Wesentlichen ab, weshalb wir uns entschieden haben, Jenny auf der anderen Seite zu positionieren. Das Boot ist in diesem Fall zwar immer noch da, fügt sich aber gut in das Bild ein und ist kein störendes Element mehr.

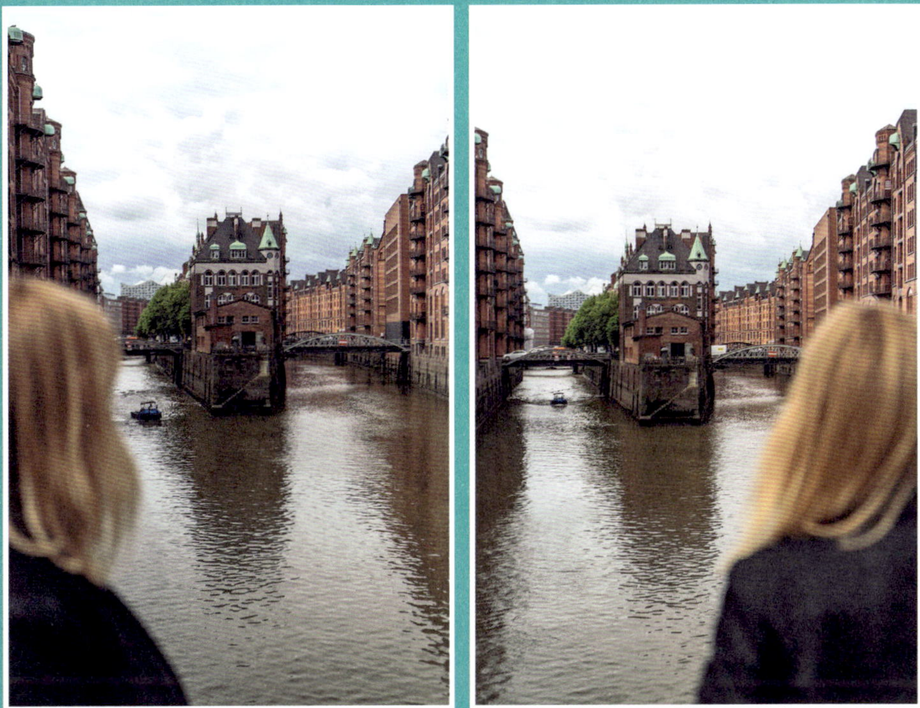

Hilfe, meine Fotos werden unscharf

Kennst du das? Du sitzt zu Hause am Computer, betrachtest die Fotos der letzten Fototour und ärgerst dich, dass einige Bilder unscharf sind? Das kommt immer wieder vor und kann ganz unterschiedliche Gründe haben. Deshalb wollen wir dir in diesem Kapitel eine Übersicht über mögliche Ursachen für unscharfe Fotos geben und zeigen, wie du sie vermeiden kannst.

Der Fokus sitzt nicht

Die richtige Fokuseinstellung ist ziemlich knifflig und eine der häufigsten Ursachen, warum Fotos unscharf werden. Im Kapitel über den Autofokus ab Seite 83 haben wir dir bereits unsere liebsten Einstellungen vorgestellt. Es kann durchaus sein, dass der Autofokus der Grund für unscharfe Bilder ist. Schau dir in diesem Fall noch einmal das Kapitel an und probiere verschiedene Autofokuseinstellungen aus.

Offene Blende

Ein Klassiker für unscharfe Fotos ist eine zu weit geöffnete Blende. Wir sind selbst große Fans vom Fotografieren mit offener Blende, denn auf diese Weise erhält man eine tolle Unschärfe im Hintergrund und kann sein Hauptmotiv so besonders hervorheben.

Allerdings ist bei einer sehr weit geöffneten Blende die Gefahr groß, dass dein Motiv nicht richtig scharf wird. Nehmen wir die Portraitfotografie als Beispiel: Du fotografierst mit einer sehr weit geöffneten Blende von f/1.4 oder f/1.8 und fokussierst auf ein Auge deines Models. Wenn sich das Gesicht des Models schräg zur Kamera befindet und ein Auge etwas weiter weg ist, kann das dazu führen, dass das zweite Auge nicht mehr ganz scharf ist.

Je weiter du deine Blende öffnest, desto mehr Mühe solltest du dir beim Fokussieren geben und auf solche Situationen achten. Wenn du mit offener Blende fotografierst, überprüfe am besten schon auf dem Kameradisplay, ob das Bild an der richtigen Stelle scharf ist. Du kannst bei den meisten Kameras auch in das Bild zoomen und siehst dann sehr schnell, ob es scharf ist oder nicht.

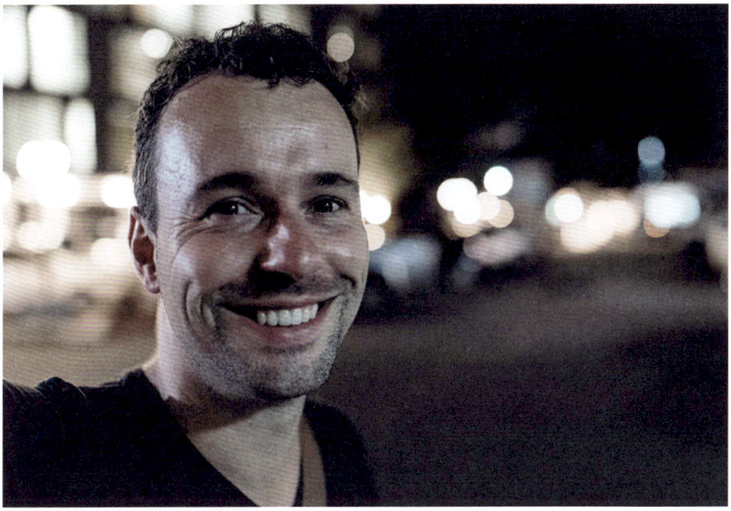

Das Foto ist mit einer Blende von f/1.7 aufgenommen. Es ist auf Bastis (von dir aus gesehen) rechtes Auge fokussiert. Das andere befindet sich näher an der Kamera und ist daher schon nicht mehr gestochen scharf.
f/1.7 | 1/40 s | ISO 3200 | 35 mm

Geschlossene Blende

Wir haben es im Kapitel zur Blende ab Seite 26 schon erwähnt, aber doppelt hält bei solchen Dingen einfach besser: Wenn du die Blende zu sehr schließt, führt das bei vielen Objektiven dazu, dass die Fotos unschärfer werden. Wir empfehlen deshalb, die Blende nicht weiter als f/11 oder f/13 zu schließen. Manche Objektive kommen auch mit f/16 noch gut klar. Das musst du einfach mal mit deiner Kamera ausprobieren.

Zu lange Verschlusszeit

Ein sehr häufiger Grund für unscharfe Fotos ist eine zu lange Verschlusszeit. Deine Fotos werden hierbei unscharf, weil sich entweder dein Motiv zu schnell bewegt oder du selbst durch eine unruhige Hand das Foto verwackelst. Für das Fotografieren aus der Hand haben wir bereits eine Daumenregel kennengelernt: Deine Verschlusszeit sollte nie länger sein als die Brennweite, mit der du das Foto machst. Angenommen du fotografierst mit einer Brennweite von 50 mm, dann sollte deine Verschlusszeit nicht länger sein als 1/50 Sekunde. Fotografierst du mit 200 mm Brennweite, sollte deine Verschlusszeit nicht länger als 1/200 Sekunde sein.

Bei den Bewegungen deines Motivs kommt es darauf an, wie schnell es sich bewegt. Daran musst du dann deine Verschlusszeit anpassen. Je schneller dein Motiv sich bewegt, desto kürzer muss die Verschlusszeit sein.

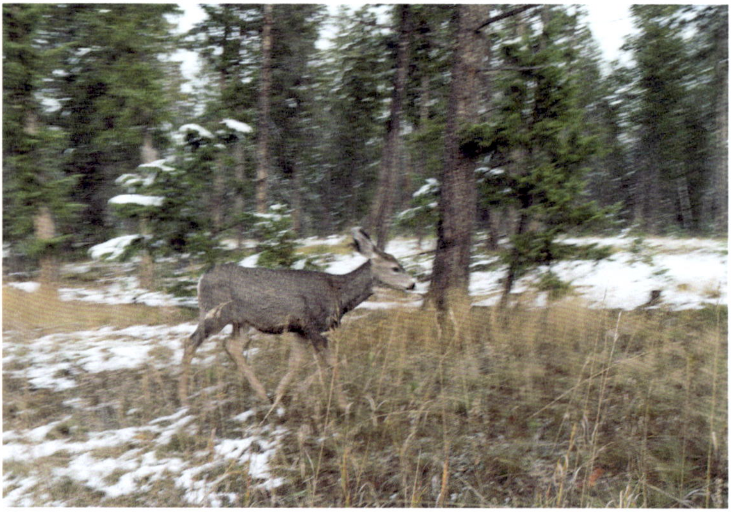

Dieses süße Ding hat Jenny aus dem Auto entdeckt und ganz schnell abgedrückt. Leider war die Kamera nicht richtig eingestellt und das Foto wurde mit einer Verschlusszeit von 1/25 s gemacht. Das ist natürlich viel zu lang, da sich sowohl das Tier als auch das Auto bewegen. Hier hätten wir eher mit 1/500 s fotografieren müssen.

Bildstabilisator an/Bildstabilisator aus

Viele Kameras und Objektive verfügen über einen Bildstabilisator. Achte unbedingt darauf, dass dein Bildstabilisator standardmäßig eingeschaltet ist, wenn du aus der Hand fotografierst. Er hilft deiner Kamera, Bewegungen auszugleichen und dein Motiv trotz kleiner Wackler scharf darzustellen.

Falls du noch nicht herausgefunden hast, wo du den Bildstabilisator ein- und ausschaltest, solltest du dich unbedingt damit beschäftigen. Schau dazu einfach mal in deinem Handbuch nach. Er ist entweder in deiner Kamera direkt einzustellen oder aber an deinem Objektiv. Der Bildstabilisator wird allerdings von jedem Hersteller unterschiedlich bezeichnet. Typische Bezeichnungen sind *Steady Shot* (OSS) bei Sony, *Vibration Reduction* (VR) bei Nikon, *Image Stabilizer* (IS) bei Canon und *Vibration Compensation* (VC) bei Tamron.

Es ist sehr wichtig, dass du weißt, wo er ein- und auszuschalten ist, denn es gibt Situationen, in denen du ihn unbedingt ausschalten musst, um ein scharfes Bild zu bekommen, und zwar immer dann, wenn deine Kamera auf einem Stativ steht.

Das ist tatsächlich ein Fehler, der sehr oft begangen wird. Du stellst die Kamera extra auf ein Stativ, damit das Bild gestochen scharf wird, und wirst dann fast wahnsinnig, weil das Foto einfach immer unscharf wird. Das liegt daran, dass der Bildstabilisator trotz Stativ immer noch seine eigentliche Aufgabe erfüllt, nämlich leichte Wackler auszugleichen.

Wenn sich die Kamera aber gar nicht bewegt, sondern ganz ruhig auf einem Stativ steht, dann bewirkt der Bildstabilisator leider das Gegenteil und verwackelt dein Bild!

Also: Den Bildstabilisator immer ausschalten, wenn du mit einem Stativ fotografierst, und danach nicht vergessen, ihn wieder anzuschalten.

Du bist zu nah dran

Ein weiterer Grund für unscharfe Fotos ist, dass der Mindestabstand zwischen dem Motiv und dem Sensor deiner Kamera nicht eingehalten wird.

Jedes Objektiv hat eine sogenannte Naheinstellgrenze, die meist in Zentimetern oder Metern angegeben wird. Diese Naheinstellgrenze sagt aus, wie nah du mit deiner Kamera an dein Motiv herangehen kannst, ohne dass es unscharf wird.

Ein Beispiel: Du siehst eine hübsche Blume am Straßenrand und möchtest sie gerne fotografieren. Jetzt hat dein Objektiv eine Naheinstellgrenze von 30 Zentimetern. Das bedeutet für dich, dass du mindestens 30 Zentimeter Abstand von der Blume halten musst, um ein vernünftiges Foto zu schießen.

Wie groß die Naheinstellgrenze ist, steht meistens unten auf dem Objektiv, die Angabe ist in der Regel in Metern gemacht. Falls auf deinem Objektiv also z. B. unten 0,4 m steht, dann muss der Abstand zwischen Kamerasensor und Motiv mindestens 40 Zentimeter betragen.

UNSER TIPP: MAKRO-OBJEKTIVE

Wenn du gerne Kleines ganz groß fotografieren willst, solltest du über den Kauf eines sogenannten Makro-Objektivs nachdenken.

Makro-Objektive zeichnen sich neben einer geringen Naheinstellgrenze vor allem durch ihren großen Abbildungsmaßstab aus. Normale Objektive verkleinern die Motive auf deinem Foto z. B. im Maßstab 1:8. Makro-Objektive bilden dein Motiv im Maßstab 1:1 ab.

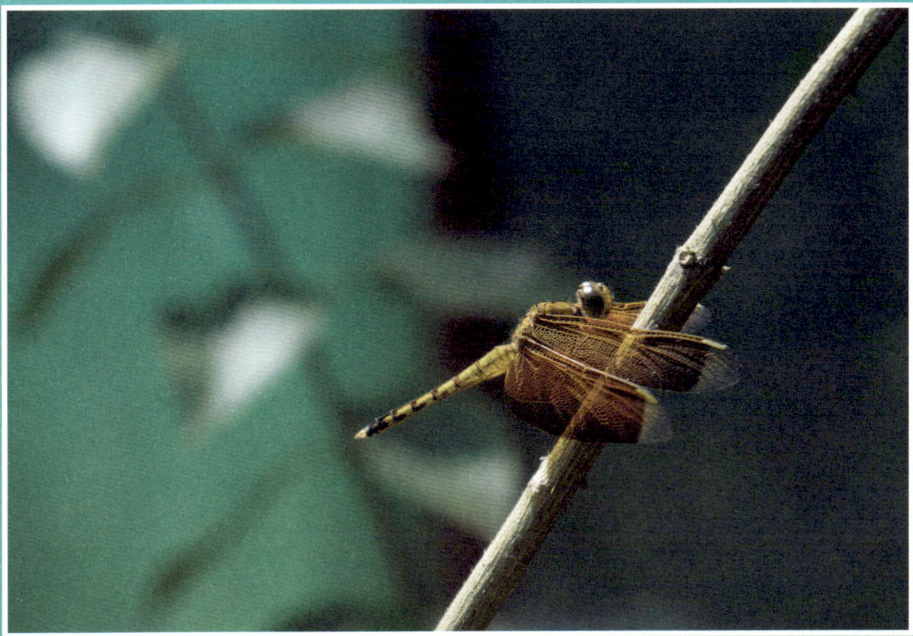

Um diesen kleinen Kerl zu fotografieren, mussten wir ziemlich nah rangehen. Zum Glück hatten wir ein Objektiv mit einer geringen Naheinstellgrenze von 0,38 m dabei. f/5.6 | 1/160 s | ISO 100 | 82 mm

SO MACHST DU TOLLE FOTOS OHNE FRUST

Zum Abschluss unseres Buches wird es noch einmal richtig praktisch: Wir geben dir unsere besten Tipps für ganz typische Situationen und Motive, sodass du für alle Gelegenheiten gerüstet bist.

Wenn du unser Buch bis hierhin durchgelesen hast, kennst du mittlerweile alle wichtigen Grundlagen der Fotografie. Mit dem Wissen aus den vorherigen Kapiteln bist du bestens ausgestattet, um in vielen unterschiedlichen Situationen großartige Fotos zu machen.

Trotzdem ist es oft so, dass in der Praxis plötzlich neue Schwierigkeiten auftreten. Da hilft vor allem eins: üben, üben, üben. Nur durch regelmäßiges Fotografieren wirst du nachhaltig besser.

Allein durch das Lesen eines Buches klappt das leider nicht, aber es hilft natürlich sehr dabei. Und weil das so ist, gehen wir zum Abschluss noch auf einige ganz typische Bereiche der Fotografie ein und geben dir dazu konkrete Tipps.

Wir beschäftigen uns auf den folgenden Seiten mit der Fotografie bei Nacht, der Portraitfotografie und der Reisefotografie und geben dir für diese drei Bereiche noch viele praktische Tipps mit auf den Weg.

Fotografieren bei Nacht

Wenn die blaue Stunde vorüber ist, musst du deine Kamera noch nicht einpacken und nach Hause gehen, denn dann beginnt eine neue, aufregende Zeit zum Fotografieren: die Nacht.

Mit der Kamera bei Nacht loszugehen ist wirklich spannend. Die Welt sieht im Dunkeln noch mal ganz anders aus. Viele Motive, die bei Tag eher langweilig sind, bekommen nachts einen ganz besonderen Reiz.

Nachts zu fotografieren hat außerdem den Vorteil, dass du meistens ziemlich ungestört bist. Gerade bei bekannten Sehenswürdigkeiten ist tagsüber ein riesiger Andrang, während du nachts oft völlig allein bist.

Besonders tolle Aufnahmen kannst du in Städten machen, wenn alles beleuchtet ist und Gebäude hell erstrahlen.

Da du bei Nacht mit sehr langen Verschlusszeiten fotografieren musst, benötigst du auf jeden Fall ein Stativ. Das hat aber auch einen interessanten Nebeneffekt: Wenn du z. B. Wasserflächen fotografierst, werden diese durch die lange Belichtungszeit auf deinen Fotos samtig glatt dargestellt.

Bei Autos, Booten, Bahnen oder anderen beleuchteten Verkehrsmitteln kannst du durch lange Verschlusszeiten zudem tolle Fotos mit Lichtspuren machen.

Du siehst, die Nacht ist eine spannende Zeit zum Fotografieren. Lass dir das nicht entgehen!

So gelingen deine Aufnahmen bei Nacht

Beim Fotografieren auf einem Stativ gibt es einige Dinge zu beachten, damit deine Fotos gelingen.

Modus

Wir fotografieren nachts meistens im Modus M. So haben wir die volle Kontrolle über Blende und Verschlusszeit und können alles so einstellen, wie wir es wollen. Da du auf einem Stativ fotografierst, hast du meistens genügend Zeit, um alle Einstellungen in Ruhe vorzunehmen. Wenn es schneller gehen soll, kannst du aber auch den Modus A oder S nehmen.

Blende

Die Blende kannst du je nach gewünschter Schärfentiefe variieren. Bei einer stark geschlossenen Blende (große Blendenzahl) treten oftmals sogenannte Blendensterne auf. Hierbei strahlen Lichtquellen wie zum Beispiel Lampen zu allen Seiten aus und wirken wie Sterne.

Verschlusszeit

Wie lange du belichten musst, kommt unter anderem darauf an, wie viel Umgebungslicht du hast und ob bzw. wie hell dein Motiv angeleuchtet wird. Da du mit Stativ fotografierst, ist aber auch eine lange Belichtung von mehreren Sekunden überhaupt kein Problem.

ISO

Wenn du mit einem Stativ fotografierst, sollte dein ISO so gering wie möglich sein, um Bildrauschen zu vermeiden. Einen hohen ISO brauchst du nur, wenn du aus der Hand fotografierst. Auf einem Stativ kannst du die Verschlusszeit beliebig verlängern und bist dadurch nicht auf den ISO angewiesen. Je nach Kamera liegt der niedrigste ISO oft bei 50 oder 100. Falls du normalerweise die ISO-Automatik nutzt, solltest du sie in diesem Fall ausstellen.

Selbstauslöser

Ein wichtiger Tipp zum Fotografieren bei Nacht ist das Verwenden des Selbstauslösers. Wenn du den Auslöser deiner Kamera drückst, verursachst du damit immer eine kleine Erschütterung. Auch wenn sie minimal ist, kann das zu einem verwackelten Bild führen.

Indem du den Selbstauslöser der Kamera benutzt und diesen auf z. B. zwei oder zehn Sekunden stellst, kannst du das verhindern. In den Sekunden zwischen Abdrücken und dem wirklichen Auslösen der Kamera kommt diese wieder komplett zur Ruhe.

Ganz wichtig: Bildstabilisator aus!

Du fotografierst auf einem Stativ, nutzt den Selbstauslöser, um nichts zu verwackeln, und deine Bilder sehen trotzdem aus, als hätte ein Erdbeben dein Stativ durchgeschüttelt? Schuld daran ist dann wahrscheinlich der Bildstabilisator.

Im Kapitel zum Vermeiden unscharfer Fotos ab Seite 206 sind wir auf dieses Thema bereits eingegangen, und die Nachtfotografie ist einer der Bereiche, in denen dieser Aspekt wirklich wichtig ist.

Der Bildstabilisator soll eigentlich dafür sorgen, dass deine Bilder verwacklungsfrei sind, wenn du aus der Hand fotografierst. Das funktioniert auch super und gleicht kleine Bewegungen in der Regel sehr gut aus.

Dummerweise erkennen viele Bildstabilisatoren nicht, dass sie auf einem Stativ nicht gebraucht werden. Sie versuchen dann, etwas zu stabilisieren, was nicht stabilisiert werden muss, und bewirken dadurch das genaue Gegenteil: verwackelte Bilder. Schalte deinen Bildstabilisator also unbedingt aus, wenn du ein Stativ benutzt, und ganz wichtig: Schalte ihn danach auch wieder an.

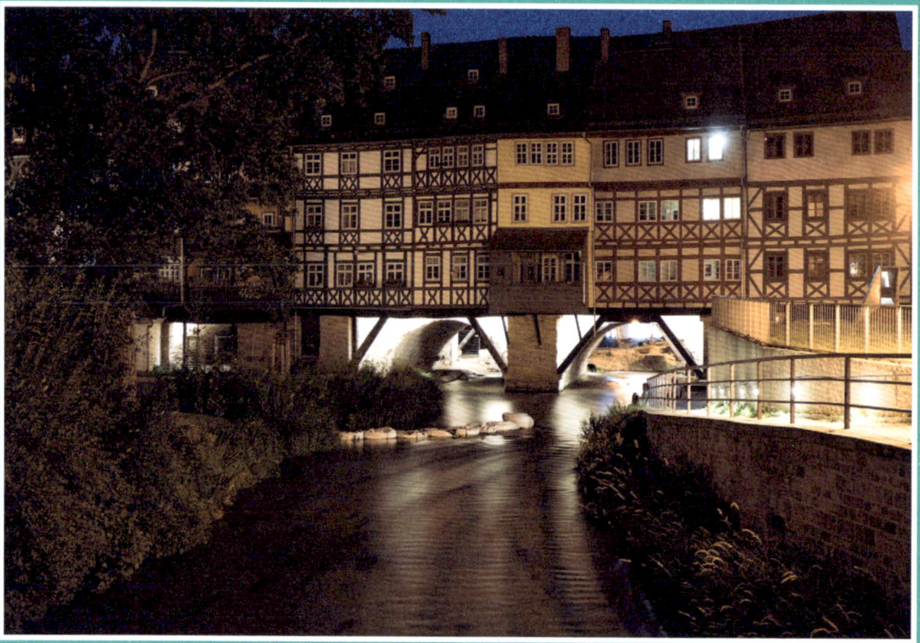

Dieses Foto haben wir mit einer sehr langen Verschlusszeit auf einem Stativ gemacht; das Wasser sieht dadurch extrem weich und geglättet aus. f/5.6 | 30 s | ISO 50 | 47 mm

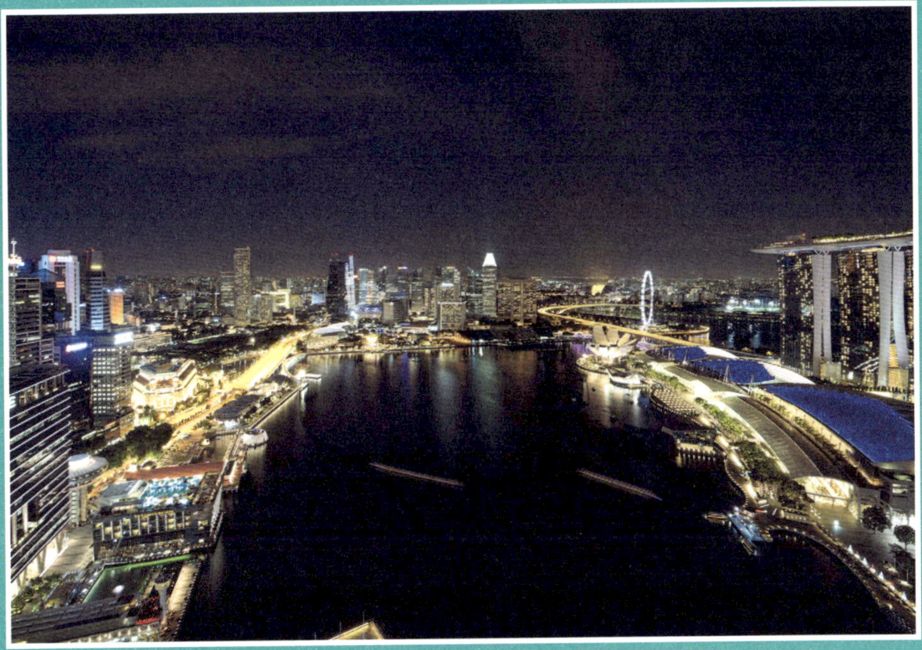

Das Wasser ist durch die lange Verschlusszeit ganz glatt. Die beiden Lichtspuren stammen von Booten, die während der Belichtungszeit diesen Weg zurückgelegt haben. f/7.1 | 30 s | ISO 50 | 16 mm

Mit Bewegungen spielen

Wir haben dir schon gezeigt, wie sich bewegte Objekte bei langen Verschlusszeiten verhalten. Sie werden unscharf, und wenn sie beleuchtet sind, entstehen sogar hübsche Lichtspuren.

Versuche einmal bewusst, diese Bewegungen für deine Fotos zu nutzen, indem du dich z. B. mit Stativ und Kamera einfach an einen Ort stellst, an dem viele Autos vorbeifahren, und an dieser Stelle fotografierst.

Noch spannender ist es, wenn du diese Bewegungen kombinierst und zusätzlich eine Person fotografierst, die komplett stillsteht.

Wir haben ein solches Foto mit Stativ und Selbstauslöser auf einer großen Kreuzung gemacht. Am besten funktioniert das, wenn es nicht absolut dunkel ist, sondern noch relativ gut beleuchtet. Niemand kann 20 oder 30 Sekunden absolut stillstehen, deshalb funktionieren solche Fotos am besten mit einer Verschlusszeit von einer Sekunde oder kürzer.

Die Verschlusszeit muss gerade so lang sein, dass du oder eine andere Person noch stillhalten kann, gleichzeitig muss aber auch genügend Bewegung durch andere Objekte im Bild sein.

Bei unserem Beispiel war genau das der Fall. Es gab sehr viel Bewegung und durch die beleuchteten Geschäfte und Häuser rundherum war es relativ hell, sodass wir mit einer Verschlusszeit von unter einer Sekunde fotografieren konnten.

Wir müssen aber ganz ehrlich sagen, dass wir einige Anläufe gebraucht haben, um dieses Foto zu machen. Wenn es also nicht gleich beim ersten Mal klappt, probiere es einfach immer wieder.

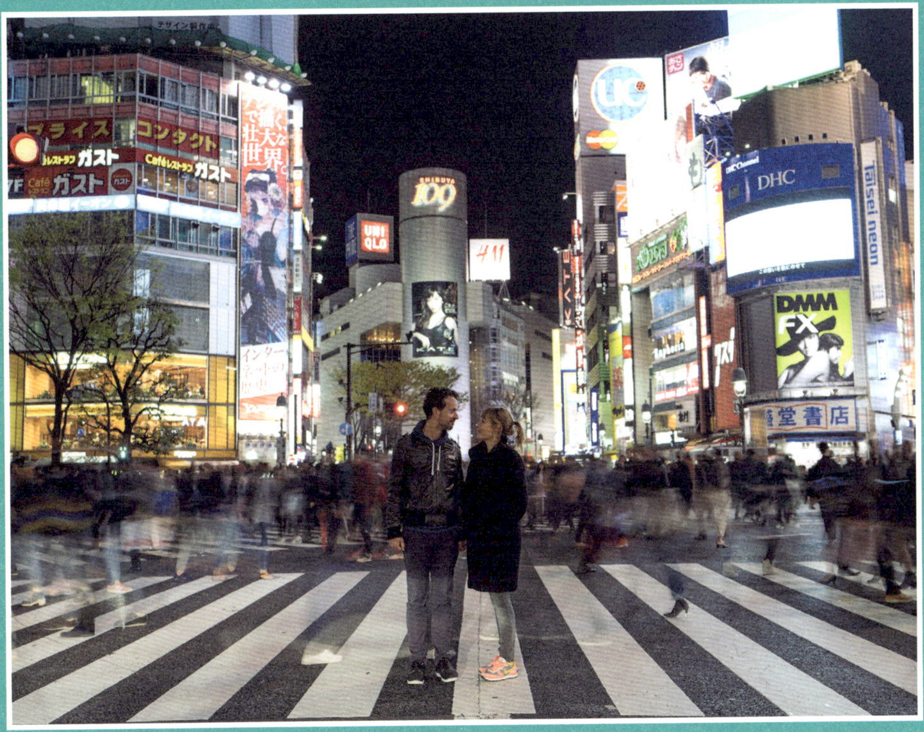

f/4 | 0,6 s | ISO 50 | 35 mm

Portraits fotografieren

Portraitfotografie ist eine der beliebtesten Disziplinen der Fotografie. Das Thema ist so vielschichtig, dass wir wahrscheinlich ein ganzes Buch nur zu diesem Thema schreiben könnten.

Viele deiner Freunde und Verwandten wollen bestimmt tolle Fotos von sich haben und du kannst sie ihnen nun liefern. Denn wir haben eine gute Nachricht: Gute Portraitfotos sind gar nicht so schwierig, wie viele Leute denken.

Du brauchst dafür weder eine Blitzanlage noch verschiedene Lichtquellen oder anderes teures Equipment. Schnapp dir einfach einen Freund oder eine Freundin, lies dir die folgenden Tipps durch und los geht's. Denn auch hier gilt: üben, üben und noch mehr üben.

Wenn du häufiger Portraits fotografieren möchtest, können wir dir eine Festbrennweite sehr ans Herz legen. Über Objektive mit fixer Brennweite haben wir bereits auf Seite 192 ausführlich geschrieben und gerade für Portraits lohnt sich das wirklich.

Eine beliebte Brennweite für die Portraitfotografie ist 85 mm. Ein solches Objektiv ist dann allerdings für viele andere Einsatzzwecke nicht unbedingt zu gebrauchen und lohnt sich daher nur, wenn du wirklich regelmäßig Portraits fotografieren möchtest.

Wir fotografieren deshalb sehr gerne mit 35 mm oder 50 mm, denn auch damit lassen sich tolle Portraits schießen und die Objektive sind universeller nutzbar.

So gelingen deine Portraitaufnahmen

Die technischen Einstellungen an deiner Kamera sind bei der Portraitfotografie relativ einfach.

Modus

Wir fotografieren Portraits immer im Modus A. Die Blende ist die wichtigste Einstellung in der Portraitfotografie und im Modus A haben wir darüber die volle Kontrolle.

Blende

Portraits wirken mit einer offenen Blende oft am besten, da deine Fotos so einen unscharfen Hintergrund bekommen. Wähle also eine möglichst kleine Blendenzahl aus.

Verschlusszeit

Die Verschlusszeit ist bei Portraits eher zweitrangig. Sie sollte nicht zu lang sein, da sich dein Model unweigerlich bewegt. Bewährt haben sich Verschlusszeiten von 1/200 Sekunde und kürzer.

ISO

Der ISO sollte möglichst gering sein. Grundsätzlich ist es aber mit den meisten Kameras auch kein Problem, bei schlechten Lichtverhältnissen den ISO auf z. B. 400 oder 800 zu erhöhen.

Fokus

Wir empfehlen, bei Portraits immer ein Auge deines Models zu fokussieren. Damit bekommst du in den meisten Fällen die besten Ergebnisse.

Serienaufnahme

Wenn du Personen fotografierst, wirst du sehr viele unbrauchbare Aufnahmen produzieren. Das ist ganz normal, da es ja vor allem auf das Gesicht deines Models ankommt und das nun einmal nicht in Stein gemeißelt ist.

Da sind nicht immer die Augen weit geöffnet und der Gesichtsausdruck ist auch nicht immer perfekt. Deshalb empfehlen wir, bei Portraitfotos immer mit Serienaufnahmen zu arbeiten.

Dabei hältst du den Auslöser gedrückt und deine Kamera macht in dieser Zeit mehrere Aufnahmen kurz hintereinander. Du kannst diese Funktion bei den meisten Kameras im Menü oder am Modusrädchen aktvieren.

Achte auf Details

Achte unbedingt darauf, dass optisch alles passt. Hängt eine Haarsträhne schief? Ist ein Kragen umgeklappt? Ist die Halskette verdreht? All diese Details solltest du vor dem Fotografieren im Auge haben. Es ist extrem ärgerlich, wenn man so etwas erst hinterher feststellt.

Nimm genug Speicherkarten und Akkus mit

Der Tipp klingt vielleicht etwas banal, aber wir sprechen da durchaus aus Erfahrung. Wenn du Portraits fotografierst, wirst du schnell feststellen, dass du sehr, sehr viele Aufnahmen machen wirst.

Das strapaziert den Akku und die Speicherkarte, vor allem wenn du deine Fotos im RAW-Format speicherst. Denke also unbedingt vorher daran, genug Speicherkarten und Ersatzakkus mitzunehmen.

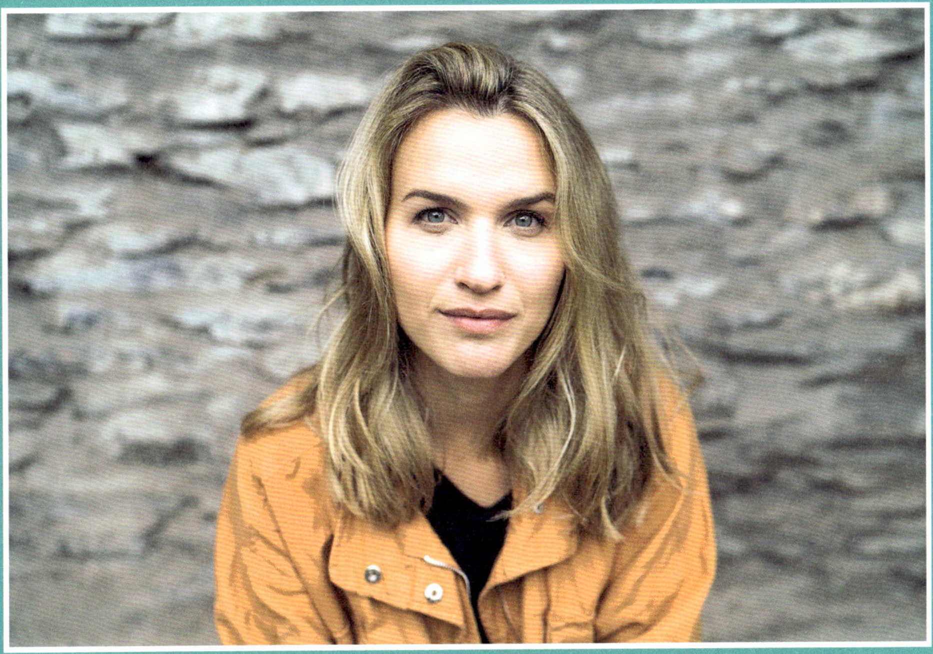

Ein klassisches Portraitfoto. f/2 | 1/400 s | ISO 100 | 35 mm

Kommuniziere mit deinem Model

Bei der Portraitfotografie liegt die Kunst nicht darin, die richtigen Kameraeinstellungen zu finden oder typische Gestaltungsregeln anzuwenden. Das ist zwar auch wichtig, garantiert aber noch lange keine schönen Portraits.

Das wichtigste Kriterium für gelungene Portraits ist die Kommunikation zwischen dir und der Person, die du fotografieren möchtest.

Wir gehen jetzt mal davon aus, dass du kein professionelles Model vor der Kamera hast, das genau weiß, wie es gucken und agieren muss, um auf einem Foto gut zu wirken. Du musst dein Model also anleiten und möglichst viel kommunizieren. Gib Anweisungen, wie sich die Person positionieren, wohin sie schauen und wie der Gesichtsausdruck sein soll. Schaut euch zwischendurch auch gemeinsam die entstandenen Fotos auf dem Display an. Dadurch fühlt sich die fotografierte Person gleich sicherer.

SO BRINGST DU DEIN MODEL ZUM LACHEN

Das Lächeln deines Models wirkt gestellt? Oder sind die Augen immer genau dann zu, wenn du abdrückst? Das passiert immer wieder, aber dafür haben wir den ultimativen Trick:

Sag deinem Model, es soll die Augen schließen, bis du „Jetzt" sagst. Genau dann soll es die Augen wieder öffnen und fröhlich lächeln, und du drückst auf den Auslöser. Das funktioniert erstaunlich gut. Die Augen sind dann definitiv weit geöffnet und das Lachen in dieser Situation wirkt sehr natürlich und offen.

Bring Bewegung in deine Portraits

Möchtest du ein bisschen Action in deine Portraits bringen? Das ist eine sehr gute Idee.

Oft sind Portraits nämlich Aufnahmen, bei denen ein Model relativ ruhig vor der Kamera steht oder sitzt, aber das muss nicht sein.

Wenn wir Portraits fotografieren, versuchen wir, zwischendurch auch immer mal wieder ein bisschen Bewegung ins Bild zu bringen. Lass dein Model doch zum Beispiel mal springen oder sich drehen. Falls die Person, die du fotografierst, lange Haare hat, lassen sich damit auch spannende Sachen machen. Bitte dein Model, die Haare kräftig zu schütteln und den Kopf zu drehen. Dabei sind tolle Fotos fast garantiert.

Wenn du actionreiche Portraits machst, achte auf eine kurze Verschlusszeit. Je mehr Bewegung im Spiel ist, desto kürzer muss die Verschlusszeit sein, damit die Bilder nicht unscharf werden. Werte zwischen 1/1000 Sekunde und 1/2000 Sekunde haben sich hier gut bewährt.

UNSER TIPP: NUTZE DIE SERIENBILDFUNKTION

Bei vielen Kameras kannst du im Menü die Funktion „Serienaufnahme" aktivieren. Wenn diese Funktion aktiviert ist, löst deine Kamera immer wieder aus, solange du den Auslöser gedrückt hältst. So kannst du z. B. zwei bis drei Sekunden auf den Auslöser drücken und hast anschließend zehn oder mehr Bilder. Auf diese Weise ist die Chance am größten, dass du auf einem der Fotos den perfekten Augenblick erwischt hast.

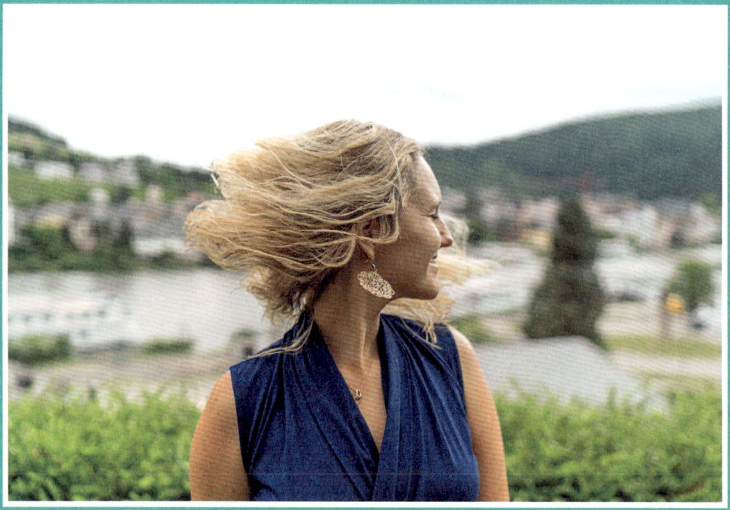

Bring Bewegung in deine Shootings. Das macht Spaß und sorgt für tolle Bilder. Für dieses Foto haben wir eine sehr kurze Verschlusszeit genutzt und mit Serienaufnahme fotografiert, um den perfekten Moment einzufangen. f/2 | 1/1600 s | ISO 200 | 35 mm

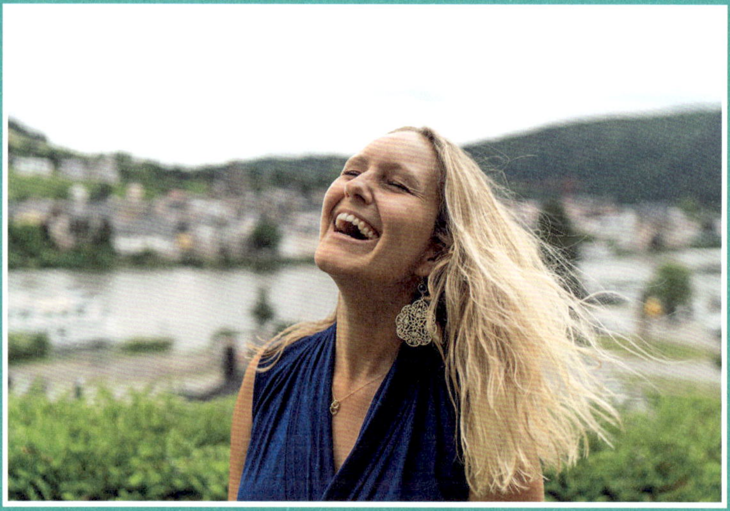

Einer der wichtigsten Faktoren für tolle Portraits ist die Kommunikation zwischen dir und deinem Model. Es ist ganz normal, dass es am Anfang etwas schwieriger oder steif ist, schließlich stehen die wenigsten regelmäßig für ein Shooting vor der Kamera. Irgendwann wird der Knoten aber platzen. f/2 | 1/1600 s | ISO 200 | 35 mm

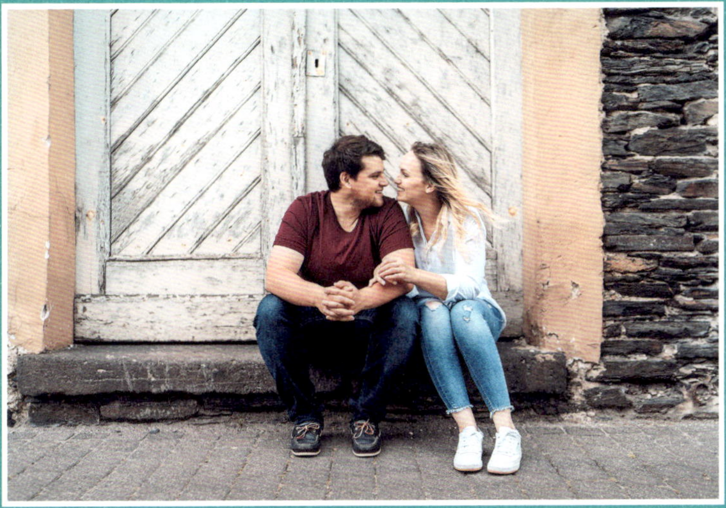

Fotos von Pärchen sind meistens am schönsten, wenn beide nicht direkt in die Kamera schauen, sondern sich miteinander beschäftigen. Alte Türen sind übrigens ein sehr guter Hintergrund für Portraitaufnahmen. f/1.7 | 1/1000 s | ISO 125 | 35 mm

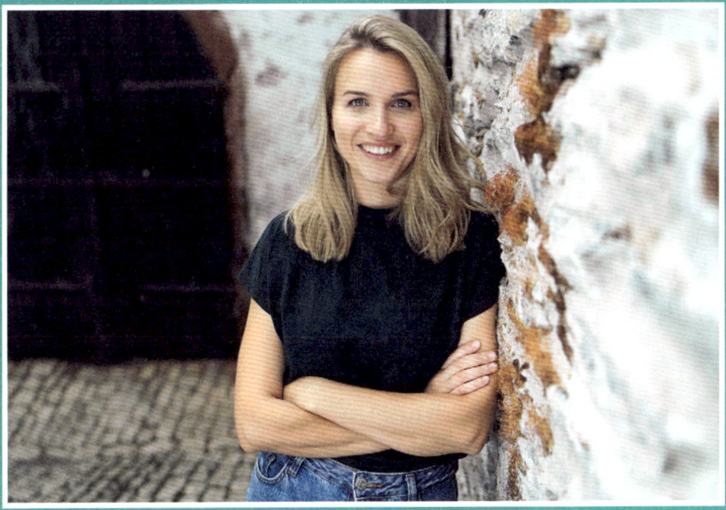

Dies ist ein Beispiel für ein klassisches Portraitfoto mit einer typischen Pose und unscharfem Hintergrund. f/2 | 1/320 s | ISO 100 | 35 mm

Wunderwaffe Faltreflektor

Kein Muss, aber für Portraits wirklich sinnvoll ist ein Faltreflektor. Der kostet nur 10 bis 20 Euro und lohnt sich wirklich. Mit einem Reflektor kannst du das Sonnenlicht zurückwerfen und somit das Gesicht deines Models gleichmäßig aufhellen. Die gängigen Modelle haben verschiedenfarbige Seiten, oft kannst du zwischen einer silbernen, einer goldenen, einer weißen und einer schwarzen Seite wählen.

Die silberne Seite reflektiert das Licht eher hart und kühl, mit der weißen Seite erzielst du weichere und farbneutrale Reflexionen und die goldene Seite zaubert einen warmen Lichtschimmer ins Gesicht deines Models. Die schwarze Seite kannst du dazu nutzen, um dein Model abzuschatten, wenn du mit sehr starker Sonneneinstrahlung zu kämpfen hast.

Idealerweise seid ihr bei einem Portraitshooting zu dritt, sodass immer einer den Reflektor halten kann. Notfalls kann aber auch das Model den Reflektor selbst halten oder du stellst ihn irgendwo ab.

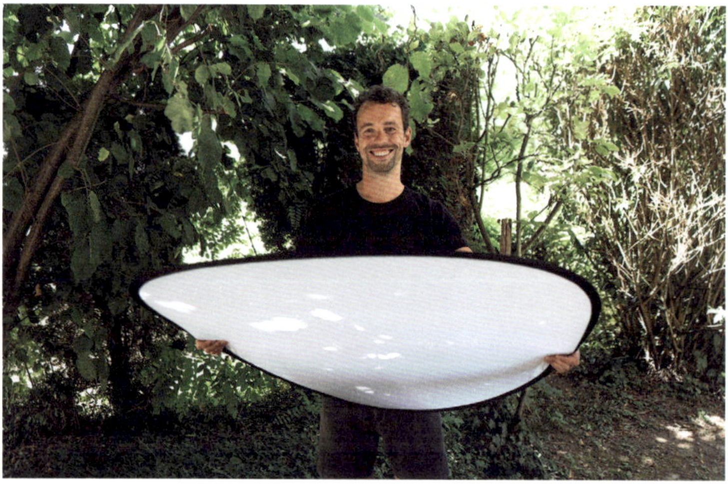

So sieht es aus, wenn dein Model den Reflektor selbst in der Hand hält.

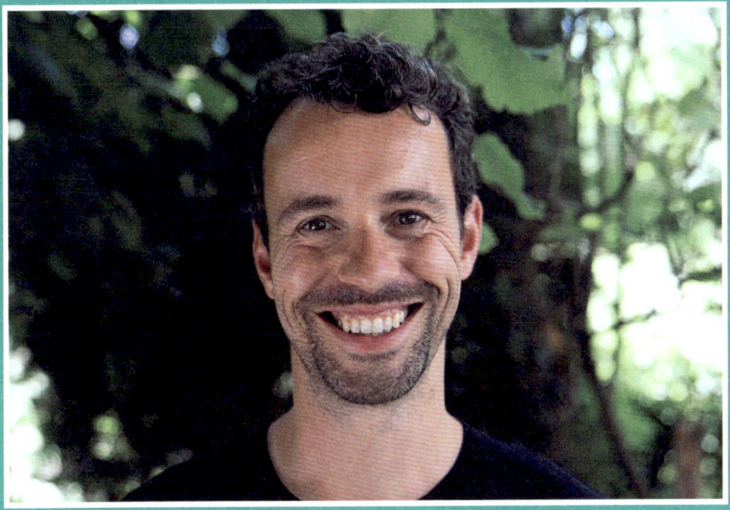

Aufnahme ohne Reflektor. Die von dir aus gesehen linke Gesichtshälfte wirkt noch etwas dunkel. f/3.2 | 1/60 s | ISO 200 | 44 mm

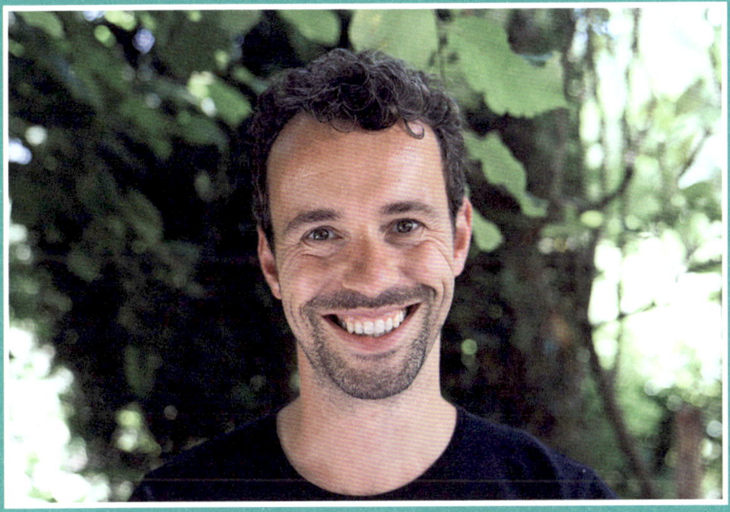

Dieses Foto haben wir mit denselben Einstellungen, aber mit Reflektor aufgenommen. Da strahlt Basti doch gleich viel stärker, oder?

Fotografieren auf Reisen

Reisen und Fotografieren ist für uns die perfekte Kombination. Wir lieben es, unsere Reisen auf Bildern festzuhalten, und freuen uns, wenn wir uns dadurch auch Jahre später noch an schöne Momente und Erlebnisse zurückerinnern können.

Die Reisefotografie ist deshalb unser absolutes Lieblingsgenre und darf in diesem Buch auf gar keinen Fall fehlen.

Am besten gefällt uns an der Reisefotografie, dass sie so viele andere Arten der Fotografie in sich vereint. Auf Reisen fotografieren wir Menschen, Landschaften, Architektur – einfach alles, was uns vor die Linse kommt.

Die richtige Ausrüstung

Wir versuchen, auf Reisen immer mit möglichst leichtem Gepäck unterwegs zu sein. Deshalb ist auch unsere Fotoausrüstung relativ minimal. Wenn Größe und Gewicht für dich keine Rolle spielen, dann kannst du diese Seite guten Gewissens überblättern, denn hier geben wir ein paar Tipps für eine leichte Reise-Fotoausrüstung.

Kamera und Objektive

Wenn du nur ein Objektiv mit in den Urlaub nehmen möchtest, ist ein Reisezoom eine gute Wahl. Dieser deckt einen sehr großen Brennweitenbereich ab, z.B. 16–300 mm oder 18–400 mm, sodass ein Objektivwechsel nicht mehr nötig ist. Das geht etwas zu Lasten der Bildqualität, aber für den Hobbybereich ist das völlig in Ordnung.

Wenn du auch nur eine kleine Kamera mitnehmen möchtest, gibt es mittlerweile sehr gute Kompaktkameras, die sogar in die Hosentasche passen. Eine wirklich gute Kompaktkamera kostet allerdings 800 Euro aufwärts. Es gibt zwar auch günstigere Modelle, diese würden wir allerdings nicht empfehlen. Oftmals ist dann ein Smartphone sogar die bessere Wahl.

Reisestativ

Wenn du ein Stativ mitnehmen möchtest, schau dich gezielt nach einem Reisestativ um. Diese sind besonders leicht und können sehr klein zusammengeklappt werden. Teilweise wiegen sie weniger als ein Kilo, sodass du so ein Stativ immer dabeihaben kannst.

Eine gute Alternative ist ein GorillaPod. Diese speziellen, biegsamen Stative sind sehr klein und leicht und lassen sich z.B. an Geländern befestigen.

Ein weiterer Pluspunkt: Auf vielen Aussichtsplattformen sind Stative verboten, GorillaPods aber erlaubt.

Taschen

Ob du lieber eine Umhängetasche oder einen Rucksack nutzt, ist Geschmackssache. Mit schwerem Equipment ist ein Rucksack sicher die bequemere Variante. Wir persönlich bevorzugen Umhängetaschen, da wir so alles schneller griffbereit haben.

Grundsätzlich empfehlen wir, bei der Wahl der Fototasche darauf zu achten, dass sie nicht auf Anhieb so aussieht wie eine Fototasche. Das sagen wir nicht nur aus ästhetischen Gründen, sondern auch zur Sicherheit. Es gibt überall auf der Welt Menschen, die es auf die Fotoausrüstung von Touristen abgesehen haben.

Fange das Lächeln der Menschen ein

Wenn wir nach einer Reise unsere Fotos sortieren und noch mal durchsehen, bleiben wir meistens an den Bildern hängen, auf denen Menschen zu sehen sind.

Oft sagen Bilder von Personen viel mehr über ein Land oder eine Stadt aus als die Fotos der bekannten Sehenswürdigkeiten. Wir können dich deshalb nur ermutigen, in deinem nächsten Urlaub bewusst nach interessanten Personen Ausschau zu halten, die du fotografieren kannst.

Falls du es unangenehm findest, fremde Menschen zu fotografieren, können wir das voll und ganz verstehen. Uns geht es selbst nicht anders, weshalb wir lange Zeit kaum Menschen auf unseren Reisen fotografiert haben. Irgendwann wurden wir dann aber mutiger und siehe da: Es ist gar nicht so schlimm.

Natürlich fotografieren wir Menschen nicht einfach so. Wir haben schon oft fassungslos mit angesehen, wie andere Touristen ungefragt Einheimischen ihre Riesenobjektive vor die Nase gehalten haben. Respekt und Höflichkeit sollten immer an erster Stelle stehen.

Meistens genügt schon ein Blickkontakt, ein kurzes Lächeln oder Nicken, um festzustellen, ob die Person damit einverstanden ist, fotografiert zu werden. Wenn jemand signalisiert, dass ein Foto nicht erwünscht ist, dann respektieren wir das natürlich ohne Wenn und Aber.

Es kommt auch sehr auf den Kulturkreis an, in dem du dich bewegst. In einigen islamischen Ländern ist das Fotografieren von Menschen aus religiösen Gründen zum Beispiel nicht gestattet. Informiere dich also vor jeder Reise, ob das Fotografieren von Personen im jeweiligen Land erlaubt ist oder nicht.

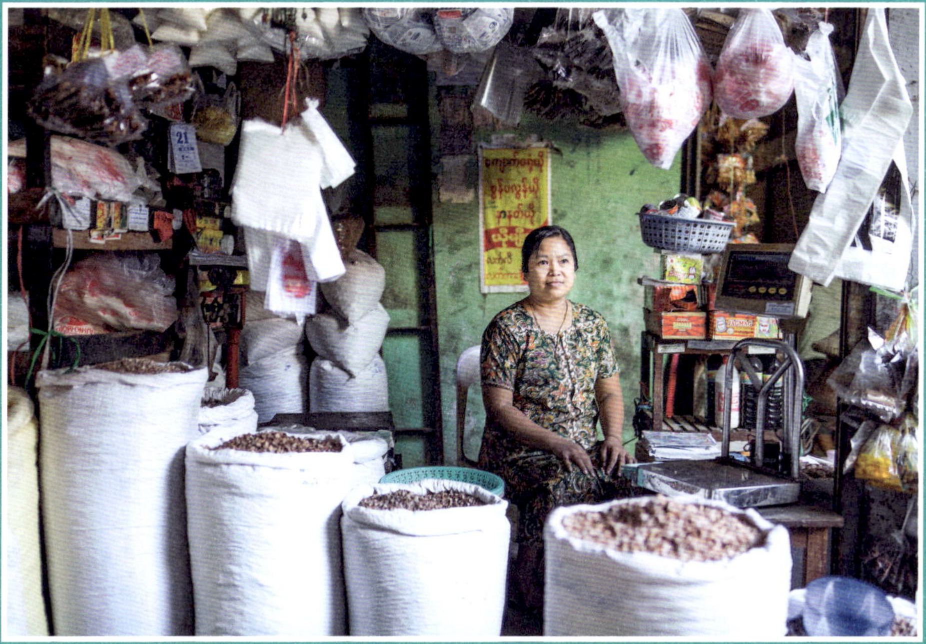

Eines unserer Lieblingsportraits, das wir auf unseren Reisen gemacht haben. f/1.8 | 1/60 s | ISO 250 | 35 mm

Das perfekte Selfie

Zu einer Reise gehört es dazu, dass man selbst auch mal auf den Fotos ist. Früher haben wir das oft vergessen und uns dann hinterher geärgert, weil wir mal wieder keine Fotos von uns mit nach Hause gebracht haben.

Wenn du im Urlaub Fotos von dir und deiner Begleitung machst, denke unbedingt an unseren Leitspruch: Fotografieren ist wie Knipsen, nur krasser. Gerade wenn es darum geht, Selfies zu machen, wird oft einfach drauflosgeknipst.

Wenn wir auf Reisen Fotos von uns machen, geben wir uns daher besonders viel Mühe; schließlich gehören diese Fotos zu den schönsten Erinnerungsstücken an die gemeinsame Zeit.

Wir haben oft erfolglos versucht, fremden Personen vor Ort unsere Kamera in die Hand zu drücken. Die meisten Menschen machen das zwar sehr gerne, aber wir haben auf diese Weise wirklich noch nie ein Foto herausbekommen, das uns am Ende gefallen hat. Vielleicht sind wir da auch etwas zu perfektionistisch – aber hey, wenn es um Urlaubsfotos geht, kann man das schon mal sein.

Wir fotografieren daher unsere Reisefotos mit uns drauf inzwischen immer selbst. Dazu nutzen wir den Selbstauslöser unserer Kamera und je nach Ort ein Stativ. So können wir ganz in Ruhe alle Einstellungen so vornehmen, wie wir sie brauchen, und bekommen so perfekte Erinnerungsfotos.

Du kannst alternativ auch einen Fernauslöser benutzen. Dann musst du nicht nach dem Einstellen schnell nach vorne rennen, schließlich ist die Vorlaufzeit des Selbstauslösers meistens maximal zehn Sekunden lang. Wenn du kein Stativ dabeihast, findet sich aber auch immer etwas, wo du die Kamera ablegen kannst.

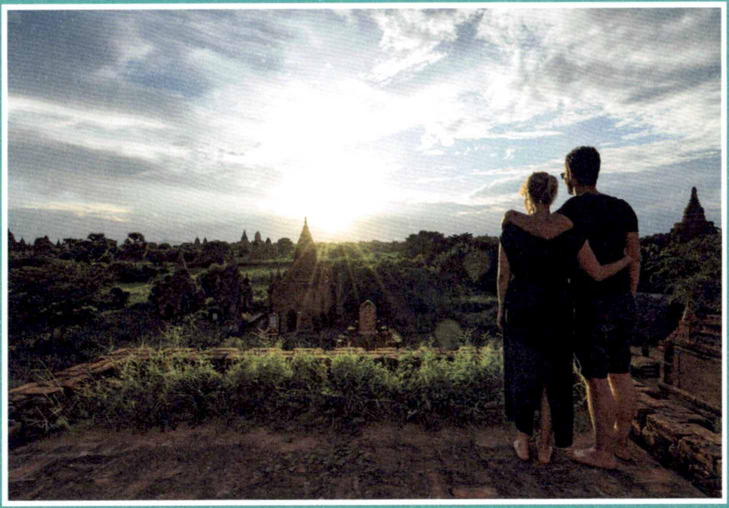

Aufnahme mit Selbstauslöser zum Sonnenuntergang.
f/11 | 1/30 s | ISO 50 | 16 mm

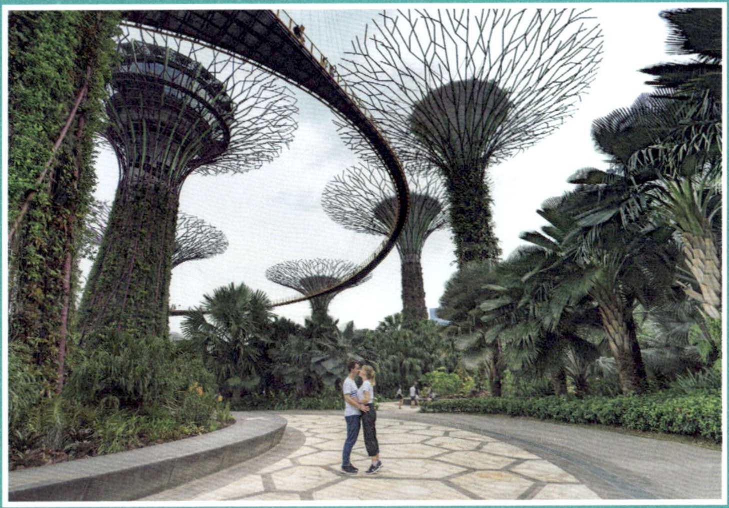

Auch dieses Foto ist mit dem Selbstauslöser entstanden.
f/2.8 | 1/640 s | ISO 100 | 18 mm

Fotografiere die verborgenen Plätze

Es gehört einfach dazu, Fotos von berühmten Sehenswürdigkeiten und Aussichtspunkten mit nach Hause zu bringen. Aber seien wir mal ehrlich: Diese Fotos hat jeder schon tausendmal gesehen und sie hauen niemanden mehr vom Hocker.

Wir machen diese Fotos natürlich auch, viel lieber fotografieren wir aber die Orte abseits der typischen Touristenplätze. Meistens musst du dafür gar nicht mal so weit von den ausgetretenen Pfaden abweichen.

Oft reicht es schon aus, mit offenen Augen durch die Straßen zu gehen und nach ungewöhnlichen Motiven Ausschau zu halten. Geh dazu bewusst auch mal in kleine Gassen und Nebenstraßen. Auch wenn es dort keine großen Sehenswürdigkeiten gibt – es könnte durchaus ein spannendes Fotomotiv auf dich warten.

Hier siehst du zwei Bilder, die wir abseits der typischen Touristenrouten gemacht haben und die trotzdem – oder vielleicht sogar gerade deswegen – das Leben im jeweiligen Land gut dokumentieren: ein einsamer Mann in einer der vielen Spielhöllen, die es in Japan an jeder Ecke gibt, und fröhlich Fußball spielende Kinder in Myanmar.

Für uns sind diese Fotos oft ganz besondere Erinnerungen, weil sie eben die wirklich authentischen Momente zeigen. Diese Momente lassen sich nicht planen und stehen in keinem Reiseführer. Gerade deshalb sind sie oft so besonders und erinnerungswürdig.

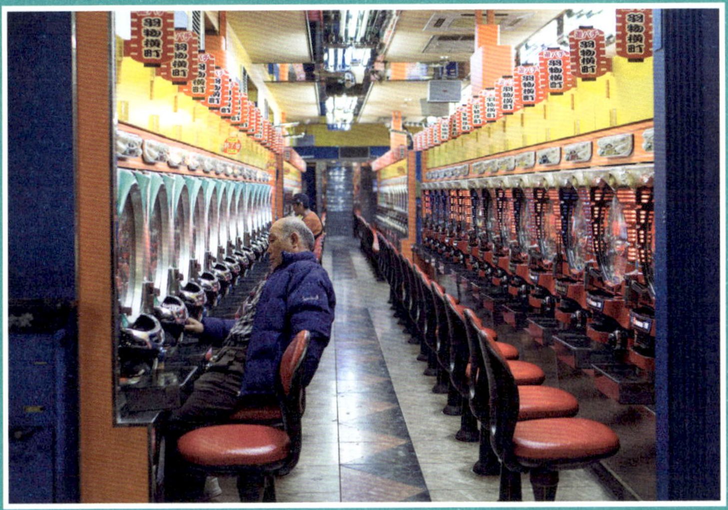

Alltag in einer Spielhölle in Japan. f/2 | 1/60 s | ISO 125 | 35 mm

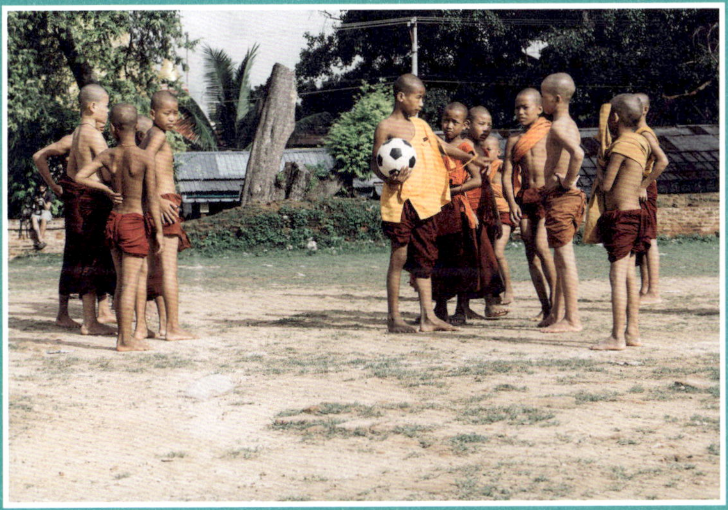

Fußball wird überall gespielt. f/10 | 1/200 s | ISO 100 | 53 mm

KEIN SCHLUSSWORT

Das war's! Time to say goodbye. Tschüssikowski.

Nein, so wollen wir nicht auseinandergehen. Es wird kein klassisches Schlusswort geben, denn hier ist noch lange nicht Schluss.

Ganz im Gegenteil: Das ist doch gerade erst der Anfang! Du hast mit unserem Buch deine ersten Schritte in die zauberhafte Welt der Fotografie gemacht, und von jetzt an wird es mit den Ergebnissen deiner Fotos und deiner Liebe zur Fotografie nur noch steil bergauf gehen.

Ja, es wird Momente geben, in denen du aufgeben möchtest und der Gedanke „Man, ich werde das nie verstehen" in deinem Kopf aufpoppt. Wir möchten, dass du in diesen Momenten an uns denkst und dir selbst sagt: „Absoluter Quatsch! Ich kann das."

Denn das stimmt! Du kannst das! Lass dir bitte von nichts und niemandem den Spaß an der Fotografie nehmen.

Wir sind auf jeden Fall sehr stolz darauf, dass wir uns hier mit dir zusammen mit der Fotografie beschäftigen durften. Uns hat es nämlich sehr viel Spaß gemacht.

Und genau deshalb wollen wir nicht einfach „Tschüss" sagen. Wenn du uns lässt, wollen wir dich gerne weiter begleiten auf deinem Weg durch die Fotografie.

Wie geht es weiter?

Wir würden uns riesig freuen, dich in Zukunft nicht nur aus deinem Bücherregal anzustrahlen, sondern uns online mit dir zu vernetzen.

Wenn du noch mehr von uns persönlich wissen möchtest, folge auch unserem Account **@22places** auf Instagram. Dort zeigen wir Fotos von unseren Reisen und geben einen Blick hinter die Kulissen unseres Lebens.

Du möchtest Neuigkeiten und Tipps von uns lieber direkt in dein Postfach bekommen? Gar kein Problem.

Abonniere dazu einfach unseren Newsletter unter:
www.22places.de/newsletter/

Dein Feedback an uns

Hat dir unser Buch gefallen? Dann freuen wir uns riesig, wenn du unser Buch und unsere Webseite weiterempfiehlst. Und da heutzutage Bewertungen bei Amazon eine doch sehr wichtige Rolle spielen, freuen wir uns sehr über jede positive Rezension unseres Buches dort.

Bist du nicht zufrieden? Auch dann lass es uns bitte wissen. Wir sind für Kritik und Verbesserungsvorschläge immer dankbar. Schreib uns einfach eine E-Mail an fotokurs@22places.de.

Unser Online-Fotokurs

Wenn du nach diesem Buch so richtig Lust bekommen hast, noch tiefer in die Grundlagen der Fotografie einzusteigen, dann komm in unseren Online-Fotokurs.

In 60 ausführlichen Lektionen und 40 Videos tauchen wir ganz tief in die Materie ein. Es erwartet dich die geballte Ladung Fotografiewissen: von den Grundlagen bis hin zu fortgeschrittenen Übungen wie Langzeitbelichtung, Bildbearbeitung etc. In 22 praktischen Fotoprojekten bekommst du unsere besten Tipps von der Architekturfotografie über Landschaftsfotografie bis hin zum Fotografieren des Sternenhimmels.

Klingt gut? Dann besuche uns unter:
www.22places.de/fotografieren-lernen/

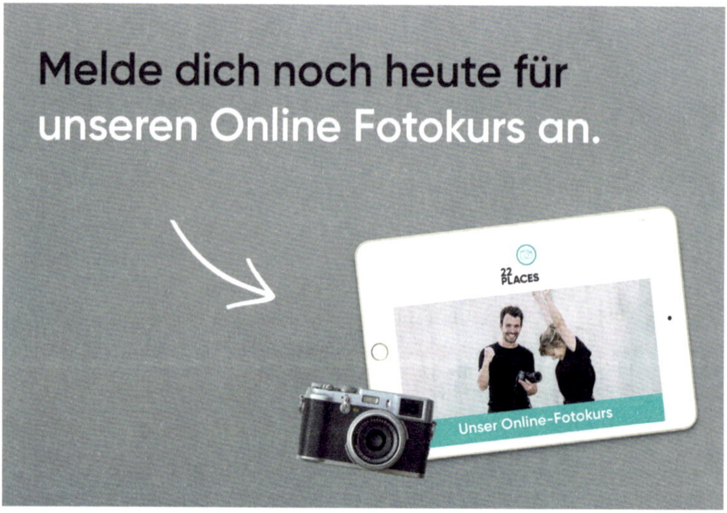

DANKE

Ganz zum Schluss möchten wir noch „Danke" sagen!

Danke an unsere wunderbaren Models Judith, Cary, Hannah, Tobi, Nadia, Opa Günter und Brigitte, deren Fotos wir in unserem Buch zeigen durften: Ihr seid großartig und wunderschön! Und nicht zu vergessen: Danke Lena für deine Hände auf unseren Kamerafotos.

Vielen Dank an Franzi für die hübschen Grafiken und den Spickzettel. Danke auch an Esther Raudszus für das tolle Fotoshooting, bei dem die Fotos auf den Seiten 10, 91 und 240 entstanden sind.

Danke an Michael und Julie fürs Lesen unseres Manuskripts und das hilfreiche Feedback. Vielen Dank an Meike für das Lektorat und natürlich an Mark vom Humboldt Verlag für die vielen Tipps und den tollen Austausch.

Danke an unser wunderbares 22places-Team Julie, Rebecca, Nadia, Sarah P., Melina, Lena, Maja, Sarah S., Rainer und Julian, die den Laden am Laufen gehalten haben, während wir ins Schreiben des Buches vertieft waren.

Danke schön an unsere Mamas und Papas, die ihre neue Rolle als Omas und Opas sehr ernst nehmen und uns so immer wieder etwas Zeit für das Buch freigeschaufelt haben.

Und last but not least natürlich auch ein großes Dankeschön an dich – dafür, dass du dieses Buch nun dein Eigen nennst und mit uns die Liebe zur Fotografie teilst.

REGISTER

BILDVERZEICHNIS

Du möchtest wissen, wo all die Fotos in diesem Buch entstanden sind? Hier haben wir alle Orte aufgelistet. Vielleicht ist ja da die ein oder andere Inspiration für deine nächste Reise dabei. Zu allen Orten findest du natürlich ausführliche Reisetipps auf 22places.de.

Bibliografische Information der Deutschen Nationalbibliothek
Die Deutsche Nationalbibliothek verzeichnet diese Publikation in der Deutschen Nationalbibliografie; detaillierte bibliografische Daten sind im Internet über https://dnb.de abrufbar.

ISBN 978-3-8426-5528-7 (Print)
ISBN 978-3-8426-5529-4 (PDF)
ISBN 978-3-8426-5530-0 (EPUB)

2. Auflage

Die Ratgebermarke der Schlütersche Fachmedien GmbH
Hans-Böckler-Allee 7, 30173 Hannover
www.humboldt.de
www.schluetersche.de

Aus Gründen der besseren Lesbarkeit wurde in diesem Buch teilweise die männliche Form gewählt, nichtsdestoweniger beziehen sich Personenbezeichnungen gleichermaßen auf Angehörige des männlichen und weiblichen Geschlechts sowie auf Menschen, die sich keinem Geschlecht zugehörig fühlen.

Autoren und Verlag haben dieses Buch sorgfältig erstellt und geprüft. Für eventuelle Fehler kann dennoch keine Gewähr übernommen werden. Weder Autoren noch Verlag können für eventuelle Nachteile oder Schäden, die aus in diesem Buch vorgestellten Erfahrungen, Meinungen, Methoden und praktischen Hinweisen resultieren, eine Haftung übernehmen.

Etwaige geschützte Warennamen (Warenzeichen) werden nicht besonders kenntlich gemacht. Daraus kann nicht geschlossen werden, dass es sich um freie Warennamen handelt.

Lektorat: KeyTextwork, Meike Key, Rueil-Malmaison
Fotos: 22places; S. 10, 91 + 240: Esther Raudszus Photographie
Covergestaltung: ZERO, München
Covermotiv: 22places, shutterstock.com/ptystockphoto
Satz: PER MEDIEN & MARKETING GmbH, Braunschweig
Druck und Bindung: Gutenberg Beuys Feindruckerei GmbH, Langenhagen